학생부종합전형
백퍼센트 합격 전략

특 목 고 에 서  명 문 대 까 지

학생부
종합전형
백퍼센트 합격 전략

입시 컨설턴트 **신동엽** 지음

북스토리

학교생활기록부 전성시대,
내 아이 미래형 인재로 키우기

대학이 인생의 전부는 아니라지만 우리나라의 아이들은 여전히 소중한 청소년기를 대입을 위한 치열한 경쟁 속에 흘려보냅니다. 학부모들도 마찬가지입니다. 노후를 저당 잡히고, 허리띠를 졸라매고, 막대한 사교육비와 시간, 정보력을 들이며 경쟁에 동참합니다. 내 아이가 보다 좋은 교육을 받기를 바라고, 험한 경쟁 사회에서 생존하길 바라며, 나아가 좀 더 나은 미래를 꿈꾸길 바라기 때문이겠지요.

아마도 대한민국에서 아이를 키우면서 입시 경쟁을 피하기는 어려울 것입니다. 특히 최근에는 학생부종합전형이 입시에서 중요해지면서 그 축소판이라고 할 수 있는 특목고·자사고 입시에도 관심이 높아지고 있습니다.

대한민국 교육정책과 입시제도는 부침이 참 많습니다. 그 때문에 학생들과 학부모님들은 쏟아지는 정보에 혼란스러울 수밖에 없었습니다. 그러나 그 변화를 잘 들여다보면 커다란 흐름과 몇 가지 키워드가 있습니다. 흐름을 제대로 짚는 일이야말로 아이의 미래를 함께 고민하고 실질적인 도움을 주기 위한 첫걸음입니다. 학원에만 보내놓고 뒷짐 지고 있거나 무조건 공부만 하라고 다그치는 것보다 더 중요합니다. 변화를 빠르게 알아채고 흐름을 읽는 일이 아이의 미래를 위해 부모가 해야 할 더없이 중요한 역할인 거지요.

우리 아이들이 살아갈 미래는 부모 세대가 살아온 과거나 현재와는 또 다른 시대가 될 것입니다. 미래 사회는 단순히 공부만 파고든 아이들을 원하지 않습니다. 창의성과 혁신, 소통 능력과 협업 능력, 전문 분야에 대한 열정, 인문학적 소양 등을 인재의 중요한 요소로 생각합니다.

이러한 경향은 대학 입시의 관문에서도 그대로 드러나고 있습니다. 2008년 대입부터 입학사정관전형으로 도입된 학생부종합전형은 2010년부터 본격화, 2015학년엔 정부 지침으로 확대되어 2016학년의 경우 전국 198개 대학의 84%에 해당하는 167개 대학이 학생부종합전형을 실시했습니다. 이제 대입의 키워드는 단연 '학교생활기록부'라 할 수 있습니다.

학생부종합전형에서는 학교생활의 충실도를 더 중점적으로 봅니다. 그리고 학교 내에서 이루어지는 다양한 활동 속에서 학생 본인이 얼마나 자기주도적으로 열정을 가지고 학업 성취를 이루었는지 발전 가능성을 포함한 학생의 잠재력을 가장 중요하게 평가합니다. 뿐만 아니라 공동체 내 상호작용을 통해 드러나는 리더십과 인성도 중요한 평가의 요소가 됩니다. 이 모든 것이 바로 학교생활기록부에 '나만의 스토리'로 잘 정리되어야 하는 것입니다. 따라서 평소 학교생활기록부 관리를 제대로 해놓지 않으면 내신이 아무리 좋더라도 입시에 있어 선택의 폭이 매우 좁아지거나 결정적인 순간 탈락의 고배를 마시며 후회하게 되기 쉽습니다.

명문 대학들이 미래형 인재를 욕심내는 것은 당연합니다. 인재를 제대로 가려내기 위해 평가나 선발 기준에 변화를 모색하는 것도 당연한 선택입니다. 학생부종합전형의 확대 배경에는 좋은 인재를 뽑는 데 '성적이 전부는 아니다'라는 대학들의 인식이 깔려 있다고 볼 수 있습니다. 틀에 짜여 만들어진 아이보다 창의적인 아이가 성장할 가능성이 높으며, 바로 그 학생의 잠재력을 보고 선발하겠다는 대학의 의지가 담긴 것입니다.

중요한 사실은 이러한 변화가 특목고·자사고 등 명문고로 뜨고 있는 고교 입시, 그리고 최근 열풍을 일으키고 있는 국제중 입시에까지 그대로 영향을 주고 있다는 사실입니다.

명문 대학이나 특목고·자사고를 목표로 하는 학생들, 학부모님들도 이제는 생각의 전환이 필요합니다. 더 이상 공부에만 목매지 마십

시오. 아이가 아무리 공부를 잘한다 해도 학업 능력뿐만 아니라 인성, 사회성, 공동체성이 매우 중요해진다는 사실을 알아야 합니다. 공부 또한 무작정 전교 1등이 되기 위해서 하는 것이 아니라, 자신의 꿈과 끼를 바탕으로 진로를 제대로 선택한 후에, 그다음 얼마나 자기주도적으로 학습해왔는가를 보여줄 수 있어야 합니다. 성적만이 아이들의 모든 재능을 담아내는 그릇일 수는 없으므로 성적 위주의 관점에서 벗어날 필요가 있습니다.

이제 '꿈과 끼'가 중요한 시대입니다. 타고난 재능과 꿈을 향한 노력, 목표의식과 학업 성취, 창조적이고 유연한 사고, 여기에 공동체성까지, 미래는 이 모두를 두루 갖춘 인재를 원하고 있습니다.

아이의 미래를 생각하는 부모라면 멀리 내다보고 소신 있는 결단을 내려야 합니다. 아이의 재능을 발견하고, 꿈을 향한 목표와 노력을 격려하고, 숨어 있는 잠재력을 이끌어낼 수 있도록 돕는 것이야말로 부모가 해야 할 가장 큰 역할입니다. 입시 정책의 부침과 입시와 관련한 정보의 홍수 속에서도 부모가 중심을 잡고 든든한 버팀목이 되어 서 있을 때, 우리 아이들은 더 크게 성장하고 더 멋진 미래를 보여줄 것입니다.

차례

prologue

학교생활기록부 전성시대, 내 아이 미래형 인재로 키우기　004

PART 1

변화하는 미래를 알면
입시 전략이 보인다 »»»»

chapter 01　대학이 원하는 21세기형 새로운 인재란?　013
chapter 02　입시의 흐름을 읽는 또 다른 키워드 '융합'　020
chapter 03　내 아이의 '꿈과 끼'를 찾아라　026
Special 입시 용어 정리　034

PART 2

이제 스펙이 아니라
스토리다 »»»»

chapter 01　정답 평가가 아닌 징싱 평가의 시대　041
chapter 02　특목고·자사고, 대입 지도를 흔들다　050
chapter 03　서울대 입시안이 보여주는 것들　059
chapter 04　미달 사태 외고 입학생들이 최고의 성적을 거둔 까닭은?　066

PART 3

새로운 입시의 키워드,
학교생활기록부 »»»»

chapter 01　스토리를 담자, 가능성을 담자　073
chapter 02　중학교부터 관리하는 학교생활기록부　080
chapter 03　내 아이 학교생활기록부도 달라질 수 있다　108
chapter 04　잘 관리된 학교생활기록부는 내공이 다르다　121
Special 엄마들이 가장 궁금해하는 질문들　139

PART 4

특목고·자사고
백퍼센트 합격 전략 »»»»

chapter 01 성취평가제 도입으로 확 달라진 입학 전형 분석   151
chapter 02 서류 평가의 핵심, 학교생활기록부   160
chapter 03 자기소개서, 진솔한 나만의 이야기를 써라   182
chapter 04 당락의 가장 큰 변수, 면접   192

PART 5

대입 학생부종합전형
백퍼센트 합격 전략 »»»»

chapter 01 대학은 이런 학생을 원한다   205
chapter 02 특목고 프로그램을 통해 본 학생부 관리 요령   217
chapter 03 상산고의 특화된 자기역량 강화 프로그램   226
chapter 04 학생부종합전형에 대비한 학생부 실제 지도 사례   239

부록

학생부종합전형 로드맵 컨설팅   252
학생부종합전형 계열별 로드맵   258
자기주도학습전형을 실시하는 고등학교 입학 정보   264
추천 도서 목록   273

1

변화하는 미래를 알면
입시 전략이 보인다

>>>>>

이제 입시 준비에 있어서도 로드맵이 필요하다. 로드맵을 그릴 첫 번째 열쇠 중 하나는 내 아이가 살아갈 미래는 어떤 사회인지, 내 아이의 개성, 꿈과 끼가 무엇인지 내다보는 통찰이다. 그다음 대한민국 입시 정책의 복잡다단한 갈림길 속에서 정확하고 구체적인 정보를 바탕으로 방향키를 잘 잡는 일이다. 나는 내 아이를 이끌어줄 현명한 내비게이션이 될 수 있을까 자문해보자.

나는
내 아이를 이끌어줄
현명한 내비게이션이
될 수 있을까?

chapter 01

대학이 원하는
21세기형 새로운 인재란?

>>>>>

　몇 년 전 우리는 대한민국 역사상 잊지 못할 비극적인 참사를 겪었다. 여객선 세월호가 전남 진도군 인근 바다에서 침몰한 사건으로 수학여행 가던 안산 단원고 학생을 비롯해 탑승객 476명 가운데 295명이 사망했다. 수습 과정에서 정부는 우왕좌왕했고 한국 사회는 '세월호 특별법' 논란에 오랫동안 진통을 겪었다. 국민소득 3만 달러 진입을 앞둔 국가에서 일어난 후진국형 사고였는데, 사회적 책임과 공동체에 대한 인식 없이는 선진 사회로 한 발짝도 나아갈 수 없음을 뼈저리게 깨닫는 가슴 아픈 계기가 되었다. 안타깝지만 일련의 사건들을 통해 우리 사회가 필요로 하고, 또 인정받을 수 있는 인재는 어떤 사람인지를 우리는 알게 되었다.

공동체 의식과
사회적 책임감에 대한 각성 계기 ◀

그동안 우리 사회는 잘 먹고 잘사는 것이 우선으로 추구되었다. 우리 사회가 바라는 인재 또한 시험 잘 보고, 공부만 잘하면 그만이었다. 그런데 과연 공부만 잘해서 모두 훌륭한 사람이 되었을까? 그런 인재들이 많이 모여 있다고 해서 과연 대한민국이 선진국이 될 수 있을까? 세월호 참사는 국가재난시스템이나 리더십만 보더라도 우리가 선진국에 들어서기에는 아직 멀었다는 사실을 뼈아프게 알려주었으며, 우리에게 공동체 의식과 사회적 책임감에 대한 인식과 각성을 불러일으켰다. 그렇다면 세월호 참사 이후 우리 교육이 추구하는 것은 과연 무엇이 되어야 할까?

국민적 공감을 일으키는 진정한 리더를 키우기 위해서는 공부가 전부가 아니라는 사실을 깨달을 필요가 있다. 세월호 사태를 통해 아마 모든 교육 시스템도 인성이나 공동체 의식을 강화해야 한다는 쪽으로 생각이 모아지리라 기대한다.

정권이 바뀌면 달라지는 입시 정책, 해마다 다른 입시 개편안들을 보며 대한민국의 학부모들은 너무나 곤혹스럽다. 수시로 바뀌는 입시 정책에 학부모들은 마치 거대한 망망대해를 돛단배 하나에 의지해 떠가는 느낌이라고 말하기도 한다. 그러나 이런 때일수록 부모가 제대로 입시 변화의 흐름을 읽고 미래를 내다보고 중심을 잡는 것이 중요하다. 교육 정책이나 입시 정책에도 흐름이 있다. 여기에 우선

해서 내 아이가 살아가게 될 미래 사회의 큰 흐름을 인지하고 있다면 시시각각 불어오는 작은 바람이 마냥 두렵게만 느껴지지는 않을 것이다.

'일단 대학 붙고 보자'가 통하던 시대 ◀

먼저 부모 세대의 교육환경이나 입시 풍토가 어떠했는지 한번 떠올려보자. 학력고사 시대 명문대 출신 부모들이 자조적으로 하는 이야기가 있다. "지금 같았으면 아마 나 역시 대학 가기 힘들었을 거야."

점점 복잡해지고 치열해진 입시 환경에 대한 씁쓸함이 뒤섞인 이야기다. 실제로 요즘 대입이나 특목고·자사고 입시에 있어서 학생 개인의 노력도 중요하지만, 여기에 더해 부모의 정보력과 판단력, 지원과 리더십이 매우 필요한 시대임을 부정하긴 어렵다.

당시엔 더구나 '일단 대학에 붙고 보자'가 어느 정도 통하던 시대였다. 죽어라 외우고, 성실하게 엉덩이 붙이고 앉아 점수만 잘 내면 좋은 대학에 갔고, 대학에 간 후에야 진로나 취업을 고민해도 되었다. 간판이 좋은 대학을 졸업하고 나면 그나마 먹고사는 문제도 해결되는 듯 보였다. 하지만 이제는 그렇지가 않다. 대학에 들어가는 것도 힘들 뿐더러, 대학에 들어간다고 해서 대기업 취업이나 사회적 성공이 보장되지도 않는다.

대기업 채용 트렌드,
스펙보다 자기소개서　◀

　　최근 대기업의 채용 트렌드는 두드러진 변화의 흐름을 반영한다. 단순히 학벌만 좋은 재목들은 기피 대상이라고 한다. 왜냐고? '그래, 공부만 해라'라며 키웠고, 실제 '공부만 했던' 아이들이 이후 기업에 들어가 실무 능력이나 협업 능력이 떨어지고, 얼마 안 가 이직할 가능성도 높다는 것이 기업 인사담당자들의 냉정한 평가이다.

　　세계적인 기업들은 창의성과 혁신을 무기로 국제 무대에서 경쟁력을 자랑하고 있다. 우리나라 기업들이 글로벌 경쟁력을 갖추기 위해 제대로 된 인재를 뽑으려 변화를 모색하는 것은 당연하다. 이미 기업들은 미래형 인재, 글로벌한 인재의 요건이 달라지고 있다는 사실을 중요하게 인식하고 있다. 단지 공부만이 아니라 창의력, 실무력, 사회적 협력, 공동체 구성원으로서의 자각 등이 미래 인재의 중요한 요건이라는 점을 말이다.

　　그래서 최근 대기업들의 채용 선발 과정을 보면 자기소개서 중심의 서류 심사가 눈에 띄게 늘었다. 획일화된 스펙보다 직무와 관련된 전문성에 비중을 두고, 단순암기식 지식보다는 인문교양을 중시하는 경향이 뚜렷해지고 있는 것이다.

　　산업화 시대에는 근면하고 성실한 덕목을 가치 있게 여겼다. 그중 공부를 잘하는 것이 성실성을 대변하며 능력으로 인정되었다. 그러나 이제는 학습한 지식과 숙련된 기술을 활용해 창의적으로 문제를 해결하는 능력이 더 중요해진 사회다.

특히 지식경제 사회에서는 공감하고 의사소통하는 능력, 자발적인 문제해결 능력, 실질적이고 전문적인 업무수행력 등이 요구된다. 그런데 이는 학교나 학원에서 주어진 공부만 해서는 완성될 수 없다. 우리 사회는 더 이상 객관식 문제를 잘 푸는 아이들을 선호하지 않는다. 학교 우등생이 사회 우등생도 아니고, 공부를 잘한다고 일을 잘하는 것이 아니라는 것을 우리는 잘 알고 있다. 이제 공부에 더해 도전정신이나 창의력과 같은 요소들이 중요한 시대가 되었고, 미래는 다재다능하고 개성 있는 인재를 요구하고 있다.

악동뮤지션, 좋아하고 잘하는 것을 즐기다! ◀

방송사 오디션 프로그램 출신의 10대 남매 가수 '악동뮤지션'을 보자. 선교사 부모님 아래서 홈스쿨링을 하면서 자신들이 좋아하는 음악을 열심히 즐기다가 결국 오디션에 우승하고 국내 대형 기획사에 들어가 내로라하는 가수가 되었다. 이들은 국내 차트뿐 아니라 해외 빌보드차트에까지 오르며 대한민국의 브랜드 가치를 높이고 있다.

악동뮤지션은 꼭 공부를 잘해야만이 성공하는 것이 아니라는 것을 잘 보여주는 사례다. 자기의 꿈과 끼를 발견하고, 자기주도적으로 계획하고, 좋아하는 일을 즐기며 노력한 아이들이 장차 시대를 이끄는 인재가 된다는 이야기이다.

이제는 순서를 조금 바꿔서 볼 필요가 있다. 예전에는 무조건 공부해서 좋은 대학에 들어간 후에 하고 싶은 일을 찾으라고 이야기했다. 그러나 이제 그런 이야기는 통하지 않을뿐더러 대학에서도 더 이상 그런 학생들은 뽑으려 하지 않는다.

그러므로 아이의 교육에 관심이 있는 부모라면, 아이를 좋은 학교에 보내고 싶다고 생각하는 부모라면, 먼저 미래 사회가 어떤 인재를 필요로 하는지 제대로 볼 수 있는 안목을 가지는 게 필요하다.

어쩌면 입시제도는 앞으로도 사소한 부침을 계속 거듭할 것이다. 그러나 21세기 사회가 요구하는 인재상을 알면 앞으로 대학이 원하는 인재도 자연히 알게 된다. 바로 잠재력과 창의력을 갖춘, 자기주도적인 인재를 원하는 궁극적인 지향은 크게 변화하지 않을 것이다.

부모의 리더십이
인재를 만든다 ◀

물론 공부와 학습이 중요하지 않다는 말은 아니다. 하지만 아이의 적성과 끼를 관찰하고 발견하는 과정에서 공부에 대한 목표를 분명히 해야 한다는 점을 꼭 기억해야 한다. 맹목적인 학습보다 아이에게 어떤 재능이 있는지 먼저 파악하고, 그 재능을 어떻게 계발하고 꿈과 연결시켜 이끌어줄지가 더 중요하다. 좋아하는 일에 몰입하는 열정, 그리고 이를 발견하고 관찰하고 자극을 주며 이끌어주는 부모의 리더십이 인재를 만들어낸다. 어쩌면 이 과정에서 부모의 역할과 부담은 더 커지는지 모르겠다.

새로운 리더십과 인재상

미래 사회의 패러다임은 아이디어, 혁신, 창의성에 기반을 두고 있다. 어느 분야이건 새로운 문제에 직면했을 때 창의적이고 유연한 사고와 태도로 다른 분야를 넘나들면서 새롭고 가치 있는 방식으로 문제를 해결할 수 있는 능력이 중요해진다. 그렇기에 단순한 지식보다는 창조적 사고와 도전정신이 높게 평가받는다.

다양하고 복잡한 사회에서는 특히 융합과 소통 능력이 중요해진다. 분화된 여러 전문 조직이 협업하는 경우가 많다 보니 팀이 협력하지 않으면 좋은 결과를 낼 수 없다. 이때는 한 사람의 독보적인 능력보다 외부 조직이나 다른 사람들과 협력하여 시너지를 발휘할 수 있는 능력이 돋보이는 것이다.

미국에서는 봉사와 헌신이라는 가치를 매우 중요하게 본다. 그래서 대학에서도 사회에 대한 헌신 가능성을 중요한 평가 항목으로 놓고 선발 기준으로 삼는다.

우리 사회를 이끌고 지탱하는 정부, 기업 등은 어떠한 인재들을 원하는가 하는 질문으로부터 우리의 교육 흐름도 이해할 수 있을 것이다. 어려서부터 부모가 리더십을 발휘해 아이에게 동기와 꿈, 목표를 심어주는 것이 아이의 미래 경쟁력 함양에 더욱 중요해지리라는 사실을 기억해두자.

chapter 02

입시의 흐름을 읽는
또 다른 키워드 '융합'

>>>>>

우리 아이들이 살아갈 미래는 뛰어난 학습 능력보다는 상상력과 창의력이 곧 경쟁력이 되는 시대로, 과학기술이나 산업 간의 협업으로 문제를 해결하는 등의 새로운 창조를 이끌어내야 한다. 따라서 자신의 분야뿐만 아니라 여러 사람과 소통하며 창의적으로 문제를 해결해 나가는 사람이 최고의 인재로 꼽힐 것이다.

과거에는 선진국의 기술을 좇아 짧은 시간에 얼마나 많은 양을 생산해내느냐가 중요했다. 하지만 새로운 시대, 창조경제 시대에는 스스로 선도하는 자만이 살아남는다. 그러면서도 보다 인간적이고 혁신적인, 그리고 자기주도적으로 개성을 표현하는 이들에게 가능성이 더 열려 있다는 점에서 흥미롭고 긍정적이라 할 만하다.

지식기반 미래 사회는
융합형 인재를 원한다 ◀

이러한 미래형 인재를 최근에는 '융합형 인재'라고 부르기도 한다. 다방면으로 고른 지식을 갖추고 있으면서도 자신만의 전문 분야에서 탁월하고, 종합적인 사고를 바탕으로 소통과 리더십, 창의력을 발휘하는 융합적 능력이 바로 지식기반 미래 사회가 필요로 하는 가치라는 얘기다.

최근 대입 전형에서 확대되고 있는 학생부종합전형은 내신뿐 아니라 평소 진로나 전공 분야에 대한 태도, 전문성, 자기주도학습 능력과 실행력 등을 매우 중요하게 평가한다. 이에 따라 입시에 있어서도 융합적 사고력이나 창의적 문제해결력, 리더십이 중요한 평가 항목으로 떠오르고 있다.

지난 2011년 정부가 융합인재교육STEAM 활성화 방안을 발표한 이후, 교육정책적 차원에서도 융합교육 활성화 방안들이 다양하게 쏟아져 나왔다. 2013년 8월에는 창의인재 육성 방안에 따라 초등학교부터 창의성 교육을 강화하기로 하였으며, 이에 따라 초·중학교 등에서도 통섭적 사고 강화를 위한 융합교육이 강화되고 있다. 최근에는 몇몇 특목고에서 추진되던 체험형 융합 프로젝트 수업이 일반고와 초·중학교까지 확대되었다.

이미 초·중학교 수학 교과서는 융합형 교과서로 개편이 이뤄졌다. 이에 따라 교과서에 스토리텔링형 문제 및 서술형·논술형 평가 비중이 크게 확대되었는데, 이러한 변화는 비단 수학 교과에만 해당하는 것이 아니다. 수학 교육에서의 이러한 변화는 인재 능력 평가에 있어서 추론과 문제해결력, 의사소통 능력 등이 두루 평가 기준이 되리라는 것을 의미한다.

논술 및 면접에도
융합·통섭형 문제 유형 크게 늘어 ◀

이러한 경향은 입시에서 시작되었다. 초·중·고 내신 평가에서 이미 실생활 교과융합형의 창의서술형·논술형 평가가 전체 중 50%의 비중으로 출제될 예정이다. 영재교육원 입시나 수학경시대회의 문항들도 단순히 수학적 원리 이해를 넘어 사회, 과학, 음악 등 타 교과 단원과 연계된 융합형 문제나 실생활형 문제의 출제 비중이 크게 늘어났다. 교육부가 수학선진화 방안을 표방하면서 내신뿐 아니라 대입 수능도 연산 위주가 아닌 실생활 문제나 스토리텔링 융합형 문항으로 출제되기 시작했다.

대입 논술, 면접에 있어서도 최근 몇 년 이러한 경향이 나타나고 있다. 서울대를 비롯한 상위권 대학들의 면접 및 구술은 이미 다른 과목과 융복합된 다면적 사고력 측정 방식으로 출제되고 있다. 최근 특목고·자사고 입시 면접에서도 이러한 융합적 학습 능력에 대한 평가가 심도 깊은 질문으로 다양한 측면에서 이루어지고 있다.

초등학교 때부터 고교 과정의 영어, 수학을 미리 배우는 진도 위주의 학습 전략은 달라진 입시 환경에서 별 도움이 되지 않게 되었다. 융합형 학습 평가 기준을 만족시키기 위해서는 앞으로 창의적 문제해결력, 의사소통 능력이 가장 중요한 평가 요소가 될 가능성이 크다. 융합형 평가를 대비하기 위해서는 학습에 있어서도 종전과는 전혀 다른 방식의 접근이 필요한 것이다.

융합 시대의 준비 전략
첫 번째, 독서력과 창의성 ◀

그렇다면 융합의 시대를 어떻게 준비할 수 있을까?

무엇보다도 우선시되는 것은 아이가 배경지식을 충분히 쌓을 수 있는 독서이다. 예를 들어 아이가 하고 싶은 분야가 자연과학 부문이라 하더라도 이제는 자연과학 부문만이 아닌 인문사회 부문의 책도 폭넓게 읽는 것이 필요하다. 그리고 책을 읽고 나서 단순히 줄거리가 무엇인지, 교훈이 무엇인지를 깨닫게 하는 수준의 독후활동에서 벗어나야 한다. 융합의 시대에 가장 중요한 것은 창의성이다. 심지어는 수학에서도 정답이 없는 개방형의 문제가 출제가 된다.

예를 한번 들어볼까? 다음은 초등학교 5~6학년을 대상으로 한 한국과학창의재단 수학 평가 문항이다.

다음 용어를 사용하여 문제를 3개 이상 만드세요.
[정사각형, 10%]

▶ '정사각형'이라는 단어와 '10%'라는 단어로 문제를 3개 이상 만들라고 한다. 예시 답안을 보면, '정사각형 가로의 길이를 10% 늘리면 둘레는 처음보다 얼마나 늘어나는가?' '정사각형 전체의 개수를 10% 줄였더니 78개였다. 줄이기 전 전체 정사각형의 개수는 몇 개인가?' 등의 대답을 이끌어낼 수 있었다.

창의성을 기르려면 자유롭게 생각해보게 하고, 아이의 생각은 무엇인지 이야기하게 하여 아이 스스로가 표현의 시대에 적극 대응하도록 적절하게 이끌어주는 것이 필요하다.

융합 시대의 준비 전략
두 번째, 원리 이해와 교과 간 연계성 이해 ◀

그다음으로는 학문의 원리를 이해하고 교과 간의 연계성을 이해하는 학습이 필요하다. 아무리 독서를 통해 배경지식을 쌓았다 하더라도 교과 간 연관성을 소홀히 한다면 융합형 문제를 해결해나가는 것은 쉽지 않다.

우리가 좋아하는 음악의 음계를 유명한 수학자인 피타고라스가 만들었다는 사실은 의외로 많은 이들이 잘 모르고 있다. 음계의 원리가 수학이라는 사실을 알게 되면 수학도 음악도 흥미로워질 것이다.

실제로 2011학년도 한 외고 입시에서는 '도 소리가 날 때의 현의 길이가 9라고 하면 높은 도 소리가 날 때의 현의 길이는 얼마인가?'라는 융합형 문제가 면접 문항으로 출제되기도 하였다.

인문 및 자연과학을 넘나드는 다양한 독서 습관과 자신의 생각을 자신 있게 표현할 수 있는 자세, 각 교과 단원의 원리 이해와 교과 간 연계성을 학습하여 융합적 지식을 갖추는 것이 바로 융합형 시대에 맞는 학습법이자 명문 학교 진학의 지름길인 셈이다.

특히 국제중, 특목고·자사고를 비롯하여 새로운 대학 입시에서 자기주도학습과 진로 체험을 중심으로 하는 학교생활기록부가 한 축이라면, 또 다른 한 축은 바로 융합형 학습 능력을 키우는 것이라는 점을 기억하고, 초등학교 고학년부터 이에 대한 토양을 마련해주는 것이 필요하다.

chapter 03

내 아이의
'꿈과 끼'를 찾아라

>>>>

아이의 10년 후, 20년 후를 위해 지금 부모가 할 수 있는 일은 무엇일까? 막연히 유명한 학원 보내서 공부만 시켜놓으면 본인이 뭐든 알아서 하겠거니 하고 생각하고, 아이를 자꾸 학원이며 책상 앞으로 몰아세우고 있지는 않는가. 이렇게 하는 공부가 과연 효과가 있을지는 더 이상 장담할 수 없다. 아마도 결국 부모 눈치보기용 공부나 시간 때우기용, 체면치레용 공부가 되기 쉽다.

아이의 삶을 부모가 대신 살아줄 수 없듯이 공부도 부모가 대신 해줄 수 없다. 엄마가 아이 공부를 직접 가르치는 경우도 있는데, 여기에도 한계는 있다. 초등학교까지는 엄마가 짜주는 공부 스케줄이나 계획을 아이도 그럭저럭 따라올 수 있다. 그러나 중학교 즈음에 이르면 공부의 양이나 질이 확연히 달라진다. 스스로 공부하는 습관도 기르지 못했고, 공부의 목표도 없이 중학생이 된 아이들은 당황하기 쉽다.

이때 주춤거리다 보면 갑자기 성적이 떨어지거나, 다시 엄마의 관리나 지시에 의존하다 어느 사이 방황하는 사춘기를 보내며 홍역을 치르게 된다.

학습 동기를 키워주는
부모의 리더십 ◀

사실 아이들에게 공부하라는 말보다 더 중요한 것은 스스로 공부하고 싶은 마음이 들도록 동기를 부여해주는 일이다. 공부해야 할 이유가 분명한 아이들은 학습에 대한 욕구가 강하고, 중간에 힘든 과정에 부딪쳐도 목표를 위해 스스로 인내하고 조절하는 능력을 발휘한다. 아이가 재능이나 목표가 뚜렷하고 스스로 공부해야 할 이유를 찾아 열의를 갖는다면 이 교육은 절반 이상 성공이라 봐도 무방하다.

문제는 대부분의 아이들이 왜 공부를 해야 하는지에 대한 답을 찾지 못한다는 것이다. 막연히 '대학에 가려고' '좋은 직업을 갖기 위해'라고 생각하는 경우가 대부분이다. 공부를 해야 할 이유를 찾지 못한 채 무작정 입시를 치르고 나면 막상 대학에 가더라도 방황하기 쉽다. 진로에 대한 고민으로 인해 다시 사회인으로 적응하는 데도 어려움을 겪을 수밖에 없다.

많은 부모들이 아이 공부에만 신경을 쓸 뿐 진로 교육에 대해서는 그 필요성을 제대로 인식조차 하지 못하는 경우가 많은데, 진로와 목표를 정하는 것은 아이가 공부를 해야 하는 이유, 즉 학습의 동기부여가 되는 데 결정적인 역할을 한다는 점에서 반드시 거쳐야 할 필수 과정이다.

아이의 재능을
학습 목표로 연결시켜라　◀

아이를 누구보다 잘 아는 것은 부모다. 어린 시절 아이의 잠재력을 가장 먼저 발견할 수 있는 사람도 부모다. 아이의 관심사나 재능을 눈여겨보고 이를 학습 동기나 진로 목표로 연결시킬 수 있도록 도와주는 것이 바로 아이의 10년 후를 내다보는 부모의 리더십이라고 할 수 있다.

자신이 좋아하고 잘할 수 있는 일을 조기에 발견하고 성취와 보람을 느낄 수 있는 나의 일로 만든다면, 그것보다 더 큰 인생의 성공이 있을까. 어린 시절부터 아이를 잘 관찰하고, 대화를 통해 아이가 부딪히는 현실적인 문제들을 합리적으로 해결해나갈 수 있도록 격려하고 용기를 주는 것이 가장 중요한 부모의 역할일 것이다.

다만 아이의 관심사나 재능, 끼, 잠재력을 발견하고 이를 학습 동기로 연결시키기 위해서는 내 아이를 객관적으로 볼 필요가 있다. 때로 아이의 재능을 과소평가하여 그냥 지나치는 것이 문제가 될 때도 있으나, 대부분의 판단 착오는 내 아이에 대해 지나치게 기대하거나 욕심을 갖는 데서 온다. 엄마가 욕심을 조금만 내려놓고 한 걸음만 떨어져 바라보면 내 아이의 장단점과 학습 유형 등을 객관적으로 보는 데 도움이 된다.

적절한 자극과 격려는
아이를 춤추게 한다 ◀

처음부터 큰 목표를 정할 필요는 없다. 아이를 잘 관찰하다 보면 특별히 관심을 보이거나 눈에 띄는 재능이 있는데, 이때 부모가 적절한 자극과 격려를 해주면서 동기부여를 하고 자신의 진로에 대한 고민을 쌓아나갈 수 있도록 돕는 것이 핵심이다.

아이와 함께 하고 싶은 일이나 작은 목표에 대해 이야기를 나누고, 이를 노트에 적으며 목록을 만들어보는 방법도 좋다. 완벽하지 않더라도 괜찮다. 아이가 목록을 보면서 자신의 꿈이나 하고 싶은 일에 대해 생각할 기회를 갖는 것으로 충분하다.

또 부모의 칭찬만큼 아이를 신나게 하는 것도 없다. 아이는 부모와의 대화에서 자극과 격려, 용기를 얻는다. 특히 잘하는 것부터 칭찬하고 북돋워주기 시작하면 아이가 더욱 흥미를 갖게 되고, 조금 낯설거나 어려운 공부로 넘어가기도 수월하다.

아이가 학습 의욕이 높거나 어떤 분야에서 탁월한 재능을 보일 때에는 부모가 좀 더 적극적으로 나서서 진로의 방향이나 미래를 보다 구체적으로 보여주고 제시할 필요가 있다. 이러한 아이들에게는 몇 가지 특징이 있는데, 어느 한 분야에서 두드러진 탁월성을 나타낼 뿐 아니라 자신이 목표로 한 일에 대해 끈기 있는 노력과 성취를 보인다. 그리고 이러한 자신을 표현하는 데 있어서도 열정적이고 자신감에 차 있다.

이러한 아이들의 경우 적당한 선행학습이나 심화학습은 권할 만하다. 이때 지적 욕구를 적절히 채워주지 못하면 자칫 공부에 흥미를 잃을 수도 있기 때문이다. 여기에 더해 아이가 관심을 갖고 목표로 하는 분야와 관련하여 여러 가지 체험활동을 할 수 있는 기회를 준다면 성취감을 느끼고 자신감을 키우는 데 도움이 될 수 있다.

다양한 직·간접적 체험 통해
진로 교육에 나서라　　◀

진로나 적성을 찾기 위해서는 다양한 직업 세계를 경험하고 미래 사회 변화의 트렌드를 내다볼 수 있는 많은 활동을 통해 진로 탐색의 기회를 갖는 것도 중요하다.

아이가 초등학생으로 아직 꿈이 명확하지 않은 시기라면 관심 분야의 동아리나 직업체험 캠프, 탐구대회 등 다양한 창의적 체험활동을 적극 활용하면서 진로 탐색의 시간을 몸소 경험하도록 돕는 것도 한 방법이다.

또한 자서전이나 위인전을 읽는 것을 넘어 실존 인물들을 직접 만나 영감을 얻는 것도 좋은 방법이다. 평소 관심 있어 하는 유명인들의 강연회 혹은 독자와의 만남 등을 통해 눈앞에서 생생하게 펼쳐지는 그들의 이야기를 듣는 것은 아이들에게는 직·간접적인 동기부여를 제공하는 계기가 될 수 있다.

좀 더 구체적으로 전공과 직업 등을 탐색해보고자 한다면 대학 홈페이지나 인터넷 진로 체험 사이트 등을 찾아 다양한 전공과 직업군들을 함께 검색해볼 수 있다. 교육부가 운영하는 인터넷 사이트 '커리어넷(www.career.go.kr)'을 보면 구체적인 직업과 관련학과 등을 한눈에 볼 수 있도록 정리가 잘되어 있다. 대학 사이트에서 다양한 학과 정보뿐 아니라 학과를 나왔을 때 진출할 수 있는 직업, 그 직업의 미래 전망까지 참고할 수 있다.

향후 입시에서 평가의 핵심 지점은 바로 '진로'이다. 자신의 꿈과 끼를 바탕으로 다양한 체험을 통해 진로를 탐색하고, 그러한 과정을 통해 자신이 목표한 진로를 위해 얼마나 열정적으로 노력하였는가를 가장 중점적인 평가 요소로 본다.

비단 입시를 위해서뿐만 아니라 사회인, 직업인으로 성장하기 위해 가장 중요하고 기초가 되는 교육 중의 하나가 바로 진로 탐색 교육이다. 그렇기에 어려서부터 다양한 통로를 통해 진로 체험 기회를 갖는 것은 그 첫 단추를 채우는 일이라고 할 수 있다. 아이들이 꿈과 목표를 찾을 수 있도록 돕는 것이 부모가 이 시기 해야 할 가장 중요한 일임을 기억하자. 이것이 바탕이 되어야 아이의 향후 입시 로드맵, 인생 로드맵도 완성될 수 있다.

첫 단계는
아이와의 '소통' ◀

이 모든 것에 앞서 전제가 되는 첫 단계는 바로 아이와의 소통이다. 평소에는 말 한마디 안 하다가 갑자기 '장래 희망이 무엇이냐'라며 다가오는 부모들이 아이들로부터 환영받을 리 없다.

평소 아이와 마음의 문을 열고 이야기를 나눌 준비가 되어 있어야 한다. 그러기 위해서는 아이의 의사를 존중하고 이야기를 잘 들어주는 것이 먼저다. 자신의 이야기에 귀 기울이는 부모 아래에서 상호소통하며 자란 아이는 자기 생각이나 주장을 잘 펼치면서도 동시에 타인의 의견을 경청하며 적절하게 타협하는 방법도 배우며 성장한다.

부모는 평소 아이와 관심 분야에 대해 이야기를 나누면서 다양한 체험을 제안하거나 지적인 자극을 줄 수 있다. 이 과정에서 자연스럽게 공부해야 할 이유를 찾고 자신만의 목표나 장래 직업에 대해 생각해볼 기회를 찾을 수 있을 것이다. 아이와의 소통 속에서 정신적 지지자로서 지혜롭게 이끌어주는 부모야말로 향후 어떤 학습보다 더 큰 미래의 자양분이 될 것이다.

아이가 보다 나은 미래를 꿈꾸길 원하는 부모라면 더 이상 공부하라는 잔소리로 아이를 다그치는 일은 그만두자. 그리고 아이의 생활을 자세히 들여다보자. 아이의 끼를 발견하고 숨어 있는 잠재력을 끌어낼 수 있도록 세심하게 관찰하는 것이, 부모라면 가장 먼저 해야 할 일이다.

내 아이 미래를 위한 부모의 리더십

– 평소 아이 눈높이에서 대화하고 소통하려는 자세를 갖는다.

– 아이가 무엇을 좋아하고 잘하는지 늘 관찰한다. 더불어 스스로 진로를 고민할 수 있도록 다양한 체험활동이나 독서활동을 하도록 돕는다.

– 사회의 변화하는 트렌드를 항상 주목하여 아이가 새로운 정보들을 잘 취합할 수 있도록 도움을 준다.

– 부모 스스로 입시제도의 변화에 대해 공부하고, 새로운 정보는 수시로 파악해서 아이에게 도움을 줄 수 있어야 한다. 입시설명회나 각 학교의 홈페이지 등을 통해 입시에 관한 다양한 정보들을 수집할 수 있다.

– 초·중·고등학교 성적과 학교생활이 담기는 학교생활기록부를 아이와 함께 관리한다. 다양한 체험과 독서활동 등은 아이의 진로나 학업 역량의 기초가 되며 향후 입시에서 큰 영향력을 미친다.

입시 용어 정리

<u>수시 모집</u> 수능 전에 실시되는 입시 전형. 수능 성적이 주로 반영 되는 정시 모집과는 달리 학생부, 논술, 구슬 등 여러 가지 전형 요 소를 통해 다방면으로 학생을 평가한다. 한 수험생이 수시 모집 전 형에 최대 6회에 한하여 지원할 수 있다. 수시 모집에 지원하여 합 격하게 되면 등록 여부와 상관없이 정시 모집에 지원할 수 없으므 로 신중히 지원해야 한다.

<u>정시 모집</u> 수능 후 학생부 등 전형요소를 통해 선발하는 입시 전 형. 정시에서는 각 대학의 전형일에 따라 '가'군, '나'군, '다'군 3개 군으로 구분해 모집한다. 규모가 있는 종합 대학들은 일반적으로 2개 또는 3개 모집군으로 나누어 분할 모집을 실시한다. 서울대처 럼 단일 모집군에서만 모집하는 경우도 있다. 기본적으로 서울대 와 연세대, 고려대는 서로 다른 모집군을 고집하고 있다. 서울 중 상위권 대학들은 모집군 결정에 특히 신중을 기한다.

<u>학생부</u> 학생부란 '학교생활기록부'의 줄임말로 고등학교 내신 성적 을 의미한다. 구체적으로 살펴보면 교과와 비교과로 구분할 수 있 다. 교과는 고등학교 시절 시험 성적을, 비교과는 출결 및 봉사활 동, 특별활동, 행동, 자격증, 수상 성적 등 시험 성적을 제외한 그 외 활동영역을 의미한다.

학생부종합전형 학생부종합전형은 학생의 고등학교 활동 기록인 학생부 교과, 비교과 그리고 자기소개서, 교사 추천서, 면접, 수능 결과 등을 바탕으로 학생의 수학 능력, 잠재력, 열정 등을 평가하여 대학별 교육 이념에 맞춰 학생을 선발하는 전형이다.

교과 각 교과의 성적. 학교생활기록부에는 원점수와 과목 평균, 석차 등급 등이 표기된다. 학생부교과전형에 높은 비중으로 반영된다.

비교과 교과 외의 활동 내역. 출결, 수상 경력, 창의적 체험활동, 독서활동 등 교과 외의 활동 내역을 말하며, 학생부종합전형에 반영된다.

석차 백분율 학교생활기록부의 교과 성적 반영 방법으로, 교과 성적을 백분율로 표시한 것. 100명 중 10등을 했다면 석차 백분율은 10%가 된다.

표준점수 평균과 원점수의 차이를 나타내는 단위로, 점수 분포상에서 내가 어느 위치에 있는지 비교할 수 있다. 일반적으로 평균점수보다 내 점수가 높을수록, 해당 과목의 평균이 타 과목에 비해 낮을수록 표준점수는 높아진다.

백분위 전체 상대적 서열을 나타내는 것으로, 전체 수능 응시자 가운데 자신의 점수보다 낮은 점수를 받은 수험생의 비율을 말한다. %가 높을수록 나보다 낮은 점수를 받은 학생이 많음을 의미한다.

등급 총 9개의 범주로 나뉜다. 표준점수를 통해 해당하는 각 누적 퍼센트에 등급을 부여한 점수체제로, 1등급은 상위 4% 이내, 2등급은 상위 11% 이내, 3등급은 상위 23% 이내 등으로 구분된다. 등급으로는 상대적 서열을 판단하기 어려우나 유사집단을 하나로 묶어 변별하고자 할 때 유용하다.

자기주도학습전형 학생의 자기주도학습 결과와 학습 잠재력을 중심으로 평가하는 전형. 고교의 입학담당관으로 구성된 입학전형위원회에서 내신 성적과 면접으로 학생을 선발힌디. 선발 절차는 1단계 중학교 내신 성적을 토대로 학교생활의 성실성을 평가, 모집 정원의 일정 배수를 선발한다. 2단계에서는 1단계 합격자에 한해 서류와 면접으로 학생의 잠재력을 평가, 최종 합격생을 뽑는다.

모집 시기 고교 유형별로 지원할 수 있는 시기를 구분한 것으로 전기와 후기로 나뉜다. 전기에서는 희망 여부에 따라 1개교만 지원 가능하며, 특목고와 특성화고, 마이스터고, 자사고, 전문계고와 종합고 내 전문계열 등이 해당된다. 전기에 속하는 영재학교는 모집 시기, 합격 여부와 무관하게 중복 지원할 수 있다. 대다수의 일반고와 자율형공립고, 중점학교, 자율학교(기숙형 고교)가 속해 있는 후기 모집의 경우 광역(시, 도 단위)에 따라 고교 선택 및 배정 방법이 다르다. 전기와 후기에 중복해서 지원할 수 없으며, 전기 모집 학교에 지원해서 합격한 경우에는 후기 모집 학교에 추가로 지원할 수 없다.

모집 단위 전국 단위와 지역 단위 모집으로 구분된다. 지역 단위(광역 단위)는 특정 시, 도의 중학교 출신 및 해당 지역 거주자에 한해 모집을 제한한다. 일반고를 포함한 대부분의 고교가 이에 속한다. 단, 외고 및 국제고의 경우 해당 고교가 지역 내에 없을 시 타 지역으로 지원할 수 있도록 예외 규정을 두고 있다.

성취평가제 내신 성적 절대평가 방식으로 성취도에 따라 A~E등급으로 나뉜다. 2015학년도 고입부터 부분 적용되었다.

자료 한국대학교육협의회(www.kcue.or.kr) 대학입학 정보 중 참조

PART

2

이제 스펙이 아니라
스토리다

>>>>>

일찍부터 자신만의 꿈을 찾고 목표를 정한 학생, 이를 위해 학교
공부나 다양한 비교과 활동을 열심히 해온 학생, 그리고 학교생
활에 열정적으로 참여해 리더십과 인성을 드러낸 학생 등이 학생
부종합전형에 지원하기 유리하다. 특히 진로 목표가 분명하여 해
당 분야에서 지속적으로 활동한 결과물이 있거나, 지원학과와 관
련하여 교과 성적을 비롯해 봉사활동, 동아리활동, 체험활동 등
이 유기적으로 연관되어 하나의 스토리를 보여줄 수 있는 사례라
면 더 좋다. 특히 학생부종합전형 준비는 내신을 비롯해 다양한
비교과 활동을 체계적으로 관리할 필요가 있기에 중 1·2학년, 고
1·2학년부터 미리미리 준비해야 한다.

어떻게 하면
내 아이를 위한
맞춤형 입시 전략을
세울 수 있을까?

chapter 01

정량 평가가 아닌
정성 평가의 시대

>>>>>

　학생부종합전형이 갈수록 확대된다고 하니 학부모들은 기대감이 생기면서도 한편으로는 막막하고 불안하다. 아이가 학교 생활에만 충실해도 좋은 대학에 갈 수 있다지만 그 평가 기준을 알려주는 곳은 없고, 또 이것이 내 아이에게 과연 좋은 일인지, 나쁜 일인지 잘 모르겠다.

　전교 1등 하던 아이가 서울대 학생부종합전형에 떨어졌다는 이야기를 들으면 '멘붕'이 오고, 내신 2등급 하던 아이가 학생부종합전형으로 서울대에 들어갔다는 이야기를 들으면 귀가 '솔깃'해진다. 학생부종합전형이 확대되면서 내신 4~5등급 하던 아이가 서울 상위권 대학에 합격했다는 일화들도 종종 듣게 된다.

　학교생활기록부의 중요성이 점점 커지는 새로운 입시환경에서 학부모들은 또다시 어리둥절해진다. 변화하는 환경을 제대로 파악할 수 없으니 막상 내 아이를 어떻게 도와야 하는지 몰라 답답한 심정이다.

학교생활기록부 전성시대, 어떻게 하면 학교생활기록부를 풍부하게 만들면서 성공적인 입시 전략을 세울 수 있을까? 먼저 새롭게 달라지는 입시안을 자세히 살펴보자.

입시의 키워드
학생부 중심 전형의 확대 ◀

최근 대학 입시의 키워드는 단연 '학교생활기록부'이다. 점수나 성적과 같은 일면적인 평가 대신 학교생활기록부를 토대로 성적을 포함해 학교생활 충실도를 종합적으로 평가하겠다는 것이 바로 학생부 전형이다. 이는 입학사정관전형이란 명칭으로 지속되어 오던 흐름이 2015학년도부터 그 이름을 바꾼 것이다.

다만 기존의 입학사정관제가 개인이 제출했던 포트폴리오를 기본 평가 자료로 했다면, 학생부 전형은 학교 자료, 그러니까 학교생활기록부 기록을 평가의 재료로 삼은 것이 다르다. 기존의 입학사정관전형이 개인 자료 제출의 부담이 많은 데다 검증이 어려웠다면, 이러한 단점을 보완한 것이 학생부 전형이라 볼 수 있다.

교육부가 대입 전형 간소화 방침을 발표하면서 수시 모집의 전형 유형을 3가지(학생부 중심, 논술 중심, 실기 중심) 형태로 간소화했다. 이 중 학생부 중심 전형을 '학생부교과전형'과 '학생부종합전형'으로 구분했다. 전자는 교과 성적을 중심으로 평가하는 전형이고, 후자는 비교과(동아리, 봉사활동 등 교내 활동)를 중심으로 교과, 자기소개서, 교사 추천서, 면접 등을 종합적으로 평가하는 전형이다. 많은 대학들이 수시 전형에 수능 최저 학력 기준을 적용하면서 수능 성적 역시 학생부종합전형의 한 요소가 됐다.

한국대학교육협의회의 '2017학년도 대입전형 시행계획'에 따르면, 4년제 대학들이 선발하는 전체 정원은 35만 5,745명. 이 중 수시 모집 인원은 24만 8,669명(모집 인원의 69.9%)에 달한다. 정시 모집 인원은 10만 7,076명(30.1%)에 불과하다. 눈여겨봐야 할 항목은 수시 전형의 '학생부종합전형'이다. 학생부종합전형은 2017학년도 4년제 대학 모집 정원의 무려 60.3%를 차지한다. 2016학년도 대입에서 해당 전형의 모집 비중은 57.4%를 기록했다. 특히 상위권 대학으로 갈수록 학생부종합전형의 비중이 높아지는데, 대략 서울시내 상위권 대학에서 학생부종합전형으로 25~30%를 선발한다고 보면 된다.

학생부종합전형 확대에 따라 이제 기존의 내신 성적이나 수능 성적만이 아닌 비교과 영역, 즉 다양한 체험활동과 자기주도학습 능력, 인성·공동체성 등을 포함하는 포괄적인 학교생활 평가 기록이 학생의 '발전 가능성'과 '잠재력'이라는 이름으로 입시 평가의 중요한 자리를 차지하게 되었다.

정부의 입시 정책은 간단하다. 수시 모집은 학교생활기록부를 중심으로, 정시 모집은 수능을 중심으로 선발하여 단순화하겠다는 것이다. 이에 따라 이전까지 입학사정관, 특기자, 특별전형 등으로 선발했던 전형이 학생부종합전형으로 통합되었고, 논술 전형은 다소 축소되었다.

구분	전형 유형	주요 전형 요소
수시	학생부 위주	학생부 교과·비교과, 자기소개서, 추천서, 면접 등
	논술 위주	논술 등
	실기 위주	실기 등(특기 등 증빙자료 활용 가능)
정시	수능 위주	수능 등
	실기 위주	실기 등(특기 등 증빙자료 활용 가능)

이제 대입은 '수시＝학생부종합전형' '정시＝수능'이라는 공식이 입시의 양 뼈대가 될 것이라는 관측이 우세하다. 그리고 이에 따라 학생부종합전형은 입시의 한 축으로 향후 지속적인 영향력을 갖게 될 것으로 보인다.

특목고·자사고 자기주도학습전형도
학교생활기록부가 핵심 ◀

이러한 대입 학생부종합전형의 기본적인 사항은 고교 입시에도 적용된다. 특목고·자사고 같은 선발형 고등학교는 '자기주도학습전형'이라는 이름의 입학사정관제로 학생들을 뽑아왔다. 자기주도학습 전형에서 2014학년도까지 중요한 제출 서류 중 하나였던 자기주도학습계획서가 2015학년도부터 자기소개서로 대체되면서 이제 학교생활기록부가 서류 평가의 가장 중요한 핵심으로 떠올랐다.

특목고·자사고와 같은 선발형 고등학교의 입학전형 위원들은 지원자의 독창적인 잠재력을 들여다보길 원한다. 학생을 선발하는 데 있어서도 단순히 정량적인 성적만을 보고 뽑지 않는다. 이들이 원하는 학생은 공부를 잘하면서도 자신의 꿈과 목표가 분명하고, 지적 호기심이 풍부하며, 인성까지 두루 갖춘 미래 한국형 리더가 될 재목들이다. 이러한 인재의 선발을 위해 특목고·자사고가 택하고 있는 입시 전형이 바로 입학사정관제이고, 그 흐름 속에서 학교생활기록부를 비롯한 서류와 면접의 비중이 날로 높아지고 있는 것이다.

더구나 2015학년도부터 고입 전형에 성취평가제가 도입되고 내신 변별력이 줄어들면서, 서류 평가가 사실상 당락을 좌우하게 되었다. 서류 평가에서도 가장 핵심 항목이 바로 학교생활기록부이다 보니 특목고·자사고를 목표로 한다면 성적 관리뿐 아니라 학교생활기록부 관리를 절대 소홀히 해서는 안 된다. 특목고·자사고를 목표로 한다면 학교생활기록부 관리는 빠르면 초등학교 고학년부터 늦어도 중학교 1학년 때부터 시작하는 것이 좋다.

외부 스펙 자기소개서에 기재 시
'0점 처리' 주의 ◀

다만 학생부종합전형 지원 시 주의해야 할 점이 생겼다. 특목고·

자사고 입시의 자기주도학습전형과 대입의 학생부종합전형 모두에서 토익, 토플, 텝스 같은 공인 어학 성적이나 외부 수상 실적 같은 '외부 스펙'의 반영이 규제된다. 학교생활기록부에 기재되지 않은 공인 어학 성적 및 교과 관련 외부 수상 실적을 자기소개서나 교사 추천서에 기재했을 경우 입시전형 서류 점수가 '0점 처리'되기에 주의가 필요하다.

교육부가 0점 처리를 명시한 외부 스펙은 영어와 제2외국어·한자 등의 공인 어학 성적, 한국수학올림피아드^{KMO}, 한국물리올림피아드^{KPHO}, 초·중·고 외국어 경시대회 등 교과 이름이 명시된 교외 수상 실적 등이다.

외부 수상의 경우 학교장 허락을 받은 수상 실적도 0점 처리된다. 단순히 수상 기록 이외에도 교육부는 어학 연수 등도 평가에 반영하지 말도록 하여, 사교육 유발 방지라는 본래의 취지를 재차 강조했다. 여기에 더해 자기소개서, 추천서에 부모 직업 등을 드러낼 수 있는 '성장 과정과 환경' 항목을 없애고 자율 문항을 2개에서 1개로 줄여 간소화했다.

자기소개서에 쓰면 '0점 처리'되는 스펙

공인 어학 성적	영어(TOEIC, TOEFL, TEPS), 프랑스어(DELF, DALF), 중국어(HSK), 일본어(JPT, JLPT), 러시아어(TORFL), 스페인어(DELE), 독일어(ZD, TESTDAF, DSH, DSD), 상공회의소 한자 시험, 한자능력검정, 실용한자, 한자급수자격검정, YBM 상무한검, 한자급수인증시험, 한자자격검정

교과 관련 교외 수상 실적	**수학**	한국수학올림피아드(KMO), 한국수학인증시험(KMC), 온라인 창의수학 경시대회, 도시 대항 국제 수학토너먼트
	과학	한국물리올림피아드(KPHO), 한국화학올림피아드(KCHO), 한국생물올림피아드(KBO), 한국천문올림피아드(KAO), 한국지구과학올림피아드(KESO), 한국뇌과학올림피아드, 전국정보과학올림피아드, 국제물리올림피아드, 국제지구과학올림피아드, 국제수학올림피아드, 국제생물올림피아드, 국제천문올림피아드, 한국중등과학올림피아드
	외국어	전국 초·중·고 외국어(영어, 중국어, 일본어, 프랑스어, 독일어, 러시아어, 프랑스어) 경시대회, IET 국제영어대회, IEWC 국제영어글쓰기대회, 글로벌 리더십 영어 경연대회, SIFEC 전국영어말하기대회, 국제영어논술대회

※ 이 밖에 수학, 과학(물리·화학·생물·지구과학·천문), 외국어(영어 등) 교과명이 명시된 학교 밖 각종 대회(경시대회, 올림피아드 등) 수상 실적을 작성하면 '0점(또는 불합격) 처리'

※ '교외 수상 실적'은 학교 아닌 곳이 연 대회의 수상 실적을 가리키며, 학교장의 참가 허락을 받더라도 작성하면 '0점(또는 불합격) 처리'

학교생활기록부는
'학교생활 충실도'가 관건 ◀

외부 스펙 기재를 전면 금지한 취지에서 알 수 있듯이 학생부종합전형을 통해 교육부가 그 중요성을 강조하고 싶은 것은 다름 아닌 '내실 있는 학교생활'이다.

학생부종합전형의 가장 기본적이고 중요한 자료는 바로 학교생활기록부이다. 학교생활기록부란 우리가 내신이라 부르는 교과 성적 이외에도 학교 내에서 이루어지는 다양한 활동들을 포괄적이고 총체적으로 담고 있는 평가 기록이다.

자율활동, 동아리활동, 봉사활동, 진로활동을 포함하는 '창의적 체험활동'을 비롯해서 행동특성, 담당 교사의 종합 의견 등이 실린다. 교과목 담당 교사가 직접 서술하는 '세부능력 및 특기사항' 같은 기록도 고스란히 담긴다. 이러니 학교생활기록부는 학교생활의 충실도를 반영하는 거울이라고 할 수 있다.

대부분의 대학이 학교생활기록부의 다양한 내용들을 통해 학생의 기초 학업 능력과 더불어 잠재력, 인성 등을 확인하고 싶어한다. 그러니 학생부종합전형을 준비하려면 기본적인 내신 성적 관리뿐 아니라 학교 내에서 이루어지는 다양한 비교과 활동에 적극적으로 참여하여 학교생활기록부에 풍부한 내용이 채워질 수 있도록 노력해야 한다.

또한 학교생활 중 전공 분야와 관련된 다양한 경험이야말로 학생부종합전형의 핵심이라 할 수 있다. 따라서 학교생활에 자발적이고 열정적으로 참여하면서 자신의 관심 분야로 활동영역을 넓혀나가고, 다양한 경험을 바탕으로 전공하고자 하는 분야를 주도적으로 고민하고, 차근차근 실력을 쌓아나가는 학생이 바로 학교생활기록부 시대에 잠재력을 지닌 학생이라 할 수 있다. 학교 활동에 열정적으로 참여하면서 자신만의 리더십과 인성을 탁월하게 드러낸 학생도 학생부종합전형에 지원하기 적합한 유형이다.

대학은 이러한 학생들의 학교생활기록부를 토대로 지원자가 얼마나 학교생활에 충실했는지, 자신의 진로를 위해 얼마나 노력하고 성장했는지 판단하게 된다. 따라서 학교생활기록부 전성시대에는 학교 내에서 이루어지는 모든 활동이 곧 입시 준비라는 생각을 가져야 한다.

학생부종합전형은 어떤 학생이 준비하면 좋을까?

일찍부터 자신만의 꿈을 찾고 그 꿈에 대해 어느 정도 확신을 가지고 목표를 정한 학생, 이를 위해 학교 공부나 다양한 비교과 활동을 열심히 해온 학생, 그리고 학교생활에 열정적으로 참여해 리더십과 인성을 드러낸 학생 등이 학생부종합전형을 지원하기 유리하다. 특히 진로 목표가 분명하여 해당 분야에 대해 지속적으로 활동한 결과물이 있거나 지원 학과와 관련하여 교과 성적을 비롯해 봉사활동, 동아리활동, 체험활동 등이 유기적으로 연관되어 하나의 스토리를 보여줄 수 있는 학생이라면 더 좋다.

특히 학생부종합전형 준비는 내신을 비롯해 다양한 비교과 활동을 체계적으로 관리할 필요가 있기에 중학교 3학년이나 고3이 되어서 급하게 준비하기보다는 중학교 1·2학년, 고등학교 1·2학년부터 미리미리 자신의 진로와 미래에 대해 고민하고 준비해야 한다.

학생부종합전형은 내신보다는 학교생활기록부와 자기소개서, 면접으로 당락이 결정되는 경우가 많다. 이 때문에 상위권 대학의 경우 학력은 높지만 상대적으로 내신이 불리한 특목고나 자사고 학생들이 몰릴 가능성이 높다.

chapter 02

특목고·자사고,
대입 지도를 흔들다

>>>>>

2016년도 대입에서 눈길을 끄는 부분은 단연 학생부종합전형이었다. 2016년도 학생부종합전형은 상위 13개 대학에서 1만 1,374명을 선발하였다. 이는 전체 모집 정원 4만 1,832명의 27%이다.

학생부종합전형으로 가장 큰 인원을 선발한 학교는 서울대이다. 전체 모집 정원의 75%인 2,369명을 선발했는데, 지역균형선발전형에서 681명, 일반전형에서 1,688명을 선발했다. 정시로 선발하는 비율이 25%인 766명인 것에 비해 75%를 수시 학생부종합전형으로 선발하기 때문에 학생부종합전형이 서울대 입시에서 가장 중요한 요소라고 해도 과언이 아니다.

고려대 또한 전체 모집 정원의 26%인 990명을 학생부종합전형으로 선발하고, 2018학년도 수시 모집부터는 논술전형을 폐지하고 전체 모집 정원의 50%를 학생부 중심 전형으로 선발하겠다고 밝혀 사실상 학생부종합전형 체제로의 전환을 공식화했다. 연세대는 학생부종합전형, 학생부교과전형으로 전체 모집 정원의 20%인 657명을 선발했다. 서강대는 전체 모집 인원의 34%를 학생부종합전형으로 선발했다. 특히 한양대의 경우 학생부종합전형의 경우는 면접도 보지 않고, 수능 최저 학력도 적용하지 않으면서 오직 학교생활기록부 활동으로만 학생을 선발했다.

이처럼 학생부종합전형이 확대되면서 평소 토론 수업이나 공동의 프로젝트 실험, 깊이 있는 독서 등 융합·통섭형 학습 과정을 통해 학생들의 적극적인 수업 참여나 프로그램 개발 등이 활발한 심도 깊은 프로그램으로 교과 과정이 편성되어 있는 특목고·자사고 학생들에게 더 유리하게 작용한다는 점에서 시사하는 바가 크다.

학교별 경쟁력의 바로미터, 서울대 합격자 수
특목고·자사고 출신이 절반 이상 ◀

2016학년도 서울대 합격생 중 일반고 학생은 전체의 49.7%에 해당한다. 반면 자사고 출신 합격생은 19.3%로 3년 연속 증가했다. 자공고 역시 3.7%로 합격률이 증가했다. 과학고의 경우 3.3%를 기록했고, 외고는 9.7%였다. 과학고의 경우 2016학년도 대학 입시에 조기 졸업제한이 걸리면서 일시적인 하락을 보인 것이고, 외고 또한 타 고교와는 다르게 오로지 문과 실적임을 본다면 특목고·자사고의 강세

흐름은 계속된다고 볼 수 있다.

서울대를 가장 많이 보낸 고교는 77명의 합격자로 전국 1위에 오른 용인외대부고이고, 이어 서울예고(75명), 대원외고(71명), 서울과학고(68명), 하나고(58명) 등이 뒤를 이었다. 하나고, 민족사관고는 수시에, 상산고, 세화고는 정시에 무게가 실렸다. 하나고가 극명한 수시 체제인 반면 상산고는 극명한 정시 체제임을 알 수 있는 실적이다.

2016년도 서울대 등록자 배출 고교 TOP 50

정렬	고교명	합계	수시	정시	학교 유형
1	용인외대부고	77	44	33	자사고(전국)
2	서울예고	75	74	1	예고
3	대원외고	71	41	30	외고
4	서울과고	68	65	3	영재학교
5	하나고	58	53	5	자사고(전국)
6	상산고	57	10	47	자사고(전국)
7	경기과고	52	52	0	영재학교
8	민족사관고	43	34	9	자사고(전국)
9	대구과고	40	40	0	영재학교
10	세화고	35	7	28	자사고(광역)
11	한국과학영재학교	34	33	1	영재학교
11	대일외고	34	28	6	외고
13	명덕외고	31	24	7	외고
14	포항제철고	30	17	13	자사고(전국)

15	선화예고	28	27	1	예고
15	한영외고	28	23	5	외고
17	안산동산고	26	16	10	자사고(광역)
18	국악고	25	25	0	예고
18	휘문고	25	3	22	자사고(광역)
20	현대고	22	12	10	자사고(광역)
21	중동고	21	8	13	자사고(광역)
21	단대부고	21	5	16	일반고(평준)
23	경기외고	20	15	5	외고
24	대전외고	19	11	8	외고
24	수지고	19	8	11	일반고(비평준, 과중)
24	숙명외고	19	5	14	일반고(평준)
27	고양외고	18	11	7	외고
27	영동고	18	5	13	일반고(평준)
29	공주사대부고	17	10	7	일반고(자율, 전국)
29	현대청운고	17	6	11	자사고(전국)
31	한일고	16	12	4	일반고(자율, 전국)
31	서울고	16	11	5	일반고(평균, 과중)
31	서울국제고	16	11	5	국제고
34	인천하늘고	15	9	6	자사고(전국)
34	중대부고	15	8	7	일반고(평준)
34	신성고	15	3	12	일반고(평준)
37	경기여고	14	10	4	일반고(평준)
37	경기고	14	9	5	일반고(평준, 과중)

37	안양외고	14	8	6	외고
37	숭덕고	14	5	9	자사고(광역)
41	중산고	13	8	5	일반고(평준)
41	수원외고	13	7	6	외고
41	성남외고	13	6	7	외고
41	낙생고	13	4	9	일반고(평준)
41	강서고	13	1	12	일반고(평준)
46	부산과고	12	12	0	과고
46	광양제철고	12	10	2	자사고(전국)
46	양서고	12	3	9	일반고(자율, 광역)
49	계원예고	11	10	1	예고
49	양재고	11	9	2	일반고(평준)
49	인천국제고	11	9	2	국제고
49	이화여고	11	8	3	자사고(광역)
49	부산국제고	11	7	4	국제고
49	개포고	11	6	5	일반고(평준)
49	세화여고	11	5	6	자사고(광역)
49	경신고	11	4	7	자사고(광역)
49	양정고	11	3	8	자사고(광역)

※2016.2.23 등록 마감일 등록자 기준(외국고, 검정고시 제외)
※정렬 : 동률일 경우 수시 등록 많은 순
※학교 유형 : 졸업생 입학 당시
※기초 자료 : 윤재옥(새누리) 의원실

수시에 탁월한
특목고·자사고 프로그램 ◀

　서울대 입시에 특목고·자사고 출신들이 강세를 보인 이유는 무엇일까? 면접과 비교과 영역을 평가하는 수시 일반전형 모집 비중이 높아지면서 수시에 강한 특목고·자사고 출신들이 명문대 입학에서 강세를 보였다는 분석이 설득력 있다.

　실제 수시 일반전형에서 중요시하는 서류 평가는 학교생활기록부 비교과 활동을 강조한다. 특목고·자사고는 내신이 약한 대신 학교생활기록부나 자기소개서와 같은 서류 항목에서 탁월한 우수성을 드러내기 좋은 학교 프로그램들이 다채롭다 보니 높은 합격률을 보였다는 분석이다.

　용인외대부고의 경우 합격자가 70명이 넘고, 이 중 44명이 수시 합격자이다. 대원외고는 서울대 합격자 71명 가운데 41명을 수시로 보냈다. 하나고도 58명 합격생 중 53명이 수시로 서울대에 진학했다. 서울대 신입생 배출 상위 학교 순위에서 수시보다 정시 합격 비율이 더 높은 학교는 상산고, 세화고, 휘문고이다.

　이는 내신 관리가 어려운 특목고 학생들이 수능 성적에 따라 결과가 좌우되는 정시에 유리할 것이라는 일반적인 예상과 달리 특목고·자사고의 수시 강세 경향을 명확히 보여준다.

　다중 면접과 같은 2단계 평가도 특목고·자사고 학생들에게 유리하게 작용하는 측면이 있다. 특목고·자사고 학생들은 어려서부터 자기주도적 학습 과정을 거친 경우가 많고, 특히 깊이 있는 독서 경험과 심화학습 과정을 통해 다면성 면접이나 융합적인 면접 항목에 많이 익숙해 있기 때문이다.

내신 변별력 약한 특목고·자사고, 수능에서도 강세 ◀

흥미로운 것은 수시와 정시 모두에서 특목고·자사고의 합격생 비율이 높다는 점이다. 기본적으로 성적이 우수한 반면 내신이 약한 특목고·자사고 학생들이 수능에서 높은 합격률을 보이는 것은 어쩌면 당연한 결과다. 여기에 선발형 고교들이 늘어나면서 우수한 학생들이 이들 고교에 몰렸다는 분석도 나온다.

실제 2015학년도 수능 성적 기준 고교 순위를 살펴보면 상산고가 1위를 한 데 이어, 용인외대부고, 대원외고 등 20위까지 대부분 외고, 국제고, 자사고가 차지하고 있다.

특목고·자사고 중에서도 수시가 우세한 학교가 있고 정시가 우세한 학교가 있다. 특목고·자사고를 준비하는 학생이라면 자신의 특성이나 성적을 고려하여 내게 맞는 학교를 선택하고 입시 전략을 잘 짜는 것이 필요함을 보여주는 대목이다.

2015학년도 수능 성적 전국 5000등 이내 수험생 배출 고교

전국 순위	학교명	시도	학교 유형	인원
1	상산고등학교	전북	자사고(광역)	201명
2	용인외대부속고등학교	경기	자사고(광역)	165명
3	대원외국고등학교	서울	외고	160명
4	휘문고등학교	서울	자사고	143명
5	경신고등학교	대구	자사고	130명
6	수지고등학교	경기	일반고	124명
7	중동고등학교	서울	자사고	119명
8	안양외국어고등학교	경기	외고	111명
9	숙명여자고등학교	서울	일반고	107명
10	안산동산고등학교	경기	자사고	104명
11	한일고등학교	충남	일반고	103명
11	세화고등학교	서울	자사고	103명
13	명덕외국어고등학교	서울	외고	94명
14	고양외국어고등학교	경기	외고	92명
15	현대청운고등학교	울산	자사고(전국)	87명
16	한영외국어고등학교	서울	외고	86명
17	현대고등학교	서울	자사고	79명
18	진성고등학교	경기	일반고	78명
19	세화고등학교	서울	자사고	77명
19	양정고등학교	서울	자사고	77명

※재학생, 재수생 포함.

실제 정시의 경우에는 재수생들의 합격률이 어느 정도 비중을 차지하고 있기에 기본적으로 재학생은 수시를 목표로 준비하는 것이 낫다. 일반적으로는 수시와 정시를 고루 보낼 수 있는 학교에 도전할 것을 권한다.

chapter 03

서울대 입시안이
보여주는 것들

>>>>>

　대학 입시에서 특목고·자사고의 강세는 앞으로도 당분간 계속될 것으로 보인다. 이 같은 흐름은 오는 2017학년도 서울대 입시안에서도 그대로 드러난다. 서울대는 특목고·자사고에 유리한 전형이라는 편견 속에서도 수시 100% 학생부종합전형을 운영한다.

　더구나 이번 서울대 학생부종합전형에서는 논술과 수능최저등급도 폐지하고 오로지 학교생활기록부 위주로만 평가한다. 학교생활기록부에 기재되는 비교과 영역 프로그램이 다양하고 자기주도학습력이 강한 특목고·자사고 학생들이 경쟁력이 높아질 수밖에 없다.

　수능 위주의 정시 또한 내신은 약하지만 수능 점수에서 강한 특목고·자사고 학생들에게 유리하다. 면접의 경우, 문항은 문제풀이가 아닌 문이과 구별 없는 공통문항으로 진행된다고 한다. 통섭·융합적 사고력을 요하는 문항이 출시될 것으로 보여, 현행 선행·심화

학습에도 경종을 울릴 것으로 보인다. 무엇보다 합격의 당락 여부는 1차적으로 학교생활기록부를 잘 활용하는 것에 있다는 점이다.

그렇다면 서울대의 입시안을 통해서 대한민국 입시 정책이 어디로 흘러갈지 그 실마리를 찾아보자.

전형 유형

	모집 시기	
	수시 모집	정시 모집
정원 내	· 지역균형선발전형 · 일반전형	· 일반전형
정원 외	· 기회균형선발특별전형 I	· 기회균형선발특별전형 II

기회균형선발특별전형 I : 저소득 가구 학생, 농어촌 학생, 농업계열 고등학교 교육과정(농업계열 전문교과 30단위 이상) 이수 학생(농업생명과학대학)

기회균형선발특별전형 II : 특수교육대상자, 북한이탈주민

전형별 모집 인원

학년도	수시 모집		정시 모집	계
	지역균형선발전형	일반전형	일반전형	
2018	756(23.8%)	1,735(54.6%)	684(21.6%)	3,175*
2017	735(23.4%)	1,672(53.3%)	729(23.3%)	3,136*
2016	681(21.7%)	1,688(53.8%)	766(24.4%)	3,135*
2015	692(22.1%)	1,675(53.4%)	771(24.6%)	3,138*

※**치의학대학원 학사·전문석사 통합과정 모집 인원 45명 포함.**　　　　(단위 : 명)

2017년도 서울대 입시는 3,136명을 선발하고 모집 인원의 76.75%인 2,407명을 수시 학생부종합전형으로 선발한다. 지역균형선발전형이 735명, 수시 일반전형이 1,672명을 선발한다. 정시 일반전형은 729명을 선발한다. 수시 인원의 증가는 대부분 학생부종합전형의 인원 증가로 이어졌다. 2018년도 역시 수시 모집 지역균형선발전형과 일반전형을 확대하고 정시 모집 축소가 골자다. 수시 모집의 경우 지역균형전형이 2017학년도보다 21명 늘어난 756명을 선발하고, 일반전형에서 전년도보다 63명 늘어난 1,735명을 선발한다. 일반전형은 전원 학생부종합전형으로 뽑는다.

태풍의 핵으로 떠오른 2018학년도 수능 영어 절대평가제 확정과 함께 대학들이 정시를 축소하고 수시를 급격하게 확대시킬 계획인지라 2017학년도 대입에서는 연세대, 고려대를 포함해 그 밖에 중상위권 대학도 학생부(종합)전형 인원이 증가하고 있다. 고려대는 2018년도 입시안에서 수시 85%, 정시 15%로 선발할 것이라는 파격적인 입시안을 발표하기도 했다. 논술·특기자·정시 축소가 대입 기본 방향으로 제시되는 상황에서 결국 학생의 우수성을 판단하는 데 가장 신뢰할 수 있고 기초가 되는 서류는 두말할 것도 없이 학교생활기록부이다. 학교생활기록부를 기반으로 하는 자기소개서나 추천서까지도 당연히 중요해진다.

학교생활기록부 위주의 수시 모집이나 정시 모집 모두 특목고·자사고 학생들에게는 불리할 것이 없다. 앞에서도 설명했듯이 수시 모집의 학교생활기록부 위주 선발은 자율적 학교 운영으로 다채로운 학내 프로그램을 보장하고 있는 특목고·자사고 학생들에게 유리한 편이다. 특히 전문 교과 수업이나 대학 과목 선이수제(AP 수업), 대학과 연계한 R&E 활동 등으로 진로 및 전공 분야 전문성에 일찍부터 두각을 나타낼 수 있다.

2017학년도 서울대·연세대·고려대 수시 전형 변화

대학	2017학년도 대학 입시		
	전형	인원	수능최저
서울대	지역균형	735명	2등급 3개(탐구 2개 2등급)
	수시일반	1,672명	없음
연세대	학생부(교과)	259명	인문/사회 : 2개 합 4+한국사 3등급 자연 : 2개 합 5+한국사 4등급(수학 또는 과탐 2 이내) 의치 : 3개 1등급+한국사 4등급
	학생부(종합)	492명	−학교활동우수자 인문/사회 : 3개 합 6+한국사 3등급 자연 : 4개 합 8+한국사 4등급(수학 또는 과탐 2등급 이내) 의치 : 3개 1등급+한국사 4등급
	특기자	978명	수능 최저 없음
	일반전형(논술)	683명	인문/사회 : 4개 합 6+한국사 3등급 자연 : 4개 합 8+한국사 4등급 & (수학+과탐=4) 의치 : 3개 1등급+한국사 4등급
고려대	학교장추천 (종합)	635명	인문계 : 2개 합 4+한국사 3등급 자연계 : 2개 합 5(수학 또는 과탐 포함)+한국사 4등급
	융합인재(종합)	505명	의예 : 3개 합 3+한국사 4등급
	특기자 (과학인재/국제인재)	263명 /290명	최저 없음
	일반전형(논술)	1,040명	경영, 자전, 정경 : 3개 합 5+한국사 3 인문, 사범, 미디어 : 3개 2등급+한국사 3 자연계 : 2개 합 4(수학 또는 과탐 포함) + 한국사 4등급 의예 : 3개 등급 합 3+한국사 4등급

학생부종합전형 서류 자료에 포함된 자기소개서나 추천서 등은 결과 중심의 학교생활기록부를 해석하기 위한 평가의 보완자료라고 할 수 있다. 특히 자기소개서는 지원 동기나, 성장 과정, 진로 계획을 위해 노력한 점 등이 사례와 과정 중심으로 쓰인다.

2015학년도 서울대 입시 자기소개서는 공통문항 3개와 자율문항 1개로 전년도보다 문항이 축소됐다. 특히 서울대는 학업 관련 노력, 자신에게 가장 영향을 준 도서 3권, 의미 있는 교내외 활동 3가지를 특정하여 자기소개서에 포함되도록 하였는데, 중요한 건 공통문항 1번 항목 '학습 경험'이다. 이는 사실상 특목고·자사고 입시 전형인 자기주도학습전형의 서류에 쓰는 내용과 유사한 것으로 전공 적합성을 중요하게 생각하는 학생부종합전형에서 핵심 질문이라 할 수 있다.

특목고 학생들은 학교에서도 프로젝트 학습 등 다양한 유형의 학습 경험을 하기 때문에 자기소개서에 적을 만한 스토리 자체가 풍부하다. 한마디로 쓸 재료가 많은 것이다. 고교 입시를 준비하며 이런 유형의 자기소개서를 써본 경험도 있기에 유리할 수 있다.

고교 교과과정 중심으로 한 면접
융합적 사고력 중심 ◀

서울대 수시 모집 일반전형 면접은 2015학년도까지 있던 우선선발을 폐지하고 면접 및 구술고사를 Ⅰ·Ⅱ로 구분해 실시하는데, Ⅰ은 기존처럼 입학본부가 출제한 교과 과정 지식을 묻는 문항 중심으로 치러

지며, II는 지역균형선발전형 면접과 마찬가지로 제출 서류를 바탕으로 인성 요소와 기본적 학업 능력을 확인하는 방식으로 진행된다.

'고교 교육 과정을 이수하고 해당 수준의 상식과 교양을 갖춘 학생에게 적합한 내용'으로 출제될 방침으로, 서류 기반 면접에서는 화술이나 예절을 보는 것이 아니라 학생의 개인적 경험과 소양을 확인한다. 또 문항 중심 면접은 고등학교 교육과정 내에서 문제를 출제하며, 교과 내용을 충실히 이해하고 학교 수업 안에서 질문, 토의, 탐구, 독서 등 학습 경험을 쌓는 것이 최상의 면접 대비법이다. 하지만 단순히 학업 관련 지식을 묻는 것이 아닌 학생들의 배경지식과 더불어 융합적 사고와 창의력, 인성 등을 복합적으로 평가하는 질문이 될 가능성이 크다. 이렇게 창의인재 요소를 평가하는 면접 문항은 요즈음 용인외대부고, 상산고, 청운고 등 주요 자사고에서 출제되고 있는 공통면접 문항에서 일부 나타나는 경향이기도 하다.

이러한 면접 준비를 위해서는 현행과 같은 선행·심화 위주의 교육방식은 더 이상 통하지 않는다. 이보다는 문·이과를 넘나드는 융합적 사고력을 키우는 것이 중요해진다는 뜻이다.

수능 인원보다
수시 인원이 훨씬 많아진다 ◀

우리가 주목해야 할 점은 앞으로 대학 입시는 수능을 보고 들어가는 인원보다 수능을 안 봐도 되는 인원이 훨씬 더 많아진다는 점이다. 이제 입시는 수능보다 학교생활기록부 위주로 뽑는 인원이 더 많다는 점을 기억할 필요가 있다.

다른 무엇보다 학교생활기록부 관리가 그만큼 중요해졌다는 사실이다. 특히 서울대는 학교생활기록부의 진로활동에 있어 초·중·고를 연계하여 활용할 수 있다고 하였다. 그러니까 초등학교 5학년부터의 진로활동이 서울대 수시 모집의 변수로 작용할 수 있다는 점을 기억할 필요가 있다. 대개 학생들은 중학교 3학년이나 고등학교 3학년이 되어서야 학교생활기록부에 관심을 갖고 들여다본다. 그러나 이제는 학교생활기록부를 소홀히 했다가는 입시에서 경쟁력을 가질 수 없다는 점을 인식하고, 이르면 초등학교, 최소한 중학교부터는 학교생활기록부 관리에 만전을 기하는 것이 좋다.

chapter 04

미달 사태 외고 입학생들이 최고의 성적을 거둔 까닭은?

>>>>>

　　2010년 정부의 외고 정상화 방안에 따라 한동안 주춤했던 특목고 열풍이 최근 몇 년 사이 다시 불고 있다. 자율형 사립고등학교 등 새로운 유형의 학교들이 속속 생겨나면서 다시금 전국적으로 특목고·자사고들이 명문고로 부상하고 있는 것이다.

　　그렇다면 한동안 주춤했던 특목고 열풍이 최근 다시 불고 있는 까닭은 무엇일까? 또 특목고·자사고들이 명문대 입시에서 독보적인 비중을 차지하고 있는 이유는 무엇일까?

　　수능의 약화와 학생부종합전형의 강화로 이어지는 입시 변화의 흐름이 가장 큰 영향을 주었다. 학교생활기록부를 중심으로 한 학교생활의 중요성이 높아지면서 얼마나 내실 있고 다양한 교내 프로그램을 갖고 있느냐가 명문고의 척도로 작용하기 시작한 것이다.

2010년 외고 입학생들의
화려한 컴백 ◀

2009년만 해도 특목고 입시 열풍이 대단했다. 그러나 지난 2010년 외고 정상화 차원에서 새로운 외고 입시 개정안이 발표되고, 외고 입시에서 모든 종류의 지필 시험과 영어 듣기 시험이 폐지되면서 위기를 맞았다. 당시 개정된 입시안에 따라 외고 입시 전형은 중학교 2, 3학년 영어 내신만 반영하기로 하였는데, 그것도 백분위표나 표준점수와 같은 세분화된 요소가 아닌 오로지 등급으로만 반영할 수 있도록 했다.

갑작스러운 입시안 변경에 외고를 지망했던 학생들과 학부모들은 외고를 포기하기에 이른다. 변별력을 보장받기 어렵고 내신만 불리해져 대입에 유리하지 않다고 판단하고 외고 입시 자체를 기피한 것이다. 결국 당시 서울지역 6개 외국어 고교 2011학년도 입시 경쟁률이 1.3대 1로 나타나 역대 최저 수준을 기록하였고, 일부 학과에서는 미달 사태가 속출하기도 했다.

그러나 그 결과는 어떠했을까? 미달 사태까지 속출하던 당시 외고에 들어간 아이들이 대입을 치른 것이 바로 2014학년도 입시다. 2014학년도 입시에서 대원외고, 용인외대부고, 경기외고 등은 사상 최대의 서울대 입학률을 기록했다. 워낙 명문고로 자리잡은 대원외고는 사상 최대로 서울대 합격자를 배출했다. 이뿐 아니라 용인외대부고와 경기외고 등도 우수한 진학 성적을 거두면서 새로운 명문고로 급부상하였다. 당시로서는 방향 설정이 잘못된 것으로 보였으나 결과는 전혀 달

랐던 것이다.

대원외고의 경우 2014년 대학에 입학한 학생들의 1학년 때 모의고사 성적은 수리영역 1등급 비율이 40%대에 이르는 등 학업 성적 면에서 실력이 떨어져 보였다. 그러나 이 학생들이 2014학년도 서울대 입시에서 기록적인 합격률을 보이면서 그 같은 우려를 불식시켰다. 대원외고 교장으로 취임한 김일형 박사는 "대원외고가 우수한 학생들을 뽑아 명문대에 보내는 것으로 인식되어 있는데 이번이 인식을 바꿀 좋은 기회"라고 소회를 밝히기도 했다.

경기외고의 경우도 2014학년도 입시에서 273명의 졸업생 중 서울대 21명, 연세대 65명, 고려대 50명으로, 일명 SKY 합격 비율이 50%에 이르는 성과를 보였다. 성균관대 54명, 서강대 48명까지 포함하면 총 5개 대학 합격 비율이 88%까지 이른다. 특히 경기외고의 이런 실적은 이과에 비해 문과가 명문대 진학에 어려움을 겪는다는 점을 감안하면 전원 문과생의 진학 결과라는 점에서 놀랄 만하다.

특목고·자사고 입학이 자연스럽게 명문대 진학에까지 연계되는 것은 학생들 개개인의 노력도 있지만 학교들의 다양한 비교과 활동 프로그램과 심도 깊은 교과 편성이 새로운 인재를 요구하는 시대와 맞아떨어지며 이루어내는 쾌거라고도 할 수 있다.

한 예로 전국단위 자립형 사립고등학교인 하나고는 오후 4시부터는 교실 수업 대신 팀 단위 예체능활동을 반드시 하도록 의무화하고 있다. 이러한 활동을 통해 다양한 동아리활동 및 리더십, 공동체성을 키우겠다는 뜻이다. 입학사정관제로 입시의 평가 기준이 달라지면서 대학들도 이러한 학교 내 활동을 눈여겨볼 수밖에 없는 상황인 것이다.

다시 특목고·자사고 바람이 불고 있는 데에는 아이들의 꿈과 끼를 살릴 수 있는 창의적이고 다양한 교육이 보장되며 국제적 감각과 전공 분야를 심화시킬 수 있는 수준 높은 교육이 이루어지고 있는 것에 첫 번째 이유가 있을 것이다. 그리고 이러한 교육환경이 대입 경쟁력뿐만 아니라 지식경제 기반사회에서 미래의 엘리트들을 키우기 위한 필요 욕구들을 채워주기 때문이라고도 할 수 있다.

새로운 입시의 키워드, 학교생활기록부

》》》》》

대부분의 학부모와 학생들은 학교생활기록부 교과 영역, 그러니까 내신 성적을 제외한 다른 항목들에 대해서는 잘 알지 못한다. 뿐만 아니라 비교과 영역이 진학에서 얼마나 중요한 평가 요소인지 제대로 인식하지 못하고 있다. 하지만 특목고나 자사고의 자기주도학습전형이나 대학의 학생부종합전형 등으로 입시의 흐름이 바뀌면서 변화된 전형을 제대로 이해하려면 반드시 학교생활기록부의 구체적인 항목과 내용을 인지하는 것이 필요하다.

학생부의
각 항목은
어떤 평가 기준을
갖고 있나요?

chapter 01

스토리를 담자,
가능성을 담자

>>>>>

    학생부종합전형이 확대되고, 입시에서 학교생활기록부의 비중이 커지면서 이제 학생의 잠재력을 평가하는 데 있어서 숫자보다 글자가 더 중요해졌다. 점수나 성적과 같은 정량적인 숫자보다 학생의 가능성과 꿈, 끼를 어떻게 발견하고 발전시켜왔는지를 글로 표현해내는 것이 관건이 된 것이다.

    이제 죽어라 공부만 하고 내신만 관리하던 시대는 지났다. 앞으로는 좋은 학교에 가려면 동아리활동, 봉사활동, 깊이 있는 독서활동 등 교과와 직접적인 관련이 없어 보이는 활동들도 결코 등한시해서는 안 된다. 대학은 이를 통해 학생이 가진 글로벌 마인드, 전공 적합성, 자기주도성, 창의성 등을 평가하기 때문이다.

이제 숫자보다
글자가 중요해! ◀

학생부종합전형에서 중요한 비중을 차지하는 비교과 영역은 학교 내에서 이루어지는 학생의 다양한 활동 내용을 바탕으로 교사가 평가하고 작성하는 서술형 기록이다. 이에 교과 성적 관리뿐만 아니라 다방면으로 학교생활에 적극적으로 참여해 학생 자신의 가능성과 잠재력을 보여주는 것이 중요해졌다.

학교생활기록부의 내용이 풍부해지기 위해서는 먼저 학생이 학교 내 활동에 적극적으로 참여해야 한다. 활동한 내용이 있어야 교사가 이에 대해 다만 한두 줄이라도 써줄 수 있기 때문이다. 이러한 활동 내용이 쌓여 중학교 3년, 그리고 고등학교 3년의 종합적인 학교생활 평가 기록으로 남는 것이다.

그렇다고 해서 기준 없이 이러저러한 활동을 단순 나열하는 것은 의미가 없다. 대학이나 선발형 고교들은 다양한 활동 속에서 드러나는 학생의 성장 가능성과 잠재력을 보길 원한다. 이를 위해서는 다양한 활동들이 학생의 재능과 장점, 목표 의식, 노력 과정, 실적을 잘 드러낼 수 있도록 하나의 방향성을 가지고 일관되게 서술될 필요가 있다.

이때 가장 중요한 것이 바로 '나만의 스토리를 담는 일'이다. 다양한 활동들 속에 자신의 꿈과 재능에 대한 열정과 노력을 보이고, 이 가운데 일관되고 진정성 있는 스토리가 드러난다면 누가 봐도 매력적인 학교생활기록부가 될 것이다.

그렇다면 진짜 읽고 싶어지는 학교생활기록부란 어떤 것일까? 이제 본격적으로 매력적인 학교생활기록부의 특징에 대해 알아보자.

〉 다양한 체험·비교과 활동이 풍부해야 한다

먼저 학교생활기록부에는 학생의 경험과 역량, 잠재력을 보여줄 구체적인 내용이 필요하다. 김밥 '속 재료' 없이 김밥을 쌀 수는 없는 일이다. 학교생활기록부가 풍부해지기 위해서는 학생의 다양한 활동 내용과 이를 통한 성장 과정이라는 알맹이가 있어야 한다.

학생부종합전형에서 비교과 활동은 학교 내 활동이 기본이다. 그렇기 때문에 학교 수업을 비롯해 학교 내 활동에 적극적으로 참여하려는 자세가 필요하다. 학교 차원에서도 학생의 능력을 드러낼 수 있는 다양한 활동이나 체험 기회를 마련하고 참여할 수 있는 프로그램들을 제공한다면 더없이 좋을 것이다. 부모 또한 내 아이의 적성과 진로, 관심 분야에 항상 관심을 열어두고, 아이가 할 수 있는 체험활동과 성장할 수 있는 기회를 함께 찾아야 한다.

그러나 무조건 활동만 많이 한다고 좋은 것은 아니다. 학생 스스로 진로에 대한 고민과 목표에 대한 열정, 그리고 적극성이 있어야 한다. 여기에 더해 스스로 노력하고 변화한 과정을 하나의 스토리로 보여주는 것이 자신을 드러낼 수 있는 가장 좋은 방법이다.

＞ 변화한 과정을 보여라

학교생활기록부를 통해 꿈 찾기 과정, 진로 체험, 동아리활동, 글로벌 마인드, 전공 적합성, 자기주도성, 창의성 등을 어떻게 표현할지가 관건인데, 이때 학생의 활동 내용뿐만 아니라 활동 후 생각의 변화나 달라진 부분, 그 과정에 얻은 자기주도적인 학습 성과 등을 자세히 적어주는 것이 좋다. 특히 학습에 있어서는 자신이 공부하고 싶은 분야를 얼마나 주도적으로 고민하고 성과를 만들어왔는가가 평가의 가장 중요한 지점이다. 다양한 학교활동을 토대로 자신만의 장점을 성숙시켜나가는 과정을 보여줄 때 역량 평가에서 그 우수성을 드러낼 수 있을 것이다.

예를 들어 독서활동의 경우에도 읽은 책 목록과 내용을 그저 나열하기보다는 자신의 꿈이나 진로와 관련된 관심 분야의 책을 신중히 선정하고, 이에 대한 간단한 요약과 함께 독서를 통해 변화한 인식이나 의견 등을 기록하는 것이 깊은 인상을 남길 수 있다.

＞ 진로와 관련해 나만의 스토리를 만들자

대입 수시에서 학생부종합전형이 확대되면서 진로 체험활동의 중요성이 점차 커지고 있다. 대입뿐 아니다. 대입 제도 개선안에 따른 영향을 그대로 받고 있는 특목고·자사고 입시에서도 진로와 관련한 비교과 활동이 학생의 가능성을 평가하는 핵심 내용이 되고 있다.

학교생활기록부에는 진로뿐만 아니라 자율활동, 동아리활동, 봉사활동, 독서활동, 세부능력 및 특기사항, 행동특성 및 종합의견 등의 항목들이 구체화되어 있다. 이때 각 영역별로 나뉘어 있는 활동 내용들이 진로를 중심으로 일관된 스토리로 연결되어 있다면 꿈을 향한 노력과 진로에 대한 열정 등을 복합적으로 보여줄 수 있다.

진로와 연관된 분야에서 봉사활동이나 체험활동 등을 할 수 있는데, 만약 의사가 꿈이라면 관련 분야에 대한 독서나 교과 공부뿐만 아니라 의료 현장 봉사 체험 등을 통해 진로 분야에 대한 간접 경험과 인성 영역까지 드러낼 수 있다.

또 자신의 소질과 적성에 맞는 교과목 선택으로 자연스럽게 진로가 드러나도록 할 수도 있는데, 만약 생명과학 분야에 관심이 있는 학생이라면 학교에서 진행하는 과제 연구 활동이나 전공 분야와 관련된 소논문 활동(R&E) 등을 적극 활용할 수도 있다. 이러한 활동들은 단순히 진로활동만이 아닌 과목별 교과학습발달상황에 세부능력 특기사항으로도 평가받고 기록될 수 있다.

❯ 일관성, 지속성이 중요하다

국제중, 특목고 및 자사고의 평가 항목 중에도 '인성 및 진로 적성'이라는 항목이 있다. 이때 가장 높은 점수인 A를 받는 경우가 '해당 진로와 관련하여 다양한 활동을 오랜 시간에 걸쳐 해왔으며, 그 활동 수준이 매우 높은 경우'이다. 또한 '자기계발 노력 과정 및 전문성' 평가 항목에도 '오랜 시간에 걸쳐 한 분야에서 지속적으로 재능과 자질을 계발해왔으며 자신의 분야에 대해 매우 높은 수준의 열정을 갖고 있는 경우'가 가장 높은 점수의 평가 기준이 되고 있다.

결국 진로 방향을 일찌감치 정해서 그 분야에 대한 학습 및 다양한 체험을 자기주도학습으로 연계시켜 집중하는 것이 입시에서도 매우 중요한 요소임을 보여준다.

이처럼 학교생활기록부 관리에 있어서 일관성과 지속성은 매우 중요하다. 영역별로 꿈을 향한 노력이 어떻게 이루어졌는지, 각각의 활동을 통해 일관되고 지속적으로 변화한 과정이 구체적으로 드러난다면 진정성이 느껴지는 학교생활기록부를 만들 수 있을 것이다.

❯ 리더십·인성 평가 중요하게 부상

최근 대입이나 고입의 경향 중 하나는 인성을 매우 중요한 평가 덕목으로 본다는 점이다. 물론 인성이 짧은 기간 안에, 단편적인 인성교육 프로그램을 통해 형성되길 바랄 수는 없을 것이다. 또한 봉사활동 한 시간으로 다 드러낼 수 있는 성질의 것도 아니다. 인성은 다양한 체험활동을 통해 배려, 공동체 의식, 개방성 등의 가치를 자연스럽게 함양하게 되는 것으로, 학교생활기록부에도 봉사활동을 비롯한 다양한 교내 활동을 통해 자연스럽게 인성이 성숙되는 과정을 피력하는 것이 설득력이 있다.

인성을 가장 잘 드러낼 수 있는 분야인 봉사활동도 일회성에 그치는 것이 아닌, 자신의 진로나 꿈과 연계되어 한 가지 분야를 지속적으로 활동한다면 좀 더 강한 인상을 남길 수 있을 것이다. 더불어 봉사활동 중에 겪었던 에피소드, 또 이를 통해 갖게 된 느낌이나 생각의 변화를 남겨놓으면 나만의 스토리를 만들어갈 훌륭한 재료가 될 수 있다.

리더십을 드러낼 수 있는 임원활동도 필수적으로 하는 것이 좋다. 임원활동을 하지 않거나 따로 동아리활동을 하지 않고 있다면, 본인이 관심 분야와 관련하여 동아리를 직접 기획하고 만들어 활동하는 것도 리더십을 드러내는 한 방법일 수 있다.

chapter 02

중학교부터 관리하는
학교생활기록부

>>>>>

특목고·자사고 입학을 희망하는 학생들이 많아지면서 최근 중학교 3학년이 되어서 필자의 입시컨설팅 센터를 찾는 학생들이 늘고 있다. 이 아이들이 찾아와 특목고에 가고 싶은데 무얼 준비하면 되느냐고 묻는다. 대부분 교과 공부는 어느 정도 하는 아이들이다. 그런데 학교 생활기록부를 들여다보면 안타깝기 짝이 없다.

대부분 1, 2학년 시절 학교생활기록부 기록이 빈약하거나 아예 듬성듬성 비어 있는 경우도 보이기 때문이다. 무조건 공부만 하면 되는 줄 알고 있던 아이와 학부모는 뒤늦게 학교생활기록부의 중요성을 깨닫고 후회한다. 나 또한 이 아이들을 어떻게 도와줘야 할지 난감할 때가 더러 있다.

중학교 3학년부터 시작하면
너무 늦다 ◀

요즘 학부모들을 만나면 입이 닳도록 하는 이야기가 있다.

"교과(내신)가 백퍼센트가 아닙니다. 내신만 믿고 있다가는 떨어집니다. 학교생활기록부 관리 미리미리 하셔야 돼요."

대학뿐만 아니라 선발형 고교들까지 학생의 전공 적합성 여부나 자신의 꿈을 위해 얼마나 노력해왔는가를 평가의 매우 중요한 요소로 보는데, 바로 이를 학생의 학교생활기록부를 통해 판단한다. 더구나 고입의 경우 성취평가제가 도입되면서 내신의 변별력은 적어졌고, 면접과 더불어 서류 평가에서 학교생활기록부가 당락을 좌우하는 결정적인 요인이 되었다.

최근까지만 해도 웬만한 학부모들은 학교생활기록부의 중요성을 잘 몰랐다. 공부 좀 한다 하면 대부분 경시 준비, 외국어 인증 시험 준비시키느라 바빴다. 명문고·명문대 들어가는 데 이러한 스펙이 필수 요소라 생각한 것이다. 2011년부터 교육부가 서류전형에 외부 스펙 반영을 금지한다고 발표했음에도, "그래도 도움이 되겠지……" 하며 미련을 버리지 못하는 분위기가 있었다. 하지만 앞 장에서도 입시 흐름의 변화를 짚으며 이야기했듯이, 이제 전혀 그렇지 않은 것이 현실이라는 사실을 직시해야 한다.

학교생활기록부 관리,
미리 대입 수시 준비하는 것 ◀

대부분의 학부모와 학생들은 학교생활기록부 교과 영역, 그러니까 내신 성적을 제외한 다른 항목에 대해서 잘 알지 못한다. 뿐만 아니라 비교과 영역이 진학에 있어 얼마나 중요한 평가 요소인지 제대로 인식하지 못하고 있다. 하지만 특목고나 자사고의 자기주도학습전형이나 대학의 학생부종합전형 등으로 입시의 흐름이 바뀌면서 학교생활기록부의 영향력은 달라졌다. 변화된 입시 전형을 알고 싶다면 학교생활기록부의 구체적인 항목과 내용을 인지하고 있는 것이 필요하다.

최근에는 초등학교 고학년 정도에 특목고나 자사고, 또는 국제중을 목표로 설정하며 고민하는 학생들이 적지 않다. 이 정도 재능과 열의를 보이는 아이들이라면 초등학교부터 학교생활기록부를 관리하는 것이 필요하다. 미리미리 학교생활기록부를 관리해야 국제중이나 특목고·자사고 입시와 새로운 대학 입시 전형에서 유리한 고지를 점할 수 있을 것이다.

최소한 늦어도 중학교 1학년부터는 본격적인 학교생활기록부 관리를 시작한다. 특목고·자사고의 자기주도학습전형에 응시하지 않더라도 대학 진학을 준비하며 고등학교에서 같은 과정의 학교생활기록부 관리가 반드시 이어지게 된다. 더구나 교육부의 대입제도 개선안에 따르면 이제 학생부종합전형에서 진로활동의 경우 초·중·고등학교의 학교생활기록부를 연계하여 볼 수 있도록 한다고 밝혔다. 그러니

중학교때부터 학교생활기록부를 제대로 관리하는 것은 대학 수시 준비를 미리 하는 것이나 마찬가지라고 봐도 무방하다.

학교생활기록부 기록은 교사가 관리는 학부모·학생의 몫! ◀

학교생활기록부에 대해 자세히 알아보기에 앞서 우선 학교생활기록부 기록에 있어서 평가와 작성의 주체는 교사라는 점을 다시 한 번 잊지 말아야겠다. 학교생활기록부는 담임 또는 담당 교사가 한 학년 또는 한 학기마다 학생의 활동들을 항목별로 평가하여 서술형으로 기록하는 객관적 평가 기록이다. 학교생활기록부를 쓰는 주체는 교사이지만, 그러나 이를 관리하는 것은 학부모와 학생이라는 점을 또한 기억하자. 학습과 활동의 당사자가 바로 학생이고, 학생의 부모는 가장 가까운 멘토이자 조력자이기 때문이다.

이때 학생과 학부모가 학교생활기록부의 기본적인 항목별 특징을 파악하고 흐름을 인지하고 있는 것과 그렇지 않은 것은 큰 차이다. 흐름을 제대로 알고 있어야 시기별로 내 아이에게 필요한 활동들을 체크할 수 있으며, 함께 진로를 고민하고 소통하면서 조언과 도움을 줄 수 있기 때문이다. 또한 아이와 학부모가 학생부종합전형에 대한 부분을 잘 이해한다면, 어떤 방향에서 어떻게 기록되도록 관리할지가 명확해진다.

흔히 학교생활기록부 관리에 있어서, 학생에 대한 평가와 기록을 담당하는 교사나 학교의 몫이 50%라고 한다면, 학생의 몫은 25%, 학부모의 몫은 25%라고 할 수 있다.

교육부가 매년 학교생활기록부 기재 요령을 발송하기에 아이가 충분히 학교활동을 하고 이를 드러낸다면 성의껏 적어주지 않을 교사는 없다. 물론 아이가 평소 활동이나 수업에서 특기할 만한 사항이 없다면 당연히 선생님이 적어줄 의무는 없다. 수행평가나 발표 수업 등에서 언제나 적극적이어야 하고, 또한 수행한 과제가 눈에 띄어야 한다. 과제를 수행하는 과정이나 결과가 우수해야 몇 줄이라도 평가가 가능하기 때문이다 .

학생과 학부모가 잘 관리하겠다는 의지만 있으면 관리될 수 있는 것이 바로 학교생활기록부이다. 학부모나 학생도 NEIS 시스템을 통해 온라인상에서 학교생활기록부 내용을 수시로 확인하며 관리할 수 있다. 이렇게 관리된 학교생활기록부는 이후 자기소개서나 추천서 등을 작성하는 기본 토대가 된다는 점도 명심하기 바란다.

평소 학교생활기록부를 제대로 관리하는 것이 입시 준비의 기본임을 인식하고, 먼저 중·고등학교용으로 교육부가 내놓은 「학교생활기록부 기재요령(2015)」을 중심으로 기본적인 학교생활기록부의 구성과 영역별, 항목별 특징들을 살펴보도록 하자.

01 중학교 기재예시

졸업 대장 번호				
학년 \ 구분	반	번호	담임성명	
1	8	28	이○○	
1	1	36	조□□	
2				
3				

사 진
3.5 × 4.5cm

1. 인적사항

학 생	성명 : 박○○ 성별 : 남 주민등록번호 : 021012-3234567 주소 : ○○도 ○○시 ○○구 ○○로 ○○3길 32, 101동 1508호 (○○동,○○아파트)
가족 부 상황 모	성명 : 박○○ 생년월일 : 1967년 03월 02일 성명 : 강○○ 생년월일 : 1968년 04월 05일
특기사항	

2. 학적사항

2015년 02월 13일 □□초등학교 제6학년 졸업 2015년 03월 02일 ○○중학교 제1학년 입학(2014년 03월 27일 전출) 2015년 03월 28일 △△중학교 제1학년 전입학
특 기 사 항	2014.03.27. 거주지 이전(부의 직장 전근으로 전 가족 이주)

3. 출결상황

학년	수업일수	결석일수			지 각			조 퇴			결 과			특기사항
		질병	무단	기타	질병	무단	기타	질병	무단	기타	질병	무단	기타	
1	190	6			1			3						편도선수술(6일)
2														
3														

4. 수상경력

구분	수 상 명	등급(위)	수상연월일	수여기관	참가대상(참가인원)
교내상	독후감쓰기대회	우수상(2위)	2015.05.30.	○○학교장	1·2학년(980명)
	교과우수상(국어, 사회)		2015.07.15.	○○학교장	1학년
	한글날기념글짓기대회(산문부문)	장원(1위)	2015.10.09.	○○학교장	전교생(1532명)
	모범상		2015.11.05.	○○학교장	1학년(585명)

5. 진로희망사항

학년	특기 또는 흥미	진로 희망		희망사유
		학 생	학부모	
1	과학도서읽기	과학교사	과학교사	○○○교육청에서 실시하는 '찾아가는 과학 체험교실' 활동을 다녀온 후 과학에 대한 자신의 흥미를 확인하고 자신이 알고 있는 것에 대해 가르치는 즐거움을 깨달아 과학교사에 대한 꿈을 갖게 됨.
2				
3				

6. 창의적 체험활동상황

학년	창 의 적 체 험 활 동 상 황		
	영역	시간	특기사항
1	자율활동	28	학급 반장(2015.03.02.~2016.02.29.)으로서 책임감과 봉사정신을 가지고 급우들의 의견을 존중하여 학급 문제를 해결하며 학급 전체의 인화를 위해 노력함. 학교폭력 예방에 많은 관심을 가지고 있으며, 교내 학교폭력예방 다짐결의대회(2015.04.05.)에서 학교폭력 예방방안에 대해 학급대표로 발표함. 흡연예방교육(2015.06.14.) 동영상을 시청한 후 교내에서 실시한 흡연예방 캠페인에 직접 참여하여 학생들에게 적극 홍보함. 학교 축제(2015.11.10.)에서 사물놀이 공연에 참가하여 공동체 의식을 함양하고 자신의 재능과 끼를 보여줌.
	동아리활동	170	(영어회화반)(34시간) 영어에 소질이 있고 영어표현에 자신감을 보이며, 특히 말하기 부분에 탁월한 능력을 보임. ○○도교육청에서 실시한 국제수업교류 프로그램에 참가하였으며, 국제 사회의 빈곤 문제에 관심을 가지게 됨. (로봇반: 자율동아리) 로봇공학 관련 기본 개념 및 활용 분야에 전문적인 지식을 많이 갖고 있으며 동아리 활동에 매우 적극적임. 국립중앙과학관

학년		창 의 적 체 험 활 동 상 황		
	영역	시간	특기사항	

학년	영역	시간	특기사항
			신기한 로봇세상 체험전(2014.05.07.), 대학탐방 및 로봇 비전 & 인지 연구센터 방문(2014.06.04.) 활동을 주도하면서 학생들의 참여를 독려함. 동아리 학생들에게 신망이 두터우며, 계획 설정 때 다양한 의견을 수렴하고 긍정적으로 추진함. (○○단 : 청소년단체) ○○단의 일원으로서 주말, 방학기간을 활용하여 정기적으로 ○○활동에 적극적으로 참가함. 동아리 학생들에게 신망이 두터우며 ○○활동에 다양한 의견을 제안하고 공동 작업에도 열심히 참여함. (발야구반 : 학교스포츠클럽)(34시간) 팀의 분위기 메이커이자 에이스로, 팀에서는 없어서는 안 될 학생으로 자리매김함. 항상 웃는 얼굴로 팀의 화합을 이끌어 냈으며, 강한 킥력으로 팀의 승리에 일조함. (축구발리킥클럽 : 방과후학교스포츠클럽)(102시간) 클럽의 주장으로, 공격과 수비를 동시에 잘하는 미드필더이자 멀티플레이어로 활약하여 ○○도교육청 주최 학교스포츠클럽대회에 학교대표로 출전하였으며, 방과후 학교스포츠클럽 활동에 적극적으로 참여함.
	봉사활동		월 1회 정기적으로 부모님과 아동양육시설인 ○○원에 방문하여 청소 등 봉사활동을 수행함. 한국스카우트연맹이 주관하는 제4회 국제 페트롤 잼버리에 참가하여 행사보조 및 통역활동을 수행함(2015.08.01.~2015.08.06./31시간). 수련활동 기간(2015.04.06.~2015.04.08.) 중 생태체험활동을 하며 자연의 소중함을 깨닫고, 쓰레기 줍기 등 자연 보호 활동을 함.
	진로활동	34	다양한 직업을 체험하는 진로 체험 축제(2015.10.21.)에서 과학자들이 자연 현상을 탐구하고 연구하는 활동에 관심을 보임. 학부모 지원 직장 탐방 프로그램에서 ○○연구소를 방문하여(2015.10.29.) 각종 실험과 검증 과정에 관심을 가지고 질문을 함.
2	자율활동		
	동아리활동		
	봉사활동		
	진로활동		
3	자율활동		
	동아리활동		
	봉사활동		
	진로활동		

학년	봉 사 활 동 실 적				
	일자 또는 기간	장소 또는 주관기관명	활동내용	시간	누계시간
1	2015.03.07.	(학교)○○학교	봉사활동 소양교육	2	2
	2015.03.15. - 2015.03.16.	(개인)○○양로원	노인목욕 및 청소	6	8
	2015.04.08.	(학교)○○학교	학교주변 환경정화	2	10
	2015.08.12. - 2015.08.14.	(개인)꽃동네	청소, 빨래 및 일손돕기	18	28
	2015.08.29.	(학교)○○학교	학교주변 환경정화	2	30
	2015.09.10.	(개인)○○사회복지관	장애체험행사 보조	4	34
	2015.09.12.	(학교)○○학교	교통안전 캠페인	2	36
	2015.09.14. - 2015.10.20.	(학교)○○학교	도서실 도서정리	8	44
	2015.10.24.	(학교)○○학교	학교주변 환경정화	2	46
	2015.11.01. - 2015.11.30.	(학교)○○학교	과학실험 후 정리 도우미	6	52
	2015.11.05. - 2016.01.31.	(개인)○○원	장애아동들 돌보기 및 대청소	40	92
	2016.02.15.	(개인)국립청소년수련원	녹색성장 그린 캠페인 활동	3	95
2					
3					

7. 교과학습발달상황

[1학년]

교과	과목	1학기		2학기		비고
		성취도 (수강자수)	원점수/과목평균 (표준편차)	성취두 (수강자수)	원점수/과목평균 (표준편차)	
국어 ...	국어 ...	A(406) ...	95/78.6(12.6) ...			

과목	세부능력 및 특기사항
국어 : 논제에 대해 타당한 근거를 바탕으로 주장을 세울 줄 알며, 토의·토론의 절차를 잘 이해하여 다른 사람의 의견을 경청하며 적극적으로 참여하고 해결방안 탐색 시 효과적인 말하기 전략으로 상대를 설득할 줄 아는 등 논리적으로 토론하는 수업에 두각을 보여 교내 토론대회에 패널로 참여함. 또한 읽기 목적에 따라 적절한 읽기 전략을 수립하여 글의 내용을 이해하고 글의 내용을 재구성하여 요약하는 읽기 능력과 글을 쓰는 목적에 맞게 정보를 수집하고 재구성하여 사회적 쟁점에 대한 자신의 의견을 분명히 하여 글을 쓰는 능력이 뛰어나 수행평가에서 우수한 성적을 받음. 방과후학교 논술 초급반(20시간), 논술 중급반(30시간)을 수강함.	

과목	세부능력 및 특기사항
사회 : '독도에 대한 일본의 잘못된 주장'에 관한 논술형 수행평가에서 정확한 근거를 들어 일본의 잘못된 주장을 반박하며 우리 국토에서 독도가 가지는 중요성을 영역·경제·환경·생태적 측면에서 풀어가는 사고 과정이 창의적이며 자신의 생각을 참신하게 표현하는 능력이 뛰어나 우수한 성적을 받고 우수과제 전시 부문에서도 호평을 받음. 또한 독도의 날 행사에 실시한 독도 토론대회에서도 공감하는 능력과 경청하는 태도, 뛰어난 순발력과 자신이 조사한 논술 자료를 바탕으로 논리적으로 상대방의 근거를 반박하고 자신의 주장을 내세워 우수한 성적을 받음.	

과목	세부능력 및 특기사항
자유학기·인문사회 : (드라마와 사회) 드라마 제작 과정, 드라마 속의 인물 분석 등의 활동에 적극 참여하고, ○○○방송국 탐방활동(2015.10.10.)에 참가함.	
자유학기·교양 : (요리실습) 요리와 문학, 요리와 문화예술 관련 활동에 흥미를 가지고 적극 참여하였으며, 노인 복지시설(○○양로원)을 방문하여 요리를 만들어 대접하는 활동(2015.12.18.)에 참가함.	

<체육·예술(음악/미술)>

교과	과목	1학기	2학기	비고
		성취도	성취도	
체육	체육	A		
예술(음악/미술)	음악	A		

과목	특기사항
체육 : 비만의 원인과 문제점을 알아보는 수행평가에서 단순히 섭취 에너지와 소비하는 에너지의 양을 비교하는 것이 아니라 개인의 유전적, 환경적 요인의 상관관계를 그래프로 나타내어 개인별 비만의 다양한 원인을 분석하고 그에 따른 실천방법을 논리적으로 설명함. 몸의 동작에 대한 이해가 빠르고 유연성에 대한 감각이 좋아 자신의 장점을 잘 살리는 능력이 있음.	
음악 : 노래와 악기연주에서 음정과 박자, 리듬감이 정확하고 자세가 바르며 호흡이 길고 감정의 표현력이 풍부하여 음악성이 뛰어남. 한 도막 형식과 두 도막 가요형식의 마침법과 종지법을 이해하여 차례가기와 뛰어가기의 가락을 가사에 알맞게 창작할 수 있는 능력이 우수함.	

<교양교과>

교과	과목	1학기		2학기		비고
		이수시간	이수여부	이수시간	이수여부	
선택	환경	34	P			
선택	자유학기·인문사회			17	P	
선택	자유학기·교양			17	P	

[2학년]

교과	과목	1학기		2학기		비고
		성취도 (수강자수)	원점수/과목평균 (표준편차)	성취도 (수강자수)	원점수/과목평균 (표준편차)	

과목	세부능력 및 특기사항

<체육·예술(음악/미술)>

교과	과목	1학기	2학기	비고
		성취도	성취도	

과목	특기사항

<교양교과>

교과	과목	1학기		2학기		비고
		이수시간	이수여부	이수시간	이수여부	

[3학년]

교과	과목	1학기		2학기		비고
		성취도 (수강자수)	원점수/과목평균 (표준편차)	성취도 (수강자수)	원점수/과목평균 (표준편차)	

과목	세부능력 및 특기사항

<체육·예술(음악/미술)>

교과	과목	1학기	2학기	비고
		성취도	성취도	

과목	특기사항

<교양교과>

교과	과목	1학기		2학기		비고
		이수시간	이수여부	이수시간	이수여부	

8. 독서활동상황

학년	과목 또는 영역	독서 활동 상황
1	국어	(1학기) 평소 책읽기를 좋아하여 독서량이 풍부함. '아홉 살 인생(위기철)', '자전거 도둑(박완서)', '불균형(우오즈미 나오코)'처럼 교과서에 실린 소설들을 찾아 읽고 청소년 소설을 쓰는 작가의 꿈을 갖게 됨.
	사회	(2학기) '아 그렇구나 우리 역사 1. 원시시대(송효정)', '살아 있는 역사 문화재 2(이광표)', '오! 우리 역사가 시작되다(김성훈)', '10대와 통하는 한국사(고성국)'를 읽고 우리 문화재의 소중함을 인식하고 문화재 수리기술자에 관심을 보이게 됨.
2		
3		

9. 행동특성 및 종합의견

학년	행동특성 및 종합의견
1	밝고 명랑한 성격의 학생으로 자신이 하고자 하는 일에 대해 비교적 뚜렷한 생각을 가지고 있음. 친구들의 영향을 많이 받고 친구들과 모여서 공부하기를 좋아하는 학습 성향을 가지고 있어 이를 긍정적으로 승화시킬 필요가 있음. 적극적으로 자신의 학습 환경을 통제하고 수립한 학습 계획을 지속적으로 실천하는 자세를 키우고 있어 더 큰 발전이 기대되는 학생임. (배려) 특수반 친구를 도와주고 스스럼없이 친구로 지내면서 학습활동을 도와주었으며, 학급 친구들의 고민을 해결해 주는 등 또래 상담자로 주 2회 활동함. (관계지향성) 친화력이 높고 사람들과 어울려 일하기를 좋아하는 등 사회적 대인 관계 능력이 또래보다 뛰어난 학생임. (예체능) 음악에 대한 관심과 조예가 깊고 특히 기타를 잘 다루어 학교 그룹사운드반의 일원으로 학교축제와 졸업식 축하공연에서 노래와 기타연주를 통해 실력을 맘껏 발휘하여 학생들에게 좋은 반응을 얻음.
2	
3	

고등학교 기재예시

졸업 대장 번호					
학년 \ 구분	학과	반	번호	담임성명	
1	◇◇◇과	6	15	정○○	
2					
3					

사 진 3.5 × 4.5㎝

학년 \ 전공·과정	1학기	2학기	비고
1			
2			
3			

1. 인적사항

학 생	성명 : 한○○　　　성별 : 남　　　주민등록번호 : 991212-1234567 주소 : ○○도 ○○시 ○○구 ○○로 ○○1길 54, 104동 803호 (○○동,○○아파트)
가족 상황　부 　　　모	성명 : 한□□　　　생년월일 : 1962년 03월 02일 성명 : 강○○　　　생년월일 : 1963년 04월 05일
특기사항	

2. 학적사항

2015년 02월 16일　○○ 중학교 제3학년 졸업 2015년 03월 02일　□□ 고등학교 제1학년 입학
특 기 사 항

3. 출결상황

학년	수업일수	결석일수			지 각			조 퇴			결 과			특기사항
		질병	무단	기타	질병	무단	기타	질병	무단	기타	질병	무단	기타	
1	190			3										부모간병(3일)
2														
3														

4. 수상경력

구분	수 상 명	등급(위)	수상연월일	수여기관	참가대상(참가인원)
교내상	효행상		2015.05.15.	○○학교장	전교생(1602명)
	교과우수상(수학Ⅰ, 사회, 과학)		2015.07.19.	○○학교장	1학년
	컴퓨터기능대회(정보검색부문)	최우수상(1위)	2015.09.20.	○○학교장	전교생 중 참가자(70명)
	독서기록장쓰기대회	장려상(3위)	2015.11.05.	○○학교장	1·2학년(1102명)

5. 자격증 및 인증 취득상황

구 분	명칭 또는 종류	번호 또는 내용	취득연월일	발급기관
자 격 증	정보기술자격(ITQ)A등급-한글엑셀	A001-2014101-002317	2015.03.13.	한국생산성본부
	워드프로세서	14-I2-031206	2015.05.30.	대한상공회의소
	인터넷정보관리사 2급	IIS-1204-001858	2015.06.18.	한국정보통신진흥협회
	문서실무사 2급	071PT51-20011713	2015.08.04.	한국정보관리협회

6. 진로희망사항

학년	특기 또는 흥미	진로희망		희망사유
		학생	학부모	
1	글쓰기	방송프로듀서	방송작가	평소 소설을 즐겨 읽고 글쓰기를 좋아함. 언제가 재미있게 읽은 소설이 방송드라마로 다시 재연되는 것을 보면서 글감을 바탕으로 영상물을 만드는 작업에 매력을 느껴 방송프로듀서에 대한 꿈을 갖게 됨.
2				
3				

7. 창의적 체험활동상황

학년	창 의 적 체 험 활 동 상 황		
	영역	시간	특기사항
1	자율활동	26	학교 축제(2015.05.21.)에서 1부 사회를 맡아 축제의 시작을 매끄럽고 유쾌한 진행으로 모든 이들의 흥미를 돋우었으며, 전반적인 행사 준비 과정에

학년	영역	시간	창 의 적 체 험 활 동 상 황
			특기사항
			서 '축제 준비 위원'으로 활동하며 성공적 축제를 위해 노력하였으며 교내합창제(2014.07.18.)에서 알토 파트 장을 맡아 파트원들의 참여를 독려하여 환상적인 하모니를 만들어 내 학급이 1위의 영광을 안을 수 있도록 큰 기여를 함. 교내 또래드림팀(2015.08.23.~2015.12.29.) 활동에서 또래교사 역할로 멘티의 학업 향상을 위하여 아낌없이 도와주는 모습을 보임.
	동아리활동	224	(멀티디미어제작반)(34시간) 영상관련 분야에서 자신의 능력과 역량을 충분히 발휘하며, 특히 UCC제작과 동영상 편집 능력이 탁월함. (배드민턴셔틀매니아클럽 : 방과후학교스포츠클럽)(190시간) 클럽의 총무로 대회주선 및 회원 모집을 도맡아 하고, 민첩성과 순발력이 뛰어나 강력한 스매시를 구사하며, ○○시(도) 대표로 제4회 전국 학교스포츠클럽대회에 참가하였고, 매주 토요일(13:00~16:00) 교내 연습과 타 학교와 경기 등 방과후 학교스포츠클럽 활동에 열심히 참여함.
	봉사활동		○○시의 '성 지킴이'로 격주 토요일마다 성과 주변 쓰레기 줍기, 관람객 안내하기 등의 활동을 하였고, 2014 ○○문화제(2015.10.06.~2015.10.10.)에서는 행사진행 보조요원으로 활동함(2015.03.21.~2015.12.18./56시간). 월 1회 정기적으로 ○○도서관을 방문하여 도서관 홍보전단 발송, 열람실 도서 정리, 열람실 청소, 책·걸상 닦기, 도서 대출 및 반납 보조, 어린이 도서 찾아주기 등의 활동을 함(2015.04.01.~2015.11.30./32시간).
	진로활동	34	월 1회 '진로의 날' 행사를 통하여 진로 선택에 대한 안내를 받고 각종 서적이나 참고 문헌, 인터넷 사이트를 통한 직업 탐색 및 적성에 맞는 직업 탐색군 조사 등의 활동을 함. 2학기 진로활동 시간에 아로 플러스 검사를 실시함. 본인의 적성에 적합한 직업 분야(중등학교 교사, 기자, 상담전문가 분야)에 대하여 진도탐색 빛 신로계획서를 작성함.
2	자율활동		
	동아리활동		
	봉사활동		
	진로활동		
3	자율활동		
	동아리활동		
	봉사활동		
	진로활동		

학년	봉사활동실적				
	일자 또는 기간	장소 또는 주관기관명	활동내용	시간	누계시간
1	2015.03.07.	(학교)○○학교	봉사활동 소양교육	2	2
	2015.03.15. – 2015.03.16.	(개인)○○양로원	목욕 및 청소	6	8
	2015.04.05.	(학교)○○학교	교내 환경정화	2	10
	2015.08.12. – 2015.09.14.	(개인)꽃동네	청소, 빨래 및 일손 돕기	42	52
	2015.09.13.	(개인)월드비전	기아체험 행사 참가	4	56
	2015.10.01. – 2015.12.30.	(개인)○○사회복지관	교통안전 캠페인 참여, 장애아동들 돌보기 및 대청소	60	116
	2016.01.15.	(개인)대한적십자사 ○○○혈액원	헌혈(성분헌혈)	4	120
2					
3					

8. 교과학습발달상황

[1학년]

교과	과목	1학기				2학기				비고
		단위수	원점수/과목평균(표준편차)	성취도(수강자수)	석차등급	단위수	원점수/과목평균(표준편차)	성취도(수강자수)	석차등급	
…	…	…	…	…	…	…	…	…		
국어	국어	4	81/75(7.9)	B(240)	4	4	75/72(7.3)	C(241)	4	
상업정보	상업경제	3	72/82.1(10.1)	C(240)		3	92/86.3(12.7)	A(241)		
…	…	…	…	…		…	…	…		
이수단위 합계										

과목	세부능력 및 특기사항
(1학기) 사회 : 자료를 조직적으로 분석하는 능력이 뛰어나며 이를 통하여 '인권과 관련한 사회적 쟁점 조사하기' 수행평가에서 사형제도 존폐 논쟁에 대한 찬성과 반대의 입장을 고르게 자료 수집을 하였고 다른 나라의 사례들도 구조적으로 정리를 잘함. 또한 자신의 입장을 분명하게 발표하여 친구들의 박수를 받았고, 지역갈등 관련 단원에서 쓰레기 매립장 유치문제를 해결하는 역할놀이에서 지역대책위원장 역할을 맡아 매립장을 유치할 경우 마을에 나타나는 문제점을 잘 지적해내어 지역주민의 입장을 확실하게 대표해 내는 등 평소 시사문제에 관심이 많아 신문을 꼼꼼하게 숙독하여 주요 내용을 스크랩을 해 놓으며 신문사별 사설을 비교하여 정리함으로써 현실 사회의 주요 이슈들에 대한 균형 있는 태도를 가짐.	

과목	세부능력 및 특기사항
실용영어Ⅰ : 영어 듣기, 말하기 능력이 매우 탁월하며 영어 구문에 대한 이해도가 남다르고, 빠른 속도로 직독, 직해가 가능하며, 어휘 면에 있어서 성취도가 높고, 탁월한 말하기 능력으로 교내 영어 스피치 대회의 사회를 맡아서 매끄럽게 진행하였고, 교내에서 실시한 영어말하기 대회에 참가하여, 자신이 직접 작성한 영어 연설 내용을 바른 표현과 정확한 발음으로 청중들에게 잘 전달하여 호응을 이끌어 내고 입상함. 방과후학교 원어민 영어회화반(40시간)을 수강함.	

실업경제 : 생산, 분배, 지출의 경제 순환 및 소득 재분배 과정과 경제주체들의 합리적인 경제적 의사결정이 자유시장 경제에 미치는 영향, 환율 변동이 경제에 미치는 영향, 국제수지 분류 등의 어려운 개념을 정확하게 이해함. |

표가 병합되어 위 칸과 연결됨

〈체육・예술(음악/미술)〉

교과	과목	1학기		2학기		비고
		단위수	성취도	단위수	성취도	
체육	체육	1	A	1	A	
예술(음악/미술)	음악	2	A	2	A	
예술(음악/미술)	미술	1	B	1	A	
이수단위 합계						

과목	특기사항
체육 : 농구경기에서 뛰어난 드리블 능력과 함께 경기를 조율하는 능력이 탁월하여 교과 시간의 모둠별 농구시합에서 가드 역할을 하여 팀에 많은 득점 기회를 제공하는 등의 활약을 보여 학급 학생들에 의해 최우수선수로 뽑힘. 학생건강체력평가(PAPS) 1등급임.	

음악 : 아름다운 멜로디와 경쾌한 리듬을 조화시킨 동요를 작곡하여 실기평가에서 두각을 나타냄. 절대음감이 있고 음악에 대한 조예가 남달라 음악 시간에 작곡과 가창, 악기연주에서 우수한 활동을 함.

(1학기) 미술 : 조소 재료의 성질을 풍부하게 느끼고 입체적 특성을 살려내는 의식이 강하며, 공간의식이나 발상에 있어 남다른 창의성을 지님.

(2학기) 미술 : 사물과 인체의 동작 묘사 능력이 우수할 뿐 아니라 애니메이션의 스토리전개 능력이 남다르고 카툰의 기본 흐름을 잘 이해하여 만화가로서의 기본 소양을 충분히 지님.

[2학년]

교과	과목	1학기				2학기				비고
		단위수	원점수/과목평균 (표준편차)	성취도 (수강자수)	석차 등급	단위수	원점수/과목평균 (표준편차)	성취도 (수강자수)	석차 등급	
이수단위 합계										

과목	세부능력 및 특기사항

<체육·예술(음악/미술)>

교과	과목	1학기		2학기		비고
		단위수	성취도	단위수	성취도	
이수단위 합계						

과목	특기사항

[3학년]

교과	과목	1학기				2학기				비고
		단위수	원점수/과목평균 (표준편차)	성취도 (수강자수)	석차 등급	단위수	원점수/과목평균 (표준편차)	성취도 (수강자수)	석차 등급	
이수단위 합계										

과목	세부능력 및 특기사항

<체육 · 예술(음악/미술)>

교과	과목	1학기		2학기		비고
		단위수	성취도	단위수	성취도	
이수단위 합계						

과목	특기사항

9. 독서활동상황

학년	과목 또는 영역	독서 활동 상황
1	국어	(1학기) '교실 밖 국어여행(강혜원, 박영신, 서계현)', '국어 교육을 위한 국어 문법론(이관규)'을 읽고 학교 수업에서 배운 국어 지식을 더욱 확장시킴. 또한 '국어생활백서(김홍석)'를 읽고 자신의 잘못된 국어 지식을 바로 잡음.
	음악	(2학기) '모차르트, 천 번의 입맞춤(모차르트)', '모차르트(미셸 파루티)', '청소년을 위한 서양 음악사(이동활)' 등을 읽고 작곡가의 삶 속에 반영된 음악성과 작품배경을 이해함.
2		
3		

10. 행동특성 및 종합의견

학년	행 동 특 성 및 종 합 의 견
1	유쾌하고 활동적이며 에너지가 넘치는 학생으로 다른 사람과의 대화에서 순발력과 재치가 있으며 평범한 것보다는 독특한 것을 선호함. 관심 있는 분야에 적극적으로 매진하는 집중력과 열정이 있으나 학업에 열의가 부족한 편임. 영리하고 이해력이 뛰어난 학생이기 때문에 조금 더 스스로를 절제하고 세심한 면을 키운다면 학업과 생활태도의 면에서 발전이 있을 것으로 기대함. (협력) 학급 및 학교 행사에서 적극적으로 자신의 의견을 제시하며, 타인의 의견도 존중함으로써 자율적인 학급풍토 조성에 기여하는 학생으로 창의적으로 문제를 해결하려는 모습이 돋보임. (예체능) 배드민턴 동아리활동을 적극적으로 하는 학생으로 점심시간 배드민턴 경기를 주도하여 급우들의 체력 증진에 기여하였으며 교내 동아리 대항전에 출전하여 우수한 성적을 받음.
2	
3	

학교생활기록부의 기본적인 구성에는 교과 이외에 학생의 학교생활이나 활동 내용에 따라 중요하게 기록될 수 있는 수상 경력, 창의적 체험활동(자율활동, 동아리활동, 봉사활동, 진로활동), 독서활동, 세부능력 및 특기사항, 행동특성 및 종합의견 등이 있다.

진로 분야의 충실한 기재를 위해 '진로희망사항'에 학생의 진로 '희망사유' 기재란은 2014년부터 신설된 것이다. 교육부는 진로활동 기록은 상급 학교에서 볼 수 있게 초·중·고등학교 간에 학교생활기록부 진로 관련 사항을 연계하여 활용할 수 있도록 하였다.

학교 교육활동을 통한 예술 및 체육활동을 종합적으로 기재할 수 있도록 '행동특성 및 종합의견'에 예체능 활동 영역도 신설한다. 또한 학교생활기록부 서술식 기재 항목에서 학생의 꿈과 끼를 중심으로 객관적인 사실이 기재될 수 있도록 입력 내용 작성 기준을 마련하고, 학교생활기록부의 과도한 기재를 막고 대입 활용도를 높이기 위해 영역별로 입력 글자 수 범위도 제한하기로 했다. 또 수상 실적 부풀리기 방지를 위해 교내 대회에 실제 참가한 인원을 병기하도록 수상 경력도 보완하였다.

내신의 경우 2017학년도 대입제도 개선안에 따라 고등학교 학교생활기록부 교과 성적에는 성취도, 원점수, 과목평균, 표준편차와 함께 석차 9등급도 병기하기로 하였다. 그러니까 2018학년도까지는 대학에 현행과 같이 석차 9등급 등이 표기된다.

항목별 주요 내용과
평가 기준 ◀

교육부 「2015 학교생활기록부 기재요령」을 참고하여 항목별 주요
내용과 평가 기준을 살펴보자.

❯ 수상 경력

학교생활기록부의 공신력을 높이고 사교육을 유발하는 입학 전형
요소를 배제한다는 차원에서 지난 2011학년도부터 초·중·고등학교
학교생활기록부 모두 수상 경력에 교내에서 실시된 수상 기록만 입력
하고, 교외 상은 입력하지 않는다. 모든 교외 상은 학교생활기록부 내
다른 어떤 항목(세부능력 및 특기사항, 창의적 체험활동, 행동특성 및 종합의견 등)
에도 입력하지 않으며, 자기소개서와 추천서에도 기재되지 못한다. 자
기소개서에 외부 대회를 쓰면 0점 처리되는 점은 꼭 기억해야 한다.

참고로, 특목고·자사고 등의 자기주도학습전형 시 입시용 학교생
활기록부의 수상 경력은 아예 삭제되어 출력된다.

구분	수 상 명	등급(위)	수상연월일	수여기관	참가대상(참가인원)
교내상	독후감쓰기대회	우수상(2위)	2015.05.30.	○○학교장	1·2학년(980명)
	교과우수상(국어, 사회)		2015.07.15.	○○학교장	1학년
	한글날기념글짓기대회(산문부문)	장원(1위)	2015.10.09.	○○학교장	전교생(1532명)
	모범상		2015.11.05.	○○학교장	1학년(585명)

> 진로희망

학기 중에 진로 지도를 실시하여 파악한 학생의 특기 또는 흥미, 학생과 학부모의 진로 희망을 적는다. 진로 분야의 충실한 기재를 위해 '진로 희망사유' 기재란도 신설하는데, 이는 2014학년도 고등학교 1학년부터 적용한다.

학년	특기 또는 흥미	진 로 희 망		희망사유
		학 생	학부모	
1	과학도서읽기	과학교사	과학교사	○○○교육청에서 실시하는 '찾아가는 과학체험교실' 활동을 다녀온 후 과학에 대한 자신의 흥미를 확인하고 자신이 알고 있는 것에 대해 가르치는 즐거움을 깨달아 과학교사에 대한 꿈을 갖게 됨.
2				
3				

> 창의적 체험활동

지나친 교과 지식 위주의 교육에서 벗어나 학생들이 자발적으로 다양한 체험활동에 참여하여 개성과 잠재력을 계발하고, 공동체 의식을 바탕으로 나눔과 배려, 사회성을 자연스럽게 함양할 수 있도록 하고 있다. 창의적 체험활동은 크게 자율활동, 동아리활동, 봉사활동, 진로활동의 4개 영역으로 구분되어 있다. 영역별로 학급 담임교사와 담당 교사가 분담하여 평가하고, 평소 활동 상황을 에듀팟 등에 누가 기록해놓은 것을 토대로 활동 실적이나 발전 정도, 행동의 변화, 특기사항 등을 종합해 입력한다.

학년	창 의 적 체 험 활 동 상 황		
	영역	시간	특기사항
1	자율활동	28	학급 반장(2015.03.02.–2016.02.29.)으로서 책임감과 봉사정신을 가지고 급우들의 의견을 존중하여 학급 문제를 해결하며 학급 전체의 인화를 위해 노력함. 학교폭력 예방에 많은 관심을 가지고 있으며, 교내 학교폭력예방 다짐결의대회(2015.04.05.)에서 학교폭력 예방방안에 대해 학급대표로 발표함. 흡연예방교육(2015.06.14.) 동영상을 시청한 후 교내에서 실시한 흡연예방 캠페인에 직접 참여하여 학생들에게 적극 홍보함. 학교 축제(2015.11.10.)에서 사물놀이 공연에 참가하여 공동체 의식을 함양하고 자신의 재능과 끼를 보여줌.
	동아리활동	170	(영어회화반)(34시간) 영어에 소질이 있고 영어표현에 자신감을 보이며, 특히 말하기 부분에 탁월한 능력을 보임. ○○도교육청에서 실시한 국제수업교류 프로그램에 참가하였으며, 국제 사회의 빈곤 문제에 관심을 가지게 됨. (로봇반 : 자율동아리) 로봇공학 관련 기본 개념 및 활용 분야에 전문적인 지식을 많이 갖고 있으며 동아리 활동에 매우 적극적임. 국립중앙과학관

– 자율활동은 학교·학급 구성원으로서 학생들의 자발적이고 자율적인 참여를 중시하는 활동으로 주로 리더십 평가가 이루어지는 영역이다. 리더십에 대한 이해 및 발휘 경험, 활동을 통한 변화 등 학생 개인의 특성을 드러낼 수 있는데, 주로 임원활동이나 학교에서 주최·주관하여 실시한 활동 등을 통해 행동 특성, 참여도, 협력도, 활동 실적 등을 평가한다.

– 동아리활동은 공통적인 관심사, 취미, 특기, 재능 등을 지닌 학생들이 자발적으로 모여 참여하고 운영하며 자신들의 능력을 얼마나 창의적으로 표출하는지를 가늠할 수 있는 영역이다. 최근에는 동아리활동 또한 진로 및 전공을 고려하여 선택하면서 동아리활동의 중요도가 매우 높게 반영되고 있다.

정규 교육과정 내의 동아리활동이나, 교육과정 외의 학교스포츠 클럽 활동, 학교장이 승인한 학교교육 계획 이외의 청소년 단체 활동, 학교교육 계획에 의한 자율 동아리활동 등이 포함되며, 청소년 단체활동으로는 한국청소년단체협의회 소속 단체 중 자격을 갖춘 일부 단체로 한정한다.

- 봉사활동은 자발적으로 남을 돕거나 사회에 기여하는 활동을 통해 더불어 사는 사회를 이해하고 배려, 협력, 소통 등의 의식을 배울 수 있는 영역으로, 인성 교육 및 인성 평가를 강조하는 최근의 경향에서 매우 중요하게 다뤄지고 있다.

  봉사활동은 학교교육 계획에 의한 봉사활동과 학생 개인 계획에 의한 봉사활동이 다 가능하며, 구체적 내용을 별도의 봉사활동 실적에 기간, 장소, 주관기관명, 활동 내용, 시간을 실시일자 순으로 모두 입력하며, 체계적이고 지속적인 봉사활동 등 특기할 만한 사항이 있는 경우 자세히 입력한다.

  교내 봉사활동뿐 아니라 지역사회 봉사활동, 자연환경 보호활동, 캠페인 활동 등 인증된 외부 봉사활동도 가능하며, 자신의 꿈과 관련되어 인성을 나타낼 수 있는 활동, 그리고 체계적이고 지속적으로 하는 활동일 경우 특히 구체적으로 드러내기 좋다.

  안전행정부가 운영하는 자원봉사 포털사이트 나눔포털(www.1365. go.kr)을 활용할 경우, 봉사활동 계획서 및 봉사활동 확인서를 학교에 제출할 필요가 없고, 학교는 나이스에서 나눔포털 전송 자료를 확인하여 학교생활기록부에 입력할 수 있어 봉사활동 실적 등록 절차가 간소하다.

– 진로활동은 학생의 진로 탐색을 위한 각종 검사나 정보 탐색활동, 진로 설정을 위한 멘토링활동, 진로 체험활동 등이 포괄적으로 포함한다. 담임교사의 진로 지도 상담과 권고 내용 등을 포함하여 진로활동을 통해 어떤 노력을 하였는지, 또 진로 분야에 대해 명확하고 뚜렷한 열정과 성취 내용이 있는가를 중요하게 평가한다.

진로 캠프나 직업 체험 등 학교장이 승인한 교육 관련 기관의 행사나, 교육부나 시도교육청 및 직속 산하 기관 교육 지원청에서 주최·주관한 체험활동의 경우는 참가하여 입력 가능하다.

다만 대학이 주최·주관하는 진로 체험활동의 경우 학교교육 계획이나 교육과정에 따라 실시한 활동은 기재 가능하나 학생이 개별적 또는 그룹단위로 참여한 활동은 기재할 수 없다. 경제 관련 단체 등에서 실시하는 경제 캠프나 사설기관에서 주최한 ○○스쿨 등도 학교생활기록부에 적을 수 없다.

> **세부능력 및 특기사항**

교과학습발달상황 내에 교과목과 관련된 세부능력 및 수행평가, 학습활동 참여도 및 태도 등에 대해 특기할 만한 사항이 있는 과목이나 학생에 한해 과목 담당 교사가 입력하는 내용이다. 방과 후 학교 수강 내용 등도 입력할 수 있다.

다만 공인 어학 시험(토플, 토익, 텝스 등) 성적, 각종 교내외 인증사항,
발명특허 내용은 학교생활기록부 어떠한 항목에도 입력하지 않도록
한다. 또한 모의고사 관련 원점수, 석차, 석차등급 등도 입력하지 않
는다.

과목	세부능력 및 특기사항
사회	'독도에 대한 일본의 잘못된 주장'에 관한 논술형 수행평가에서 정확한 근거를 들어 일본의 잘못된 주장을 반박하며 우리 국토에서 독도가 가지는 중요성을 영역·경제·환경·생태적 측면에서 풀어가는 사고 과정이 창의적이며 자신의 생각을 참신하게 표현하는 능력이 뛰어나 우수한 성적을 받고 우수과제 전시 부문에서도 호평을 받음. 또한 독도의 날 행사에 실시한 독도 토론대회에서도 공감하는 능력과 경청하는 태도, 뛰어난 순발력과 자신이 조사한 논술 자료를 바탕으로 논리적으로 상대방의 근거를 반박하고 자신의 주장을 내세워 우수한 성적을 받음.
자유학기·인문사회	(드라마와 사회) 드라마 제작 과정, 드라마 속의 인물 분석 등의 활동에 적극 참여하고, ○○○방송국 탐방활동(2015.10.10.)에 참가함.
자유학기·교양	(요리실습) 요리와 문학, 요리와 문화예술 관련 활동에 흥미를 가지고 적극 참여하였으며, 노인 복지시설(○○양로원)을 방문하여 요리를 만들어 대접하는 활동(2015.12.18.)에 참가함.
국어	논제에 대해 타당한 근거를 바탕으로 주장을 세울 줄 알며, 토의·토론의 절차를 잘 이해하여 다른 사람의 의견을 경청하며 적극적으로 참여하고 해결방안 탐색 시 효과적인 말하기 전략으로 상대를 설득할 줄 아는 등 논리적으로 토론하는 수업에 두각을 보여 교내 토론대회에 패널로 참여함. 또한 읽기 목적에 따라 적절한 읽기 전략을 수립하여 글의 내용을 이해하고 글의 내용을 재구성하여 요약하는 읽기 능력과 글을 쓰는 목적에 맞게 정보를 수집하고 재구성하여 사회적 쟁점에 대한 자신의 의견을 분명히 하여 글을 쓰는 능력이 뛰어나 수행평가에서 우수한 성적을 받음. 방과후학교 논술 초급반(20시간), 논술 중급반(30시간)을 수강함.

> **독서활동**

독서활동에 있어서 특기할 만한 사항이 있는 학생을 대상으로 독서
분야 및 읽은 책, 독서 성향, 이력 등을 입력한다. 독서활동은 교과별
로 해당 교과 관련 독서활동을 입력할 수도 있고, 특정 교과에 해당하

지 않을 경우, '인문' '사회' '과학' '체육·예술' 등의 영역으로 구분하여 입력한다. 보통 책 제목과 저자, 간단한 요약, 감상을 적도록 한다.

독서활동은 주로 독서기록장, 독서포트폴리오, 독서교육종합지원시스템(교육부가 구축·지원하는 시스템으로, 초·중·고등학생들이 자유롭게 책을 읽고 독후활동을 할 수 있도록 구성된 컴퓨터 기반 독서활동 온라인 지원 프로그램이다) 등의 증빙자료를 근거로 입력하는데, 증빙자료는 학생 개인이 보관하되 상급 학교에서 증빙자료 요구 시 제출한다.

학년	과목 또는 영역	독서 활동 상황
1	국어	(1학기) 평소 책읽기를 좋아하여 독서량이 풍부함. '아홉 살 인생(위기철)', '자전거 도둑(박완서)', '불균형(우오즈미 나오코)'처럼 교과서에 실린 소설들을 찾아 읽고 청소년 소설을 쓰는 작가의 꿈을 갖게 됨.
	사회	(2학기) '아 그렇구나 우리 역사 1. 원시시대(송효정)', '살아 있는 역사 문화재 2(이광표)', '오! 우리 역사가 시작되다(김성훈)', '10대와 통하는 한국사(고성국)'를 읽고 우리 문화재의 소중함을 인식하고 문화재 수리기술자에 관심을 보이게 됨.

▶ 행동특성 및 종합의견

학생에 대한 일종의 추천서 또는 지도 자료로서 의미를 갖는다. 교사가 학생을 수시로 관찰하여 누가 기록한 행동특성, 진로적성검사, 인성검사 등 각종 심리검사 결과, 창의적 체험활동, 교과학습발달 등을 바탕으로, 학생을 총체적으로 이해할 수 있도록 잠재력, 인성, 인지적 특성, 자기주도학습 능력, 창의성 등을 종합적이고 구체적으로 입력한다.

학년	행동특성 및 종합의견
1	밝고 명랑한 성격의 학생으로 자신이 하고자 하는 일에 대해 비교적 뚜렷한 생각을 가지고 있음. 친구들의 영향을 많이 받고 친구들과 모여서 공부하기를 좋아하는 학습 성향을 가지고 있어 이를 긍정적으로 승화시킬 필요가 있음. 적극적으로 자신의 학습 환경을 통제하고 수립한 학습 계획을 지속적으로 실천하는 자세를 키우고 있어 더 큰 발전이 기대되는 학생임. (배려) 특수반 친구를 도와주고 스스럼없이 친구로 지내면서 학습활동을 도와주었으며, 학급 친구들의 고민을 해결해 주는 등 또래 상담자로 주 2회 활동함. (관계지향성) 친화력이 높고 사람들과 어울려 일하기를 좋아하는 등 사회적 대인 관계 능력이 또래보다 뛰어난 학생임. (예체능) 음악에 대한 관심과 조예가 깊고 특히 기타를 잘 다루어 학교 그룹사운드반의 일원으로 학교축제와 졸업식 축하공연에서 노래와 기타연주를 통해 실력을 맘껏 발휘하여 학생들에게 좋은 반응을 얻음.
2	
3	

chapter 03

내 아이 학교생활기록부도 달라질 수 있다

>>>>>

앞서 중학교 3학년이나 고등학교 3학년이 되어서야 부실한 학교 생활기록부 때문에 필자를 찾아오는 안타까운 학생들의 이야기를 했다. 학교생활기록부는 미리 꼼꼼하게 계획을 세워 준비하는 것이 이상적이지만 늦게라도 2학년 때 변화의 기회를 만나게 되는 학생들도 있다. 다음은 2학년에 올라간 후 학교생활기록부가 눈에 띄게 달라진 학생의 사례이다. 학교생활기록부가 이렇게 변한 이유는 무엇일까? 2학년에 올라가며 아이가 갑자기 달라졌을까? 그보다는 담임선생님이 바뀌거나 학교가 바뀌었을 가능성이 더 커보인다.

그러나 여기서 우리가 주목해야 할 점은 늦었다고 포기하지 말고 학교생활기록부도 제대로 관리만 하면 충분히 풍부하고 알찬 내용으로 변모할 수 있다는 사실이다.

6. 창의적 체험활동상황

학년	창의적 체험활동상황		
	영역	시간	특기사항
1	자율활동	41	선도부원(2011.03.02~2012.02.29)으로서 1학기 임원수련회(2011.04.02~2011.04.03)에 성실하게 참여하였으며 책임감을 가지고 맡은 역할을 성실히 수행함.
	동아리활동	35	(가죽공예반) 활동을 열심히 함.
	봉사활동		
	진로활동	15	다양한 진로탐색에 적극적으로 참여하였으며, 선배 초청 강연회를 통해 자신의 진로를 모색해 보는 진지한 자세를 보이며, 성실하게 활동함.
2	자율활동	70	긍정적인 자아관을 가지고 학급 활동에 능동적으로 참여하며 차분하게 학급 면학 분위기를 조성하는데 핵심적인 역할을 함. 수학여행(2012.04.02~2012.04.04)에서 설악산 및 동해안 일대를 체험하고 단체 활동을 통해 친구들과 우정을 다지며 공동체의식을 기름. 친구사랑의 날 편지쓰기 행사(2012.04.06)에서 친한 친구에게 평소 전하지 못했던 마음을 편지에 담아 잘 표현함. 민주적 회의 진행하기(2012.04.10)에서 문제해결에 있어 관용과 타협, 소수 의견을 존중하는 자세가 요구됨을 이해하고 합리적 절차를 통해 자신의 의견을 논리적으로 펼침. 이성교제에 대한 토론(2012.05.29)을 통해 이성교제가 인간으로서의 성숙과 완성의 계기가 되어야 함을 인식하고 바람직한 이성교제의 태도를 갖게 됨. 문화체험으로 판교청소년수련관 리더십캠프(2012.07.13)를 통해 협동의 가치를 배우고 자신감과 리더십을 함양함. 영어말하기대회(2012.08.29)에서 유창한 영어실력을 보여줌. 체육대회(2012.10.19)에 적극적으로 참여해 급우들과 친목을 도모함. 교내시화전(2012.10.26)에서 창조적인 표현력으로 미술 분야의 재능을 발휘함. 논술능력평가(2012.04.20, 2012.09.20)에서 자신의 생각과 느낌을 글로 잘 표현해 글쓰기 재능을 발휘함. 한마당 축제(2012.12.18)에서 바이올린합주 특별공연을 하고 반별 팝송대회에서 합창의 특성을 제대로 이해하여 눈에 띄고 튀는 목소리를 내는 것이 아니라 조화로운 화음 만들기에 열심히 참여함.

9. 행동특성 및 종합의견

학년	행동 특성 및 종합의견
1	선도부로서 맡은 바 최선을 다하고, 성실하고 차분한 성격으로 학습욕구가 높은 학생임. 뚜렷한 주관을 가지고 목표를 향해 노력하는 자세를 보임. 언어와 과학분야에 관심이 많음.
2	조용하고 차분한 모습과 당당하고 자신감 넘치는 양면을 모두 지닌 다양한 장점을 가진 학생임. 생각에 깊이가 있고 신중하게 행동하며 자기 관리에 철저하고 스스로 일을 처리하는 자립심이 강함. 사고가 논리적이고 이해심이 많아 여러 과목의 모둠별 학습에서 뛰어난 능력을 발휘함. 또래의 다른 급우들과 달리 감정에 쉽게 흔들리지 않고 차분히 모든 일에 대처할 줄 아는 성품을 지녔음. 예의 바르고 준법정신이 강해 규칙을 잘 지키며 자신의 생각을 조리 있게 표현함. 공부하는 모습이 한결같으며 학급에 공부하는 분위기를 조성하는데 핵심적인 역할을 하고 있는 학생임. (배려) 언행이 고우며 명랑한 얼굴로 친구들을 배려하고 따뜻하게 대할 줄 알며 친구의 단점까지도 안고 갈 수 있는 넓은 마음을 가져 부드러운 리더로서의 자질을 갖추고 있음. (자기주도적 학습능력) 머리가 총명하고 지적탐구심이 강하며 끈기 있게 스스로 문제를 해결하려는 자기주도적 학습 태도를 가져서 계획을 세우고 실천하는 자기 관리 능력이 탁월함. 전 교과 성적이 우수하고 맡은 일을 책임감 있게 잘 하며 시간을 유익하게 활용하고 학교생활이 전반에 걸쳐 우수함.
3	

디테일이 살아 있는
기록을 위해 메모하라 ◀

학교생활기록부의 핵심은 학교생활이다. 학교에서 하지 않은 활동을 기록할 수는 없기 때문이다. '소극적'인 학생을 '적극적'이라고 기록할 수도 없으며, 특별하게 두드러진 내용이 없는데 우수하다고 평가할 수도 없는 일이다. 또한 선생님이 기록을 안 해주겠다고 하면 소용없는 일이 되어버린다.

이 모든 기본에는 학생이 있다. 학교생활에 대해 가장 잘 알고 있는 것은 학생과 선생님이다. 실제 아이로부터 학교생활기록부의 소재, 재료가 나온다. 부모가 평소 아이와 학교생활의 소소한 것까지 이야기 나누고 소통한다면 그보다 더 좋은 일은 없을 것이다. 아이가 학교에서 무슨 활동을 하는지 알아야 도움을 줄 수 있기 때문이다. 이를 위해서는 아이의 모든 활동을 기억하고 기록하는 것이 중요하다. 이때 디테일하게 기억해야 한다.

그렇다고 학교생활을 과장해서는 안 된다. 또 아이의 능력을 넘어서서 할 수 없는 것까지 강요해서도 안 될 일이다. 할 수 있는 것과 할 수 없는 것을 명확히 제시해주는 것이 차라리 낫다.

단, 일방적으로 부모가 이끌거나 강요하지 말아야 한다. 가장 중요한 건 소통이다. 아이와 신뢰관계 속에서 소통해야 학교생활이나 아이가 하고 싶어하는 활동, 진로를 잘 읽어낼 수 있다. 성공한 이들의 경험담을 듣다보면 어릴 때부터 부모와 아이가 서로 일방적이지 않고 소통이 잘되는 관계에 있는 경우가 많다. 우선 아이가 원하는 걸 잘 들어주되 부모가 원하는 것도 함께 이야기하며, 서로에게 긍정적인 영향을 주며 성장했기 때문일 것이다.

'나만의 스토리 노트'를 만들어라

아이와 '나만의 스토리 노트'를 만들어라. 하루 있었던 일들을 아이가 직접 쓰도록 한다. 어른과 마찬가지로 아이들도 기록하지 않으면 학교에서 있었던 일들을 제대로 기억하지 못한다. 그날그날 수업 시간 중 선생님으로부터 칭찬을 받았다든지, 어떤 과제가 흥미로웠다든지, 봉사활동 에피소드라든지, 읽은 책의 내용을 간략하게 메모하는 독서 기록이라든지 적을 수 있는 내용은 다양하다. 중요한 것은 자세하고 구체적으로 쓰도록 노력하라는 점이다. 스토리 노트를 적다보면 처음에는 하루에 한두 줄도 쓰기 어려워하던 아이들이 나중에는 하루를 48시간 보낸 것처럼 내용이 늘어나기도 한다. 이 모든 것이 나중에 나만의 스토리로 엮을 수 있는 재료들이 된다.

평소 선생님과의
유대관계가 중요하다 ◀

학교 현장에서 학교생활기록부를 기록하는 사람은 교사이다. 그리고 아이의 학교생활을 가장 잘 아는 사람도 교사이다. 교내에서 이루어지는 다양한 활동이 학교생활기록부의 핵심 내용이라면 교사와의 유대관계 또한 학교생활기록부 관리의 키포인트이다. 평소 교사와의 소통이나 상담은 필수이다.

학생들 대부분이 활동에 비해 학교생활기록부 기록이 미흡한 것이 현실이다. 그럴 때는 학교 선생님을 탓하기 전에 학생 스스로 먼저 활동한 것을 정리해 선생님께 제출하는 것이 좋다.

실제 학생이 이러저러한 활동을 하고 있다 해도 교사는 종종 모르는 경우가 있다. 교사들은 한 학생만이 아니라 여러 학생들을 상대하고 있으며 교과 이외에도 업무가 과중한 형편이다. 그렇기 때문에 많은 교사들이 일률적인 멘트를 쓰기 쉽고, 학생 개개인의 입장에서 보면 소홀한 것처럼 섭섭하게 느껴질 수도 있는 것이다.

이럴 경우 자신의 목표를 명확히 하여 필요한 부분들을 미리 설명하는 것도 한 방법이다. "이러이러한 학교를 가고자 목표를 세웠는데, 이를 위해서는 학교생활기록부가 중요한 평가 항목이 되며 충실히 기재되었으면 합니다"라고 미리 말씀드리면 된다.

없는 사실을 만들어서 써달라고 떼를 쓸 수는 없는 일이다. 평소 다양한 활동들을 풍부하게 해놓아야 하고, 독서는 물론 교과 수업 시간에도 열의를 보여야 한다. 특히 과제물이나 프로젝트 수업 시에 선생님의 좋은 평가와 칭찬이 있었다면, 그것으로 끝내지 말고 선생님께 말씀드려 학교생활기록부에도 기록이 남을 수 있도록 한다. 좋은 평가를 받은 것에 대한 기록을 부탁한다면 교사 입장에서도 크게 번거롭지 않고, 또 부담 없이 아이에게 도움을 줄 수 있기에 대부분 긍정적으로 받아들인다.

무조건 이렇게 써줘라, 저렇게 써줘라, 시시콜콜 간섭하는 식으로 요구한다면 교사도 자신의 영역을 침범한 것으로 여기고 도리어 반발심만 커질 수도 있다. 어디까지나 객관적인 사실이 중요하다. 적극적이고 좋은 평가를 받기 위한 다양한 활동들이 '팩트'로 있어야 한다. 가장 좋은 방법은 평소 아이가 교사와 잘 소통할 수 있도록 돕는 것이다. 교사는 아이들이 노력하는 모습을 보이거나 조금만 발전하는 모습을 보여도 기뻐하고 기특하게 받아들인다. 학생과 교사의 거리를 좁히는 것이 가장 중요하다.

학교생활기록부 수정 가능할까?

학교생활기록부 정정은 원칙적으로 금지 사항이다. 학년(3월 1일부터 시작하여 다음해 2월 말까지)이 바뀐 후 기록 내용을 고치는 경우는 객관적인 증빙자료가 있는 경우에 한해 학업성적관리위원회의 심의 절차를 거쳐야 한다. 그렇지 않고 임의적인 수정은 일종의 성적 조작에 해당하기 때문에 교사가 징계를 받는 심각한 사안이다. 아마 담임선생님이나 학교 쪽에서 학기별로 또는 학년별로 학교생활기록부를 확정하기 전에 나이스(NEIS)를 통해 확인할 기간을 줄 것이다. 이때 당해 학년에 한해 잘못된 내용이나 빠진 것이 있을 경우 교사에게 수정을 요청할 수 있다.

다만 평가 항목은 교사의 고유 영역이기 때문에 학부모가 바꿔달라고 해서 언제나 바꿀 수 있는 것이 아님을 유념하자. 아이의 객관적인 활동에서 누락된 부분이 있을 경우에만 교사에게 수정 건의를 할 수 있다. 나이스를 통해 언제든 학교생활기록부 열람을 할 수 있으니 수시로 확인하는 것이 좋다.

봉사활동도
시간 때우기 식은 안 된다 ◀

요즘은 봉사활동의 영역도 넓어지고, 할 수 있는 활동도 많아졌다. 그러나 봉사활동의 양이 많다고 점수가 높아지는 것은 아니다. 중요한 것은 양보다 질이다. 아무 활동이나 시간만 채운다고 해서 그 활동이 의미가 있어지는 것은 아니다. 시간 채우기용 봉사인지, 마음이 움직여서 한 봉사인지는 학교생활기록부만 보아도 알 수 있다. 핵심은 지속성과 일관성이다. 일회적인 것이 아니라 마음이 가는 일을 꾸준히 활동해왔다면 더 의미가 있다.

봉사활동도 진로와 연결된 것이 최고이다. 이를 꾸준히 지속적으로 하여 진정성을 보여줄 수 있는 기회로 삼아야 한다. 의과대학을 목표로 하는 학생이라면 병원이나 의료현장에서 하는 봉사를 찾아볼 수 있다. 호스피스 병농이나 치매환자 돌보기 등 병원과 관련한 봉사활동도 다양하게 있다. 컴퓨터 관련 전공이 꿈이라면 시민단체나 장애인 단체에서 컴퓨터 수리나 홈페이지 관리와 같은 봉사활동을 찾아볼 수도 있다.

다음은 영어에 특기가 있으며 장래 진로희망이 동시통역사인 두 학생의 봉사활동 '우수 사례를 살펴보자. 한 학생은 외국어로 알리는 남한산성 문화재 지키기, 외국인 관람객 통역 및 안내, 한국잡월드 통역 및 안내 봉사를 했다. 또 한 학생은 영어 책 읽어주기, 형님 영어 읽어주기(도서관에서) 등 본인의 특기인 영어 실력을 이용해 꾸준하게 봉사활동을 해온 것을 확인할 수 있다. 봉사 시간에 한정되지 않고 개인 봉사활동에 긴 시간을 참여한 점이 눈길을 끈다.

학년	일자 또는 기간	장소 또는 주관기관명	활동내용	시간	누계시간
			봉사활동실적		
1	2011.03.05	(학교)○○중학교	학교환경정화	2	2
	2011.05.07	(학교)○○중학교	자원봉사기초교육	1	3
	2011.05.07	(학교)○○중학교	학교환경정화	2	5
	2011.05.21	(개인)성남시자원봉사센터	제12회 성남시자원봉사박람회의 관람 및 봉사활동체험	2	7
	2011.06.18	(학교)○○중학교	중앙공원 환경정화	3	10
	2012.01.17 ~ 2012.01.20	(개인)분당청소년수련관	안전교육, 자원봉사 기초교육, 진한 친구되기	12	22
	2012.02.02	(학교)○○중학교	동계방학 중 교내외 청소	2	24
2	2012.03.02 ~ 2013.02.08	(학교)○○중학교	English Cafe 운영	10	10
	2012.03.15	(학교)○○중학교	교내외 대청소	1	11
	2012.04.04 ~ 2013.02.08	(학교)○○중학교	학생생활지도(등교지도 및 교통지도)	20	31
	2012.04.26	(학교)○○중학교	교내 대청소	1	32
	2012.06.03	(개인)성심원	주변정리	2	34
	2012.06.28	(학교)○○중학교	교내외 대청소	1	35
	2012.07.19	(학교)○○중학교	교내외 대청소	1	36
	2012.07.23	(학교)○○중학교	교내외 대청소	1	37
	2012.08.02	(개인)한국중앙자원봉사센터	효사랑 네일아트	3	40
	2012.08.09	(개인)한국중앙자원봉사센터	외국어로 알리는 남한산성 문화재 지키기	4	44
	2012.08.11	(개인)한국잡월드	외국인 관람객 통역 및 안내(영어)	4	48
	2012.08.16	(학교)○○중학교	교내외 대청소	1	49
	2012.08.19	(개인)한국잡월드	한국잡월드 통역 및 안내 봉사	4	53
	2012.09.02	(개인)한국중앙자원봉사센터	한국잡월드 통역 및 안내 봉사	4	57
	2012.09.09	(개인)한국중앙자원봉사센터	한국잡월드 통역 및 안내 봉사	4	61
	2012.09.16	(개인)한국중앙자원봉사센터	한국잡월드 통역 및 안내 봉사	4	65
	2012.09.20	(학교)○○중학교	교내외 대청소	1	66
	2012.10.06	(개인)한국중앙자원봉사센터	한국잡월드 통역 및 안내 봉사	4	70
	2012.10.14	(개인)한국중앙자원봉사센터	한국잡월드 통역 및 안내 봉사	4	74
	2012.10.20	(학교)○○중학교	오케스트라와 함께하는 발레 갈라 콘서트 행사 도우미 및 관람	2	76
	2012.10.20	(개인)한국중앙자원봉사센터	한국잡월드 통역 및 안내 봉사	4	80
3	2013.03.06	(학교)○○중학교	교내외 대청소	1	1
	2013.04.07 ~ 2013.06.27	(학교)○○중학교	또래 멘토링 학습지도	2	3
	2013.05.15	(학교)○○중학교	교내외 대청소	1	4
	2013.06.12	(학교)○○중학교	교내외 대청소	1	5
	2013.07.10	(학교)○○중학교	교내외 대청소	1	6
	2013.07.23	(학교)○○중학교	교내외 대청소	2	8
	2013.07.30	(개인)한국중앙자원봉사센터	분당종합사회복지관 방과후 학습지도	4	12

이러한 봉사활동은 단순히 본인의 시간과 노력을 할애해 다른 사람을 위해 사용한 것뿐만 아니라 봉사활동을 통해 자신의 학습과 성장의 기회가 되기도 하였다. 그 활동을 하기 위해서 본인이 영어 실력과 커뮤니케이션, 프레젠테이션 능력을 키워나갔을 것이 짐작된다.

무엇보다 봉사활동이 곧 인성과 적극성을 나타내는 기회가 될 수 있다는 점을 기억해야한다.

만약 많은 봉사 시간을 할애할 수 없다면, 한 기관에서 의미 있는

학년	봉사활동실적				
	일자 또는 기간	장소 또는 주관기관명	활동내용	시간	누계시간
1	2011.08.22	(학교)○○중학교	교내외 대청소	1	1
	2011.10.09 ～ 2011.10.22	(개인)한국중앙자원봉사센터	도서 및 환경 정리	6	7
	2012.01.18	(학교)○○중학교	방학 중 교내 대청소	2	9
2	2012.03.02	(학교)○○중학교	교내 대청소	1	1
	2012.03.03 ～ 2012.06.16	(개인)성남시청소년육성재단 분당서현청소년수련관	우리문화 알리기 번역활동	25	26
	2012.04.04	(학교)○○중학교	과학의 달 행사 도우미	1	27
	2012.05.11	(학교)○○중학교	교내 대청소	1	28
	2012.07.05 ～ 2012.07.06	(개인)성남시청소년육성재단 분당서현청소년수련관	우리문화 알리기 번역활동	5	33
	2012.07.11 ～ 2012.07.13	(학교)꽃동네	식사준비, 꽃동네 청소활동, 활동 네 가족 돌보기	12	45
	2012.07.20	(학교)○○중학교	교내 대청소	1	46
	2012.08.17 ～ 2013.02.14	(학교)○○중학교	분리수거 도우미	14	60
	2012.08.20	(학교)○○중학교	교내 대청소	1	61
	2012.08.27 ～ 2012.12.31	(학교)○○중학교	학교 영자 신문 편집 및 신문 발행 도우미	5	66
	2012.09.05 ～ 2012.11.28	(학교)○○중학교	교통안전지도 및 학교내외 주변청소	10	76
	2012.09.07	(학교)○○중학교	교내 대청소	1	77
	2012.09.19	(개인)시립서현어린이집	보육실 정리정돈 및 청소	1	78
	2012.09.21	(개인)시립서현어린이집	보육실 정리정돈 및 청소	1	79
	2012.09.24	(개인)시립서현어린이집	보육실 정리정돈 및 청소	2	81
	2012.10.21	(개인)국립과천과학관	전시관 청소, 안내 및 질서유지	3	84
	2012.10.23	(개인)시립서현어린이집	보육실 정리정돈 및 청소	2	86
	2012.11.02 ～ 2012.12.22	(개인)성남시청소년육성재단 분당서현청소년수련관	우리문화 알리기 번역활동	34	120
	2012.11.11	(개인)국립과천과학관	전시관 청소, 안내 및 질서유지	3	123
	2012.11.12	(개인)시립서현어린이집	보육실 정리정돈 및 청소	2	125
	2013.01.27	(개인)국립과천과학관	전시관 청소, 안내 및 질서유지	3	128
3	2013.03.06 ～ 2013.07.19	(학교)○○중학교	실외청소(정문 후문 진입로, 본관 앞 뒤, 스탠드, 현관, 구령대)	15	15
	2013.03.11 ～ 2013.07.12	(학교)○○중학교	아침 생활 지도, 점심 교내 지도, 행사 도우미 역할	15	30
	2013.03.14 ～ 2013.07.19	(학교)○○중학교	영자 신문 기사 작성, 편집 및 배부	5	35
	2013.04.06 ～ 2013.07.06	(학교)○○중학교	영어책 읽어주기	21	56
	2013.05.15	(학교)○○중학교	교내 대청소	1	57
	2013.07.04	(학교)○○중학교	교내 대청소	1	58
	2013.07.09	(학교)○○중학교	깨끗한 환경 만들기	1	59
	2013.07.19	(학교)○○중학교	교내 대청소	1	60
	2013.07.20 ～ 2013.10.19	(개인)성남시수정도서관	형님 영어 읽어주기	18	78
	2013.08.19 ～ 2013.10.31	(학교)○○중학교	학생 주도의 바른 인성교육 실천	5	83
	2013.08.21 ～ 2013.10.31	(학교)○○중학교	영자신문 기사 작성, 편집 및 배부	5	88
	2013.08.22 ～ 2013.10.31	(학교)○○중학교	실외청소 본관 뒤, 분리수거	15	103
	2013.08.26 ～ 2013.10.31	(학교)○○중학교	아침 생활 지도, 점심 교내 지도, 행사 도우미 역할	15	118
	2013.09.06	(학교)○○중학교	깨끗한 환경 만들기	1	119
	2013.10.10	(학교)○○중학교	교내 대청소	1	120

봉사활동을 일관되게 하는 것이 도움이 된다. 여러 기관을 돌아다니며 하기보다, 자신에게 가장 의미 있는 분야나 기관을 선택해 꾸준하게 활동함으로써 그 과정을 통해 얻은 성과를 평가받는 것도 의미 있는 일이다.

진로에 알맞은 봉사활동 정보는 어떻게 얻을 수 있을까? 학생 봉사활동 실적을 인정받기 위해서는 시도 교육감, 교육장, 학교장, 자원봉사센터(행정안전부), 청소년활동진흥센터(여성가족부), 사회복지협의회(보건복지부) 등에서 인정하는 기관에서 봉사활동을 실시해야 한다.

아래 사이트에서 다양한 봉사활동 프로그램을 확인하고 신청할 수 있다.

사이트맵	운영기관	비고
나눔포털 www.1365.go.kr	한국중앙자원봉사센터	행정안전부
청소년자원봉사 www.dovol.net	한국청소년활동진흥원	여성가족부
사회복지봉사활동인증관리 www.vms.or.kr	한국사회복지협의회	보건복지부

학교 홈페이지를
적극 활용하라 ◀

학교생활기록부가 풍부해지려면 그 재료가 되는 활동 내용이 풍부해야 한다. 예전처럼 공부에 방해된다며 동아리활동, 체험활동을 하지 말라 말리던 시대는 지났다. 오히려 부모가 나서서 아이의 관심 분야에서 참여할 수 있는 진로 체험활동이나 동아리활동, 각종 강연회나 행사 참여를 적극 제안해주어야 한다. 될 수 있으면 좋아하는 분야, 앞으로 생각하는 진로와 연관되어 있는 쪽으로 이끌어주는 것이 좋다.

다만 학교생활기록부에는 외부 대회 수상 기록 등을 기입할 수 없고, 외부 행사의 경우도 학교장이 승인한 경우나 교육부 인증 활동 등으로 매우 제한적이기에 학교생활기록부에 기입 가능한 행사인지 미리 알아보는 것이 좋다.

우선은 각종 교내 대회에 출전하는 등 학교 안에서 할 수 있는 다양한 활동에 적극 참여하도록 한다. 학과목과 관련된 것뿐만 아니라 음악, 체육 등 다양한 방면으로 관심을 갖는 것이 좋다. 다양한 활동에서 열정적이고 적극적인 모습을 보이면 자연스럽게 교우관계도 좋아지고 선생님과의 관계 폭도 넓어지는 계기가 될 수 있다. 교사들도 이러한 모습에 대해 자연스럽게 평가할 수 있는 기회가 되며, 학교생활기록부와 교사 추천서 등에도 영향을 미칠 수 있다.

일부 탐구대회나 발명대회, 토론대회 등의 경우 대회 자체는 수상 경력에 담을 수 없다 하더라도 대회를 준비하며 어떤 과정을 거쳤는지, 그것을 통해 어떤 점을 느꼈는지 자연스럽게 스토리를 풀어낼 수 있다는 장점이 있다.

창의적 체험활동에 들어가는 자율활동, 진로활동을 계획할 때에는 학교 홈페이지를 적극 활용하는 것이 좋다. 학교 홈페이지에는 학교가 주최하는 행사 이외에도 지역 내 각종 행사 전시, 탐방이나 교육 프로그램, 대회, 공모활동 등이 공지되어 있다.

교외 활동은 대부분 학교생활기록부 기입 대상에 인정되지 않는다. 그중에서도 교육부 인증 활동들이 있으니 미리 교육부 인증 활동을 찾아 정리해두는 것도 도움이 된다. 교육부와 한국과학창의재단이 운영하는 인터넷 사이트 '크레존(www.crezone.net)'에 들어가면 창의적 체험활동이 가능한 리스트들을 볼 수 있다.

학교생활기록부의 핵심은 학생의 꿈과 끼를 키워주는 방향에서 다양한 활동들을 통해 진로를 정하고, 그 진로를 위해 얼마나 노력을 하였는가를 평가하는 것이다. 이 때문에 아이의 꿈과 끼를 찾는 것이 바탕이 되어야 학교생활기록부 로드맵도 완성할 수 있다.

그렇다고 하여 아직 별생각이 없는 아이에게 꿈이나 목표를 강요할 수는 없는 일이다. 더구나 초등학생이거나 중학생의 경우 진로는 언제든 바뀔 수 있다. 학교생활기록부를 관리한다고 하여 무조건 진로부터 정해야 하거나, 한 번 정한 진로를 바꿀 수 없는 것도 아니다.

꿈 갖기 활동을 장려하는 이유는 나의 꿈이 무엇이고 끼가 무엇인지 찾아나가는 과정을 보여준다는 데 초점이 있다. 그러니 본인이 관심 있는 분야에 대해 다양한 체험활동도 하고, 자료도 조사하고, 관련 분야에서 깊이 있는 독서도 하면서 탐구하는 과정에서 진정한 진로를 찾아가는 의미가 있는 것이다.

처음에는 꿈이 외교관이어서 관련 책도 읽고 활동도 찾다가, 어느 날 변호사에 관심이 생길 수도 있다. 그러면 변호사가 과연 무슨 일을 하는지 자료도 찾아보고, 영화도 보고, 변호사가 쓴 책도 읽고, 실제 변호사도 만나보면서 꿈을 구체화해나갈 수 있다.

대부분의 특목고나 자사고가 학생들의 독서활동을 권장하는데, 독서활동의 중요한 축이 되는 부분이 바로 나의 꿈, 즉 진로에 관한 독서 이력이다. 초등학교, 중학교 정도의 학생들이라면 나의 꿈과 관련하여 1차적으로 관심을 표현할 수 있는 것이 독서활동이라고 할 수 있다. 우선 관련 책들을 통해 직업이나 진로에 대해 관심도를 높인 후에, 자연스럽게 부모님이나 주변인들을 통해 직업에 대한 정보를 얻거나 학교 안팎에서 이루어지는 강연이나 진로 체험, 전문가 초청 행사 등을 통해 구체적으로 경험을 할 수 있다.

진로 탐색, 직업 체험 한눈에 tip

교육부가 운영하는 커리어넷(www.career.go.kr) 홈페이지에 들어가면 아로플러스라는 진로탐색 프로그램을 통해 집에서도 손쉽게 진로탐색 교육을 할 수 있다. 총 2시간 30분~3시간 정도 걸리는 프로그램 진행 과정에서 나의 적성과 흥미, 가치관을 통해 나를 보다 잘 이해하고, 다양한 직업을 탐색하는 과정에서 나의 진로를 결정하는 데 도움을 받을 수 있다.

커리어넷에는 이 밖에도 구체적인 직업 정보와 관련 학과 정보 등을 한눈에 볼 수 있으며, 진로체험 1일 투어나 전문가 안내 등을 통한 깊이 있는 진로체험 행사 등도 소개되어 있으니 아이와 함께하는 진로활동에 적극 활용할 수 있다.

chapter 04

잘 관리된 학교생활기록부는 내공이 다르다

>>>>

2014학년도 서울대 수시 우선선발전형에 한 명문외고 전교 1등이 떨어지고 전교 16등이 합격한 일이 있었다. 합격한 학생은 독서활동, 동아리활동, 학교 과제 등에 충실하였고 적극적이었다고 한다. 만약 그 학생이 등수나 외부 경시 경력에 연연하였더라면 결과는 어땠을까?

솔직히 예전과 같이 스펙 쌓기를 위해 수학경시대회인 수학올림피아드나 혹은 물리올림피아드 중 하나만 준비하려 해도 학교생활기록부 관리는 꿈도 꾸지 못한다. 진로와 관련한 깊이 있는 독서활동이며 학교 과제 수행 등에 집중하기 어려운 것이 현실이기 때문이다. 그러니 경시대회를 준비하는 노력과 열정이라면 목표한 전공 분야와 관련되어 깊이 있는 독서 이력을 만들거나 논문활동(R&E)을 하는 것이 낫다.

몇 번을 강조해도 지나치지 않지만, 이제 학교생활기록부를 더 풍부하고 매력적으로 관리하는 것이 합격 전략임을 명심해야 한다.

전공에 대한 호기심과
자기주도성 ◀

　서울대를 비롯해 명문 학교들이 학생부종합전형을 통해 학생을 선발하는 데 있어서 가장 중요하게 평가하는 부분은 무엇일까? 바로 '전공적합성'이다.

　서울대학교 입학사정관제 평가 자료를 보면, 학생부종합전형에서 중요한 평가 항목으로 기본적인 학업 능력과 자기주도적인 학업 태도, 그리고 전공 분야에 대한 관심, 전공 학문에 대한 지적 호기심이 충분히 드러나야 한다는 점을 강조하였다. 이와 함께 인성, 사회성 등의 공동체 의식을 더불어 종합적으로 평가하여 창의적 인재로 발전할 가능성을 보고 선발한다는 것이 핵심이었다.

　2014학년도 외고에 지원해 합격한 한 중학교 3학년 학생의 학교생활기록부를 보자. 세부능력 및 특기사항에서 사회 과목에 대한 평가 대목이다. "'환경신문'을 만들면서 '정부, 두 마리 토끼 다 잡아주기'라는 주제를 선정해 '개발과 보존의 균형에 대한 논쟁'을 균형적·논리적으로 서술해 수행평가에서 좋은 점수를 받았다"고 기록되어 있다. 역사 과목에서는 "대형마트와 기업형 수퍼마켓(SSM) 규제에 관한 법률에 지대한 관심이 많고 우리나라 경제에 어떤 영향을 미칠지에 대해 경제 민주화와 중소상인의 보호 등을 근거로 하여 SSM 규제법이 한국 사회의 성장이 될 수 있음을 논리적으로 서술함"이라고 기록되어 있다.

과목	세부 능력 및 특기 사항
국어	시사에 관심이 많고 이슈가 되고 있는 시사 주제에 대해서 논리적으로 정리하여 논설문 쓰기를 하고 있으며, 특히 현암 아고라 동아리활동에서는 주도적인 역할을 하며 토론 및 칼럼, 논설문 쓰기 등에서 자신의 능력을 발휘하고 있음.
사회	현대 사회의 정치 현상을 다양한 사례를 통해 특징을 파악하였으며 '미등록 이주 아동의 교육권', 'SSM 입점 조례 제정', '그린벨트'를 둘러싼 문제에 대한 분석을 통해 정치적 사고력을 함양시켰음. 또한 정책이 국민 생활에 미치는 영향을 신문 및 언론 매체를 통해 파악하고 비판적으로 분석하는 능력이 뛰어남. 환경 신문 만들기 영역 중 사실 쓰기 부분에 있어 '정부, 두 마리 토끼 다 잡아주기'를 이라는 주제를 선정하여 개발과 보존의 균형에 대해 논리적으로 전개하였음.
역사	정조가 실시한 '금난전권의 폐지' 정책이 조선 후기 상업의 발전을 가져온 것을 토대로 최근 논쟁이 되고 있는 '대형마트와 기업형슈퍼마켓(SSM) 규제에 관한 법률'에 지대한 관심이 많고 우리나라 경제에 어떤 영향을 미칠지에 대해 경제 민주화와 중소상인의 보호 등을 근거로 하여 SSM 규제법이 한국사회의 성장이 될 수 있음을 논리적으로 서술함. 또한 5.16과 10.26 사건을 통해 혁명과 쿠데타의 차이가 국민의 지지에 있음을 알았으며, 정부의 어떤 정책이든 소수의 이익이나 개인의 영달을 위해서가 아닌 많은 국민들의 지지와 동의가 있어야 한다는 의견을 논리적으로 발표함. 국민들이 요구하는 소리에 귀 기울이고 그들을 위한 정책을 마련할 수 있는 인재가 되기를 기대해 봄.
수학	피타고라스 정리와 삼각비의 내용의 관련성을 이해하는 등 문제상황을 종합적으로 분석하여 문제를 해결하여 논리적으로 발표함. 자신의 생각을 수학의 용어와 기호를 정확하게 사용하여 표현하는 능력이 뛰어남.
과학	실험 기구 및 시약을 다루는 조작 능력이 우수하며, 주어진 자료를 해석하고 결론을 도출하는 능력이 뛰어남. 또한 보고서를 논리적으로 작성하는 능력도 훌륭함.
기술·가정	일반 주택과 공용 주택 구조의 문제점을 비교 분석할 수 있으며 이를 바탕으로 대안을 제시하는 능력이 탁월함. 동선을 이용한 미래 주택의 구조에 대한 자신의 의견을 잘 발표함. 가족생활주기 중 가족형성기의 소비생활과 관련된 재테크의 종류와 방법에 대한 프리젠테이션에서 경제생활과 관련된 본인의 풍부한 지식을 유창한 언어로 표현함으로써 학급 친구들의 큰 호응을 얻었으며, 능숙한 발표력이 타의 모범이 됨.
영어	영어 학습에 흥미와 열의가 많아 수업태도가 성실하고 적극적일 뿐 만 아니라 교내 영어 쓰기대회와 말하기대회에서 우수한 성적을 받을 만큼 전반적인 영어 능력이 탁월함. 수업시간에 이루어지는 활동에서 늘 다른 학생들을 배려하고 도와주는 모범적인 태도로 타의 모범이 됨.

중학교 3학년 학생이 학교 수업 시간에 이 정도의 문제 설정을 하고 선생님으로부터 평가를 받은 것을 보면, 평소 자신의 희망 진로 분야에 대해 진지하게 공부하고 있으며 그 학습 내용도 훌륭하리라 짐작케 한다. 이 학생이 스펙을 따거나 학원 다니기 바빴다면 과연 이러한 내용에 몰입할 여유가 있었을까? 아마도 학원 다녀와서 없는 시간에 겨우 과제를 내는 수준에 만족했을 것이다.

학교생활기록부를 통해 입학전형관들이 보고자 하는 것은 학교생활 안에서 드러나는 전공과 관련한 배경지식과 노력, 탁월성 등이다. 만약 사교육이나 성적에만 매달린 아이들이라면 자기 진로 분야에 몰입할 여유가 없을 것이다. 사교육을 받더라도 필요한 부분만 취사 선택하고 나머지는 학교활동을 적극 임한다면 아마도 학교생활기록부 내에서 프로젝트나 수행평가의 내용도 달라질 것이다.

진로에 대한 열정으로
똘똘 뭉친 스토리 ◀

성장의 과정에 있는 우리 아이들의 진로는 언제나 바뀔 수 있다. 그러나 중간에 바뀌더라도 3년 동안 진로와 관련된 활동은 꾸준히 해야 하며, 이에 대한 노력이 지속적으로 언급되는 것이 좋다. 혹 진로가 변경되더라도 그 과정에서 변화된 이유 등을 그대로 보여줌으로써 꿈을 위해 노력한 과정이 하나의 스토리로 드러나도록 할 수 있다.

5. 진로희망사항

학년	특기 또는 흥미	진 로 희 망	
		학생	학부모
1	중국어회화, 농구	외교관	의사
2	칼럼쓰기, 중국어	정치인	정치인
3	시사토론 및 프리젠테이션	산업정책(기획)관	산업정책(기획)관

이 학생의 꿈은 1학년 때에는 외교관, 2학년 때에는 정치인이었다가 3학년 때에는 산업정책기획관이라는 구체적인 목표로 변화해갔다. 무엇보다 학생의 진로에 대한 고민과 꿈을 위한 노력, 진로 변화의 과정 등이 학교생활기록부의 각 항목마다 하나의 스토리로 유기적

으로 짜여 있는 점이 주목할 만하다. 특히 진로의 변화 과정마저도 스토리 안에 자연스럽게 녹아 있는 것이다.

1, 2학년 때에는 외교관, 정치인이 되고자 하는 자신의 꿈과 연결되어 교우관계나 리더십, 외국어 습득 능력이나 진로에 대한 관심이 높다는 점, 본인이 꿈을 이루기 위해 노력하는 점 등이 긍정적으로 서술되어 있다.

6. 창의적 체험활동상황

학년	창의적 체험활동상황		
	영역	시간	특기사항
1	자율활동	65	새학기 계획 세우기 활동(2011.4.02)에서 자기주도적으로 참여하는 모범을 보였으며, 수련회 활동(2011.03.23~2011.03.25) 후 소감문과 과학의 날 행사(2011.04.06) 과학 논술 부문 글짓기, 인권 및 생명 존중 교육(2011.10.01) 후 소감문에서 자신의 의견을 논리적으로 잘 서술함. 통일 글짓기, 청렴백일장, 천안함 추모 글짓기 대회 등 교내 글짓기 대회에 적극적으로 참여함.
	동아리활동	34	(영어신문반)영자 신문 기사와 사설을 읽은 후 글의 핵심내용을 파악하는 데 시간이 걸리지만, 차분히 독해를 하여 주변 문맥을 바탕으로 텍스트의 정황이나 주장을 추측하여 파악하는 능력이 우수함. 또래에 비해 어휘력이 풍부하고 독해력과 언어 감각이 탁월하여 앞으로의 발전이 기대되는 학생임.
	봉사활동		인보노인복지센터에서 어르신들의 말벗이 되어 드리며 청소도우미로 활동함(2011.05.21~2011.07.16/4시간).
	진로활동	34	외국어 능력이 뛰어나고 학업 성취도도 높으며 진로 개척을 위해 열심히 노력하고 있음. 나의 진로 포트폴리오 활동(2011.04.28)에서 자신의 적성을 정확하게 파악하고 자신이 해야할 일이 무엇인지 구체적으로 계획해 봄. 자아 성장을 위해 노력하는 자세를 보이며 자기에 대한 긍정적인 태도를 갖고 있음. 진로 목표에 자기 주도적으로 사고하고 활동하며, 특히 교내 꿈자람노트쓰기 활동(2011.11.14)에서 적극성을 가지고 진로 목표를 표현함.
	자율활동	68	학생자치회 부회장(2012.03.01~2013.02.28)으로서 임원 수련회, 각종 학교 행사에 있어 적극적으로 참여함. 제1회 경기도 중등 독서·토론·논술 능력 향상 프로그램(2012.04.03)에서 올바르게 논제를 파악하여 논리적으로 서술하였음. 천안함 용사 2주기 추모 글짓기 대회(2012.03.26)에서 우리나라의 국방의 특징 및 문제점, 통일의 필요성 등을 주제로 자신의 의견을 잘 제시함. 과학의 달 행사(2012.04.05) 과학 논술 부문에서 논리정연하게 글을 작성하였음. 영어마을(2012.05.28~2012.06.01)에서 원어민의 다양한 영어 수업에 적극적으로 참여하였으며 뛰어난 영어 실력으로 원어민과 의사소통이 잘 이루어짐. 제2회

2			교내 토론대회(2012.06.22)에 참여하여 남녀 구분반제에 대한 찬반 토론에 있어 본인의 주장을 근거를 내세워 논리적으로 주장함. 제 3회 교내 독서골든벨(2012.10.26)에서 정해진 필독 도서를 정독한 후 우수한 성적을 거둠. 주도적으로 토론 신문동아리를 만들어서 많은 친구들과 자료 수집 및 정보, 신문 제작 등 다양한 활동을 하고 있음.
	동아리활동	53	(영어신문반)영어에 대한 감각이 탁월하며 어휘력도 뛰어나 처음 보는 신문 기사의 내용도 금방 파악하며 토론활동에도 비판정신을 가지고 열심히 참여함. (배구반2-5)(18시간)상대 팀과 우리 팀의 움직임을 충분히 관찰하고 경기를 진행하는 능력 뛰어남. (2-5)(1시간)팀의 수비형 미드필더로 뛰어난 체력을 바탕으로 활동량이 많으며, 상대팀 공격흐름을 차단함. 좋은 시야를 가지고 있으며 정확한 패스로 팀 공격의 시발점을 만듦.
	봉사활동		수원시 다문화 가족 지원 센터를 통해 다문화 축제 나눔 장터에 참여하여 각종 물품을 판매 하였으며, 수익금을 다문화 가족에게 전달함.(2012.05.12/8시간)
	진로활동	23	태도가 모범적이고 타인에 대한 배려심이 깊어 교우 사이에 신망이 두터우며 외국어 습득 능력 및 영어, 중국어 등의 실력이 뛰어남. 직업체험 프로그램에 참여하는 등 자기 진로에 대한 많은 흥미와 적극적인 관심을 가지고 노력중인 학생임. 전교 부회장으로 전교생의 목소리를 들을 줄 알며 상황에 대한 판단력이 뛰어나 문제해결력이 우수함. 앞으로 꾸준히 한다면 본인의 원하는 진로에 한 발짝 다가설 수 있을 것이라고 여겨짐.
3	자율활동	51	학생회 회장(2013.03.01~2014.02.07)으로서 학교 제반 사항 및 각종 행사 있어 학생의 여론을 반영하기 위해 많은 노력을 기울였으며 교사·학생·학부모의 원활한 소통이 될 수 있는 장을 마련하는데 자신의 역할에 충실히 임함. 학급 규칙 정하기(2013.05.08)에서 학생의 의견을 반영하고 수용하여 학생 자치를 활성화 시킬 수 있는 학급 회의 개최를 건의함. 독서골든벨(2013.09.02)에 필요한 필독도서를 틈새 시간을 활용하여 정독하였으며 인문·사회 영역의 사고력이 더욱 확대되는 계기가 되었음. 다문화교육(2013.10.04)과 관련된 동영상을 시청한 후 우리나라 다문화 가정의 실태, 다문화인을 바라보는 부정적 시각에 대해 개선할 수 있는 대책이 강구되어야 함을 인지하였음.
	동아리활동	33	(전통놀이3반 : 학교스포츠클럽)(33시간)스포츠 스태킹에서 중요하게 여겨지는 눈과 손의 협응력, 양손 사용 능력이 우수함.
	봉사활동		여럿이 함께에서 주관한 지역사회 취약계층을 돕기 위한 나눔의 빵 만들기 행사(2013.03.23~2013.10.18/16시간)에 꾸준히 참여하여 이웃에 관심을 가지고 도와주려는 자세가 타의 모범이 됨.
	진로활동	21	새로운 정치를 통해 미래의 비전과 희망을 제시해주는 정치인이 되기로 결심하였으나 이보다 앞서 보다 많은 사람들에게 희망을 주기 위해 현실을 제대로 인지해야 할 필요가 있다고 여김. 그 후 부모님과 함께 각종 산업전시회 관람을 하고, KAC, POSCO, 삼성디스플레이 등의 산업 현장을 견학함. 이런 견학을 통해 알게된 경험과 그동안 읽은 사회·경제 도서를 바탕으로 국민들이 원하는 바를 정책에 반영하고 그들에게 뚜렷한 비전을 제시해 주기 위해 '산업정책관'이 되기로 함. 산업정책기획관의 경험을 기반으로 정책을 입안하거나 법을 만들 수 있는 이 나라의 인재가 되고자 하는 포부를 밝힘.

창의적 체험활동 내 진로활동 영역에서는 애초 정치인이 꿈이었다가 산업정책관이 되기로 하는 진로 변경의 과정이 매우 구체적이고 상세하게 기록되어 있다. 이 과정에서 부모님과 함께 각종 산업전시회 관람을 하고, KAC, POSCO, 삼성 디스플레이 등 산업현장을 견학한 사실이나, 견학을 통해 알게 된 경험과 사회 경제 도서를 집중적으로 읽으면서 국민들이 원하는 바를 정책에 반영하고 비전을 제시할 수 있는 산업정책관이라는 직업으로 진로가 구체화되었다.

다음에서 보여지는 행동특성 및 종합의견에도 학생회 임원으로서 리더십을 발휘한 부분뿐만 아니라, 외국어 의사소통 능력, 급우와의 신뢰관계, 정치 분야 관련 독서, 정치적 봉사활동을 통한 인성 함양 등 자신의 진로에 대한 뚜렷한 비전과 이를 위한 준비, 노력, 탁월함, 성취 등이 일관되게 기록되어 있는 것을 볼 수 있다.

이 학생은 본인의 진로와 관련하여 진로활동, 독서활동, 봉사활동 뿐만 아니라 사회, 역사 과목 등 수업 시간에 보여준 활동에 대한 교사의 수행평가, 담임교사의 종합의견까지 총체적으로 하나의 스토리로 흐르고 있다. 학생의 전공 분야에 대한 열정과 깊이 있는 탐구력, 관심도를 그대로 드러내준다는 점에서 잘 관리된 학교생활기록부의 전형을 보여준다. 1, 2, 3학년 동안 발전적으로 성숙해가는 진로에 대한 생각과 노력 등이 자신만의 스토리로 담겨 있는 우수한 사례라 할 만하다.

9. 행동특성 및 종합의견

학년	행동 특성 및 종합의견
1	학급의 총무부장(2011.03.02–2012.02.29)으로 활동하며 맡은 바 임무에 충실하고 학급 일에 자발적으로 참여했으며, 특히 자기주도적 학습시간에 타의 모범이 되게끔 행동하였음. 언행이 듬직하여 친구들로부터 신망이 두터우며, 설득력이 있어 지도력을 인정받고 있음. 외국어에도 뛰어난 재능을 가지고 있는 학생으로 해외 거주 경험을 토대로 중국어와 영어로 의사소통이 가능함. 자기관리에 철저하며 스스로 일을 처리하는 능력이 뛰어나고 매사에 꾸준하게 노력함. 이러한 자신의 능력과 소질을 잘 파악하여 부모님과 함께 고민하고 결정한 진로에 확고한 의지를 가지고 열심히 노력하는 장래가 기대되는 학생임.
2	학생회 부회장으로서 뛰어난 리더쉽을 발휘하였으며, 스스로에 대한 믿음을 가지고 학업이나 학교 활동에 적극적으로 참여하는 학생임. 자신의 진로에 대한 뚜렷한 비전을 가지고 있어 이를 위해 준비를 하고 있음. 경제 및 정치 관련 서적에 대한 독서량이 많으며 경제적 용어와 정치적인 이슈 등에 관심이 많음. 사회 제반 현상에 대한 관심이 많고 이해도가 높아 꾸준히 정치적 현상이나 경제 현상에 집중해서 학업을 한다면 본인이 목표로 한 바를 이룰 수 있다고 여겨짐. 주변에 대한 폭 넓은 이해를 위해 다양한 체험학습과 봉사활동에 참여하여 부단한 자기 연마를 하고 있는 학생임. 학교 생활에 있어서 모범적인 생활을 하고 있으며 교과면에서나 생활적인면에서 급우들로부터 신망이 두터운 학생임.
3	2013학년도 학생회 회장(2013.03.01–2014.02.07)으로서 본교 학생들이 보다 활발하게 학교에 참여할 수 있도록 학생회 임원들과 의견을 공유하며 빈새시간 활용 학교스포츠커뮤니티, 점심시간 HBS 라디오를 준비하여 학생들로 하여금 큰 반응을 불러 일으켰으며 학생이 주체가 될 수 있는 올바른 학교 문화 정착을 위해 리더쉽을 발휘하고 있음. (나눔) 3년여 동안 '천주교 수원교구 이주사목센터 엠마우스', '사단법인 여럿이 함께'에서의 정기적인 봉사활동을 통해 지역사회 취약계층이 처한 어려움을 겪고 더불어 살아가는 삶의 소중함을 알게 되었으며 타인을 위한 나눔의 의미를 몸소 체험함. (협력)토론·논술동아리 'OO아고라'를 개설·운영하여 쟁점이 되고 있는 현안에 대해 본인의 의견을 논리적으로 제시할 뿐만 아니라 동아리 회원들과 함께 다양한 정보를 교류하고 서로 다른 의견에 절충할 줄 알며 함께 소통하는 법을 알게 됨. 그리고 본인이 정한 목표에 계획성 있게 실천하며 특히 HTS를 통해 유가증권시장에서 용돈을 직접 운용하는 등 서적을 통해 알게된 경제 지식을 현장에 적용하는 적극성을 보임. 또한 영어, 중국어의 회화 부분에 있어 수준급 실력을 자랑하고 있으며 특히 중국어의 경우 초등학교 시절 싱가포르에서 체류했던 기간동안 현지학교 학생들과의 원활한 소통을 위해 혼자 힘으로 중국어를 독학할 정도로 학구열이 높을 뿐만 아니라 목표로 한 것을 이루고자 하는 도전성신이 뛰어남. 자기주노석으로 학습 환경을 체계적으로 계획하고 있으며 계획한 바를 실천에 옮기는 성취욕구가 충만한 학생임. 1학기 1차 정기고사에 실수가 있었던 부분을 인정하고 만회하기 위해 쉬는 시간 틈틈이 부족한 부분의 학업에 매진하는 모습, 본인이 원하는 진로에 도달하기 위해 경제 관련 서적을 정독하고 산업현장을 견학하는 등의 모습을 보면서 현재 위치 보다 앞으로 더욱 발전할 수 있는 학생이라 여김.

특별한 동아리활동으로
나만의 이야기를 설득하다 ◀

자신의 외국어 능력 특기를 활용하여 중학교 3년 동안 동아리활동
을 창의적 체험활동 사항에 지속적으로 기록함으로써, 학업 능력의

우수성과 함께 다양한 교내외 활동들을 상세히 보여준 사례도 눈에 띈다.

이 학생은 중학교 1학년부터 '한국－호주 국제교류반'에서 활동을 하는데, 동아리활동이 바로 3년간 이 학생의 학교생활에서 가장 핵심적으로 다양한 경험과 변화를 보여주는 성장 스토리가 되었다.

학교생활기록부에는 동아리활동에서 시작했지만 교내외서 열리는 다양한 국제 행사에 참여하고, 학교에서 열리는 국제교류활동에서 직접 사회를 보는 등 핵심에서 활동하며 '문화외교관'으로 불리기까지 스스로 성장하고 리더십을 키워가는 과정이 잘 드러나 있다.

또한 영어 능력의 우수성뿐만 아니라 외국의 다양한 학생들과 직·간접적인 교류 과정에서 세심함과 배려, 균형감각 등의 덕목과 함께 국제적인 감각, 세계시민으로서의 자질 등이 두드러지게 평가받았다.

이처럼 동아리활동에 있어서도 자신의 특기와 전문성이 드러나는 활동을 한다면, 그것이 곧 학습의 우수성 및 진로활동과도 자연스럽게 연결될 수 있다. 나만의 특색 있는 스토리가 담긴 학교생활기록부를 보여줄 수 있는 방법 중 하나이다.

> **동아리활동 중**

1학년 "견학 및 영어 보고서 작성, 동영상 제작 등 모든 활동에 적극적인 태도와 탐구적인 자세로 참여하여 타의 모범이 됨."

"호주 자매학교 방문단의 본교 방문활동에서 호주 파트너 학생이 한국 가정문화에 대해 체험할 수 있도록 홈스테이를 제공하고 화성 견학 등 교육활동에 주도적으로 참여. 특히 환영식에서는 부채춤 공연을 하는 등 호주 학생들이 한국의 역사와 문화를 쉽게 이해하고 큰 관심을 가질 수 있도록 하는 데 특히 일조함."

2학년 "호주 체험학습에서 성남시 및 학교 소개 프레젠테이션 활동 내용을 포트폴리오로 제작하여 우수작으로 뽑혀 교육 전시회에 게시됨."

"성남시 청소년 국제교류에 참여하여 중국 학생들과 문화교류를 통해 친선관계를 확립함."

"경기학생국제교류지원단 라오스 돕기 봉사활동에 참가하여 캠페인, 물품 수집, 성금모금 활동 기획하고 진행하며 국제협력을 몸소 실천."

3학년 "국제교류협력반 부회장을 맡아 리더십을 발휘하여 부원을 통솔하고, 3년간 본교의 모든 국제교류활동의 핵심에서 활동하며 문화외교관으로서 기여한 공이 매우 큼."

"2013 한중 청소년 교류 행사 환영식 환송식에서 영어 사회를 담당함."

"호주 자매학교와 화상교류에서 대화를 주도하며, 한국의 대표 간식과 국기로 김밥과 태극기를 실물로 준비해 호주 학생들의 이해를 돕는 세심함을 보여줌."

6. 창의적 체험활동상황

학 년	창의적 체험활동상황		
	영역	시간	특기사항
1			행과 Scope 운영에 최선을 다하였고, 한국문화 체험 도우미로 해외 자매학교 본교 방문 시 활용한 한국문화 동영상을 제작하였고 다도 도우미로도 활동함.
	동아리활동	34	(한국-호주국제교류반)견학 및 영어보고서 작성, 동영상 제작 등 모든 활동에 적극적인 태도와 탐구적인 자세로 참여하여 타의 모범이 되었으며 호주자매학교방문단의 본교 방문활동에서 호주파트너학생이 한국가정문화에 대한 체험할 수 있도록 홈스테이를 제공하고 화성견학 등 교육활동에 주도적으로 참여하였으며 특히 환영식에서는 부채춤 공연을 하는 등 호주 학생들이 한국의 역사와 문화를 쉽게 이해하고 큰 관심을 가질 수 있도록 하는데 특히 일조함
	봉사활동		
	진로활동	34	부모님 직장을 탐방하고 보고서를 짜임새 있게 작성하는 등 전로 탐색을 위해 노력하는 모습을 모임
2	자율활동	60	1학기 학급 반장(2012.03.01~2012.08.16)으로 급우들의 의견을 존중하여 학급 문제를 해결하고 학급 전체의 인화를 위해 노력하며, 미리내캠프에서 실시한 리더십 캠프(2012.03.16~2012.03.17)에 참석하여 다양한 수련프로그램을 통해 정신과 육체가 조화로운 글로벌리더십을 함양함. 체육대회(2012.05.18)에서 '줄넘기 오래넘기'에 참가해 기량을 발휘함. 학교 축제 매화제(2012.08.31)에서 진행요원으로 참여하여 행사의 원활한 진행에 이바지하고 한국의 문화를 대표하는 부채춤과 K-POP, 밴드연주를 공연함. 1학기 급식 도우미(2012.03.01~2012.08.16)로 활동하여 학급의 배식 업무와 청결 위생에 책임을 다함. 테마학습(2012.10.29~2012.10.31)에서 급우들과 꽃동네 단체 봉사활동을 통해 협동심과 양보의 미덕을 배우고, 숙소의 방장 역할을 책임감 있게 행하고 급우들과 친목을 도모함.
	동아리활동	51	(한국-호주 국제교류2반)견학 및 영어보고서 작성, 활동 포스터 제작 등 모든 활동에 성실하고 적극적인 태도로 참여함. 호주체험학습에서의 성남시 및 학교소개 프레젠테이션 활동내용을 포트폴리오로 제작하여 우수작으로 교육청 교육전시회에 게시됨. 성남시청소년국제교류에 참여하여 중국 학생들과 문화교류를 통해 친선관계를 확립함. 경기학생국제교류지원단 라오스돕기 봉사활동에 참가하여 캠페인, 물품수집, 성금모금 활동을 기획하고 진행하여 국제협력을 몸소 실천하였고 그 성과가 경기교육방송 및 각종 매체에 보도됨. (탁구5반)경기 시 타구 후에 재빨리 기본자세로 돌아와 자세의 균형을 유지하는 능력이 좋음.
3	동아리활동	76	(국제교류협력반) 국제교류협력반 부회장을 맡아 리더십을 발휘하여 부원을 통솔하고 견학 및 국제교류행사 등 모든 활동이 원활히 이루어지도록 힘씀. 3년간 본교의 모든 국제교류활동의 핵심에서 활동하며 문화외교관으로서 기여한 공이 매우 큼. 2013 한중 청소년 교류 중국 장춘시 제1외국어중학교의의 본교방문활동에서(2013.05.23~05.24) 전체 행사 진행을 보조하였고 환영식 및 환송식 영어 사회를 담당함. 대만 민생중학교의 본교방문활동에서(2013.07.11~07.13) 전체 행사 진행을 보조하였고 미술수업파트너 활동 및 환송식 영어 사회를 담당함. 호주 자매학교인 Calvin Christian School과의 화상교류에서 대화를 주도하며 한국의 학교 생활, 대표적 간식, 국기를 자세히 소개하였는데 김밥과 태극기를 실물로 직접 준비해 호주 학생들의 이해를 돕는 세심함을 보여줌. '유네스코 외국인과 함께하는 문화교실(중국, 몽골, 영국, 스페인)'을 성실히 이수하여 국제문화이해력을 증대시켰고 글로벌 에티켓을 배양함. KB박물관나들이 떡박물관 탐방에서 퓨전떡만들기에 제주를 보였고 한국 떡문화를 알리기 위해 떡샌드위치 개발을 제안함. '월드비전 사랑의 동전 모으기'에 참여하여 국제협력정신을 실천함. (스포츠클럽A-배드민턴6반)코트의 모양과 라인을 자세히 알고 배드민턴 라켓을 잡는 방법이 바름. (스포츠클럽B-농구7반) 분위기 메이커이자 에이스로 팀에서는 없어서는 안될 학생으로 농구경기에 매우 열정적으로 임함. (이매피구310) (2시간)공을 빠르게 패스하여 상대선수가 공격에 대비할 수 있는 시간을 주지 않아 유효한 공격을 이끔.

> ### 세부능력 및 특기사항 중

"한국 문화 체험 도우미로 활동하면서 외국 학생들의 한국 문화 체험을 위하여 한국 문화 동영상 제작 및 다도 시연에 적극 참여하여 민간외교 사절단으로 적극 활약함."

"성남시 자매도시 청소년 국제교류활동에 참여하여 본교를 방문한 중국 선양시 모범청소년 남창중학교 학생들과 이메일 교류를 지속하고 홈스테이를 제공하며 친선 및 문화활동을 하였고, 이를 통해 글로벌 에티켓을 배우고 세계시민의식을 키움."

"의사소통 활동과 문화 이해와 관련된 학습에 있어 이해력과 응용능력이 뛰어나 여러 일본 관련 서적을 찾아보고 문화상대주의적 입장에서 일본을 객관적으로 바라보려는 국제감각도 갖추고 있는 학생임."

과목	세 부 능 력 및 특 기 사 항
	국어 : 이육사의 생애를 드라마로 제작한 영상물을 보고 이육사 시가 가진 상징적인 의미와 영상물 속에 등장한 시대상황에 깊이 있게 이해하고, '일제강점기 때 나는 어떻게 행동했을까?' 라는 토론활동을 통해 올바른 가치관을 정립함 사회 : 미국의 주요 자연경관을 중심으로 지형에 대한 관심을 표현하는 좋은 주제로 여행계획서를 작성함 영어 : 중학교 영자신문 기자로 활동하면서 학교활동을 영어기사로 작성하여 소식지에 기고하였고, 자신의 뛰어난 영어실력을 발휘하여 영자신문(Times) 제작에 적극 참여하여 자신의 역량을 키우는데 전력을 다함. 중학교 한국문화체험 도우미로 활동하면서 본교 방문 외국학생들의 한국문화체험을 위하여 한국문화 동영상 제작 및 다도시연에 적극 참여하여 민간외교 사절단으로 적극 활약함. 영어에 관심이 많고 적극적인 수업태도를 가지고 조별활동에 참여하였으며 영어독서활동 및 대회를 통하여 읽은 내용을 논리적이고 분석력이 돋보이는 글을 통하여 표현하는 뛰어난 능력을 보여줌. 경기도외국어교육연수원에서 실시하는 영어원격연수 심화과정(163차시)을 이수함 한문 : 일상생활에 고사성어와 한자로 된 단어를 적절하게 잘 활용하며 성어의 교훈을 활용한 만화그리기를 잘 하였음 2011학년도 교내토론대회(2011.05.26-2011.06.10)에 참가하여 논리적 사고를 언어적으로 구체화하고 팀원과 의견을 조율해가는 의사소통과정을 배움

깊이 있는 독서 이력은
합격의 열쇠 ◀

　독서활동은 기본적으로 본인의 진로 및 진로와 관련된 학습 우수성 등을 정확하게 보여주는 것이 가능하다. 특히 자신의 꿈과 관련하여 독서활동은 반드시 필요하다. 대개 진로에 대한 학생의 관심이나 깊이 있는 배경지식 등은 독서 이력을 통해 드러나기 마련이기 때문이다.

　전공과 관련하여 진로 탐색의 시작은 학생이 어떤 주제에 얼마나 관심을 갖고 있느냐를 보여주는 것인데, 학생들의 경우 가장 손쉽게 할 수 있는 진로 탐색 과정이 바로 독서이다. 독서활동 내용을 통해 가장 기초적인 전공 분야에 대한 관심 정도와 흥미, 탐구 과정, 배경지식 확장을 위한 노력, 지적 성장 과정 등을 엿볼 수 있다.

　특목고나 자사고 입시에서는 좀 더 심도 깊은 독서 이력이 필요하다. 먼저 진로나 전공과 관련된 독서 분야가 한 축이라면, 또 다른 한 축은 기초 소양에 관한 부분이다. 융합 시대를 대비하여 인문사회, 자연과학, 예술 분야 등을 두루 섭렵하는 독서 이력을 원하는 것이다.

　특목고나 자사고는 대개 학생의 학업우수성을 확인하고 싶어하는데, 학교생활기록부를 통해 이를 간접적으로 볼 수 있는 것이 바로 독서 이력이다. 세부능력 특기사항, 자율활동, 봉사활동, 동아리활동 등에서는 학업의 심도가 나타나기 쉽지 않다. 그러나 독서활동의 경우에는 책 선정과 후기에서 사고력의 깊이나 전공 분야에 대한 관심

정도를 확연하게 볼 수 있다.

특히 자연과학이나 인문사회 등의 분야에서 어떤 책을 얼마나 읽었느냐에 따라 학생의 지적 소양과 우수성 등을 간접적으로나마 확인할 수 있다. 예를 들어 『먼나라 이웃나라－프랑스 편』을 본 학생과 『독재는 비윤리적인가』라는 책을 읽은 학생, 둘 중 어느 학생이 배경지식이 더 많다고 판단하겠는가. 그렇기 때문에 도서 선정부터 시작해서 꾸준한 독서활동이 결코 소홀할 수 없는 매우 중요한 요소라고 할 수 있다.

이 같은 독서활동은 면접을 준비하는 데에도 매우 중요하게 작용한다. 최근의 면접 경향은 풍부한 배경지식을 필요로 하는 창의 융합형 문제가 대부분이다. 이를 준비하는 첫 번째가 바로 독서다. 논리적으로 풀어 이야기하는 능력을 갖추려면 책이나 신문을 통한 배경지식 습득의 생활화가 필수다. 특히 교과와 연계된 인문사회(혹은 자연과학) 계열의 책을 충실히 읽고 이해한 후 자신만의 논리를 담아 말과 글로 표현하는 연습을 하는 것이 중요하다.

서울대 학생부종합전형에서는 서류자료 중 자기소개서에 자신이 읽었던 도서 3권에 대해 간단한 감상평을 적도록 하고 있다. 전공 분야에 대한 심화된 배경지식과 같은 책을 읽어도 다른 층위에서 이해하는 창의적 해석력이 더 요구된다고 할 수 있다.

독서 이력에서는 자연스럽게 진로 변경의 이유가 드러날 수도 있다.

다음에 소개되는 학생의 꿈은 탄소배출권거래 전문가로 매우 구체적이다. 흥미 있는 관심 분야에 대한 독서가 집중력과 깊이를 갖게 되면서 아이의 꿈도 구체화되었고, 그 꿈이 변화하는 과정에 대한 설득력 있는 근거로서 독서 이력이 탄탄히 뒷받침되었다.

사회	(1학기) '17살 경제학(한진수)'을 읽고 경제이론들을 이해하고, 그 이론들을 생활 속에 접목시킬 수 있게 됨으로써 경제학 관련 진로에 관심을 갖게 됨. '청소년을 위한 세계 경제사(석혜원)'를 읽고 세계사 속에서 발전하는 경제의 모습을 발견하고 서양과 동양의 고대 경제사를 비교하는 글을 씀. '세계사, 누구를 위한 기록인가?(크리스 브래지어)'를 읽고 세계사를 시대별로 총체적으로 파악하고 종교와 정치의 관계에 대한 글을 씀. '루소 사회계약론(손영운)'을 읽고 루소가 주장한 사회 계약론의 내용을 이해하고, 내용의 옳고 그름을 판단하였으며, 과거와 현재의 국가들의 다양한 정치 형태와 각각의 장단점을 파악함. (2학기) '그린 비즈니스(이도운)'를 읽고 저탄소 녹색 성장의 진정한 의미를 알고 관련 용어들을 익힘. 클린 에너지, 기후변화 시장을 이해하고 특히 탄소배출권거래제 등의 진로 관련 정보를 얻음. '기후변화의 불편한 진실(한종훈, 임영섭, 정욱형)'을 읽고 기후변화, 환경오염에 따른 피해의 심각성을 깨닫고, 이를 해결하기 위한 방안으로 제시된 신재생에너지, 탄소배출권거래제, 탄소세 등의 장단점을 앎. 진로와 관련된 전문 지식을 통해 진로에 확신을 얻음.
과학	(1학기) '내 안의 물고기(닐 슈빈)'를 읽고 인간이 물고기로부터 진화한 것이라는 진화론을 알고 인간의 신체구조와 물고기의 신체구조를 비교함으로써 이를 명확히 이해함. '에덴의 종말(콜린 텃지)'을 읽고 인류의 역사에서 농경이 시작된 배경을 이해하고, 농업 혁명에 대해 새로운 시각을 갖고 그것에 대해 토론 함. (2학기) '가우스가 들려주는 수열이론 이야기(정완상)'를 읽고 등차수열, 등비수열, 피보나치수열 등의 개념과 특징을 알고 실생활에 적용함. '파스칼이 들려주는 확률론 이야기(정완상)'를 읽으며 경우의 수, 확률 등을 관련된 문제를 해결해 가는 과정을 통해 배우고 적용하는 방법을 앎. 이후에도 확률 문제 등을 직접 찾아 풀어보며 완전히 자기 것으로 만듦.

5. 진로희망사항

학년	특기 또는 흥미	진 로 희 망	
		학생	학부모
1	독서	심리학자	심리학자
2	심리학서적읽기	심리학자	심리학자
3	독서	탄소배출권거래 전문가	탄소배출권거래 전문가

- 나만의 독서 이력 노트를 만든다.
- 독서 분야/도서명/저자/출판사/읽은 날짜/평점/내용 및 소감 등을 적는다.
- 내용이나 소감을 적을 때에는 단순히 책의 내용을 요약하기보다 책이 나에게 준 영향, 읽고 난 후 변화한 점을 기록하는 것이 좋다.
- 책을 읽고 나면 책 리스트를 정리해 교사에게 전달하여 독서활동란에 기재해줄 것을 부탁한다.
- 독서교육종합시스템을 직접 활용하여 기입하는 방법도 있다.
- 책 선정 시에는 분야별 추천도서 목록이나 필독서 목록을 참조한다.

학생부종합전형에서
더 특별한 R&E 활동　◀

　최근에는 입학사정관제 입시에서 두각을 보이고 있는 논문 쓰기 활동도 주목을 받고 있다. 'R&E^Research&Education' 또는 '과제연구'라고 하는데, 연구를 바탕으로 한 교육 과정을 거치며 소논문까지 쓰는 활동을 일컫는다.

　초기에는 과학고에서 심화 탐구형 프로젝트 연구활동으로 논문 쓰기가 되었다면, 최근에는 특목고·자사고 등을 중심으로 일반고에서까지 다양한 소논문 활동이 활발하게 전개되고 있다.

　보통 지도 교사 한 명과 학생 몇 명이 한 팀을 이뤄 특정 연구를 수행하고 보고서를 제출하는 형식인데, 학교에 따라 대학교나 연구소와 협력해 연구를 하기도 하고, 학교 내에서 지도 교사와 학생들이 팀을 이뤄 하기도 한다. 주제도 최근에는 인문 분야까지 폭넓게 확장되었다. 주제와 자료를 직접 찾아 선정한 주제를 발표하고 토론하고 주제를 구체화하는 과정을 거친 후 논문으로 완성하기까지 지도 교사의 조언을 받으며 학생들이 스스로 진행하게 된다.

R&E는 자신의 진로에 대해 좀 더 일찍부터 노력하고 관심 분야를 전문적으로 연구할 수 있다는 점 때문에 진로 분야에 대한 열정이나 학업적 성취 등을 높이 평가하는 입학사정관제 전형에서 특히 긍정적인 활동이라고 할 수 있다. 스스로 주제를 정해 학습 내용을 설계하고 탐구하는 과정에서 자기주도학습 능력을 키울 수 있고, 함께 팀을 이루어 진행하기에 협력, 소통, 배려의 자세도 자연스럽게 익힐 수 있다. 또 자신감과 도전정신도 얻게 된다. 특히 자기소개서를 쓸 때 자랑스럽게 기록이 가능하다.

최근에는 고등학생뿐만이 아니라 중학생도 논문활동을 하는 아이들이 많아졌다. 중학교 독서클럽, 논문탐구반 등 동아리에서 논문활동을 하여 특목고(하나고)에 합격한 사례도 있다. 일반 고등학교에서도 '역량 강화'라고 하여 교내 논문탐구대회 등을 실시하기도 한다.

아무래도 상급 학교에서는 단순히 성적이 좋은 아이들보다 자기의 꿈을 위해 얼마나 진정성을 가지고 노력해왔는가를 확인할 수 있기에 R&E를 관심 있게 볼 수밖에 없다. 성적이 일정 수준 이상이라고 한다면 전공과 관련하여 30쪽 전후의 소논문이 학생의 열의와 전공 분야에 대한 이해도를 확인하는 데 의미가 있다. 특히 전공적합성을 중요하게 보는 서울대에서 탐낼 만한 활동이다.

논문활동이라고 하여 지나치게 무겁고 어려운 주제를 선택할 필요는 없다. 오히려 누군가의 도움을 받아야 하는 어려운 주제보다 중·고등학생 수준에서 자기 일상에서 생각해볼 수 있는 주제를 선택할 때 더 신선하게 받아들여진다.

마케팅을 목표로 하는 한 학생은 「고교 선택제에 따른 성공하는 고등학교 성공방안」이라는 주제로 소논문을 썼고 내신이 다소 부족했지만 서울대에 입학하였다. 또 한 여학생은 「여학생은 남학생보다 왜 수학을 왜 못할까」라는 주제로 소논문을 써서 호평을 받았다. 그러니까 내 주변에서 일어날 수 있는 주제로 자기 꿈을 위해 얼마나 노력했는지, 얼마나 진정성 갖고 연구에 임했는지가 중요하다고 할 수 있다.

엄마들이 가장 궁금해하는 질문들

Q1. 특별한 스펙이 없는데 학생부종합전형에 지원해도 될까요?

A 입학사정관제의 도입 취지에 비추어 볼 때 '스펙'이란 용어는 적합하지 않은 용어입니다. '스펙'은 영어 specification의 약자로 기계의 사양이나 설명서를 뜻합니다. 입학사정관제에서 소위 스펙이 좋다는 것은 각종 교과 성적 및 비교과활동이 얼마나 체계적으로 잘 갖춰졌는지를 나타내는 척도로 통용되고 있습니다. 학생부종합전형에서는 지원자를 '내신 2.8등급, 봉사 150시간, 동아리 부회장 1회, 반장 1회, 토론대회 우수상 2회 수상' 등의 양적인 잣대만으로 평가하지 않습니다. 어떤 활동을 얼마나 많은 시간을 투자해서 했는지가 합격의 지름길도 아니고, 합격을 위해서 반드시 해야 할 활동이 있는 것도 아닙니다. 활동이 다양하고 성과물이 있으면 그 숫자만큼 가산점이 붙을 것이라고 오해하는 경우가 많습니다. 중요한 것은 활동의 수도 대회 규모에 따른 수상 실적의 합도 아닙니다.

남들과 다른 뭔가를 보여줘야 한다는 생각도 버려야 합니다. 가끔 신문지상에 나오는 독특한 이력의 학생들은 언론에서 기사화하기 좋은 학생들을 위주로 고른 특이한 사례일 뿐입니다. 많은 학생들이 독특한 이력을 갖추기 위해 교외의 각종 활동에 눈을 돌리다 보면 학교생활을 충실히 하지 못하는 부작용을 낳을 수도 있습니다. 실제로 학생부종합전형 합격생의 대부분은 학교생활을 충실히 했던 지극히 평범한 학생들입니다.

학생부종합전형은 고교 교육과정 속에서 충실하게 교육을 받으며 성장했는지, 지원 분야의 적합성, 잠재능력, 소질 등을 갖추었는지를 가장 중요하게 평가합니다. 학교생활 중에 열심히 노력했고 자신이 참여한 활동에 대한 열정, 노력한 과정과 성과를 잘 보여줄 수 있는 학생이라면 누구나 도전할 수 있는 전형입니다. 학생부종합전형을 대비하여 각종 영역에서 다양하게 수행했던 많은 활동을 나열하기보다는 진정성을 가지고 꾸준히 했던 경험의 과정을 보여준다면 긍정적인 평가를 받을 수 있습니다. 교과와 비교과활동 등 학교생활 전반을 충실히 해오면서 자신의 꿈을 꾸준히 탐색해 온 학생이리면 입힉시징괸진힝(힉생부종힙진힝)에 도진해 보시기 바랍니다.

Q2. 학생부종합전형 지원을 위해서는 다양하고 많은 활동을 해야 하나요?

A 반드시 그럴 필요는 없습니다. 학생부종합전형에서는 단순히 많은 활동을 했던 학생보다는 각종 활동을 통해 내적 성

장을 일궈낸 학생을 선호합니다.

학생부종합전형에 지원하려면 다양하고 많은 활동을 하여 서류에 기록된 내용이 무조건 많아야 한다고 생각하는 학생들이 있습니다. 서류의 지면을 채우기 위해 교내·외에서 진행되는 다양한 활동에 되도록 많이 참가하여 서류의 기재 분량을 늘리려고 노력합니다.

그러나 활동은 무조건 다양하고 많이 하는 것이 중요한 것이 아니라, 활동의 질과 내용이 중요합니다. 교내에서 진행되는 여러 다른 분야의 활동에 참여했지만 방향성이 없고 목적의식도 없이 단순 참여에 그친다면 좋은 점수를 받기 어렵습니다. 활동 경험과 호기심을 발판으로 배우고 느낀 점을 잘 정리하고, 관련된 책자를 찾아보고, 토론과 협력 과정을 통하여 발전된 모습을 보인다면 높은 평가를 받을 수 있습니다.

특히, 학업에 지장을 줄 정도의 무리한 봉사활동, 사교육에 의존한 각종 외부대회 참가, 공교육 밖에서 이뤄지는 공인어학성적 취득 등의 활동은 오히려 학생부종합전형의 취지와 전혀 맞지 않는 활동이라는 것을 반드시 기억해야 합니다.

결론적으로, 학생부종합전형을 준비하는 학생들은 많은 프로그램에 단순히 참가하는 것보다는 그 분야에 대한 내적 성장을 이룰 수 있는 꾸준하고 진정한 노력을 기울일 때 높은 평가를 받을 수 있습니다.

Q3. 교내 각종 대회 수상 실적은 합격에 중요한 영향을 미치나요?

A 교내 각종 대회 수상 실적은 학생의 성실성, 도전정신, 학습 능력이나 창의성, 협동정신 등 다양한 부분의 우수성을 확인할 수 있는 좋은 자료입니다. 교내 경시대회, 토론, 논술, 글쓰기 대회, 과학실험대회 등을 통해 학생의 실력을 뽐내는 대회도 많이 생겼으며, 봉사, 리더십, 진로탐색, 출결, 모범상에 이르기까지 다양한 영역에서 수상합니다. 일정한 목표를 향해 열심히 노력하고, 해당 영역에서 일정한 성취를 했다는 점은 학생부종합전형에서 좋은 평가를 받을 수 있습니다. 그렇지만, 수상 실적을 수치화·계량화하여 평가하지는 않습니다. 수상 실적이 많으면 많을수록 그 숫자만큼 가산점이 붙는 방식도 아닙니다. 도전하고 상을 받기까지의 과정을 검토하여 학생의 성장을 질적으로 평가합니다. 또한, 변변한 수상 실적이 없더라도 다른 측면에서 높은 점수를 받는다면 좋은 평가를 받을 수 있습니다.

학생부종합전형이 보편화되면서 각 학교의 각종 수상 실적이 폭발적으로 증가했지만, 수상 실적이 남발되는 측면이 있어서 수상 실적이 많다는 것이 반드시 긍정적이지는 않습니다. 고등학교에서는 수상 실적의 현황 자료를 공개하고, 대학에서는 공개 자료를 바탕으로 수상 실적 내역을 면밀히 관찰하여 각종 대회 수상이 어떤 의미가 있는지, 어떤 과정을 거쳐서 상을 주는지, 지원자가 대회를 통해 어떤 성장을 이루었는지를 다각도로 살펴보고 있습니다. 특히, 공인어학성적이나 교과 관련 교외 수상 실적 자료는 학교생활기록부에도 기재되지 않고, 추가 서류로 제출할 수 없으며, 2015학년도 대입전형부터 자기소개서 공통양식에 기재할 경우 "0점"(또는 불합격) 처리됩니다. 따라서 학생부종합전형 준비를 위해서는 학교에서 제공하는 프로그램에 충실히 참여하는 것이 좋습니다.

Q4. 학교폭력에 억울하게 휘말려서 학교생활기록부에 기재되었는데, 어떻게 처리가 되나요?

A 학교생활기록부에 학교폭력 사실 및 조치사항이 기재되어 있는 학생의 경우 학교폭력 기재 내용이 있다고 하더라도 해당 학생을 무조건 불합격 조치하지는 않습니다. 학생부종합전형에서는 학교생활기록부 기재사항을 바탕으로 자기소개서, 교사추천서, 심층면접, 현장실사 등을 통하여 지원 학생에 대한 다면 종합평가를 거쳐 최종 합격 여부를 결정하게 됩니다.

학교폭력과 관련한 사실이 학교생활기록부에 기재되면 입학사정관은 서류를 더 세밀하게 검토하고, 사실 확인을 위한 실사를 합니다. 실사의 대상은 본인과 교사, 피해자 등이며, 필요하다면 주변 인물에 대한 조사도 할 수 있습니다. 사실 확인은 현장실사와 진술서 확인 등의 검증을 통해 당시의 정황을 판단하게 되며, 다단계의 내부 심의를 거쳐 최종 평가가 이뤄집니다. 사안이 중대할 경우에도 대입전형 시인성 발달사항을 종합적으로 고려하여 학교폭력 이후 가해 학생이 반성하고 변화했는지를 확인함으로써 긍정적인 변화가 있을 경우 평가에 충분히 반영하고 있습니다.

Q5. 교사추천서는 꼭 담임교사가 작성해야 하나요?

A 교사추천서는 반드시 담임교사가 작성해야 하는 것은 아니며 지원자를 가장 잘 알고 있는 선생님이 작성하는 것이 좋습니다. 대개의 경우 교사추천서는 고등학교 3년 동안의 담임교사(특히 고등학교 3학년 담임), 교과 담당 교사 혹은 진로진학 상담교사가 작성하는 경우가 많지만, 지원자가 활동에 참여한 동아리 담당 교

사 또는 학생과 조금 더 깊은 교류가 있는 교사가 작성해도 좋습니다. 담임교사가 잘 모르고 지나칠 수 있는 학생의 강점과 역량을 학생과 더 많은 시간을 보낸 다른 교사들이 알고 있는 경우가 많기 때문입니다.

예를 들어 학생들이 자기소개서를 작성할 때 교내활동 중 열정적이고 충실히 한 활동을 기술하게 되는데 본인이 동아리 활동을 열심히 했고, 이러한 점을 본인의 강점이라고 생각하는 경우, 동아리 담당 교사가 교사추천서를 작성하는 것이 학생의 활동을 더 구체적이고 세부적으로 설명해줄 수 있을 것입니다.

Q6. 내가 학생부종합전형에 적합한지를 어떻게 알 수 있나요?

A 대학에 따라 다소 차이는 있습니다만, 일반적으로 대학에서 실시하는 학생부종합전형에서도 학업 능력이 우수하거나 학업에 대한 열정과 의지가 높은 학생, 타인에 대한 배려심이나 성실성이 돋보이는 학생, 그리고 훌륭한 인재로 성장할 가능성이 있는 학생을 선발하고자 합니다. 즉, 고등학교 교육과정을 충실히 따

르고 있는 학생, 자기주도적이며, 주어진 환경 속에서 최선의 노력을 다하고 있는 학생, 타인과의 관계를 원만히 하고자 노력하며, 성실함이 돋보이는 학생이라면 누구나 학생부종합전형에 적합한 지원자라고 볼 수 있습니다.

학생부종합전형에 적합한 학생은 일반적으로 학교 교육을 성실히 받은 학생이라고 할 수 있습니다. 어려운 가정환경이나 교육환경을 극복한 사례는 다소 특별한 학생일 수 있으며, 또한 특정 분야에서 매우 높은 성취를 보이는 학생 역시 흔한 사례는 아닙니다. 따라서 자신이 처한 상황 속에서 최선의 노력을 보이고 있다면, 누구나 학생부종합전형에 적합한 학생이라고 할 수 있습니다. 단순히 가정환경이 어렵거나 학교나 지역의 교육환경이 열악한 학생은 아닙니다. 환경이 어렵다고 하여 그 학생이 잠재적으로 우수하다고 말할 수는 없을 것입니다. 오히려 자신이 처한 환경 속에서 자신이 할 수 있는 최선의 노력을 보이고 있는 학생이야말로 잠재적 발전가능성이 있다고 할 수 있을 것입니다. 자신의 환경만을 탓하거나 더 많은 노력을 기울일 수 있었음에도 그렇지 않은 경우라면, 학생부종합전형뿐만 아니라 다른 전형에서도 좋은 결과를 얻기 어려울 것입니다. 환경을 탓하기 전에 자신이 그 환경 속에서 어떤 노력을 해왔는지 생각해보고, 이제부터 어떻게 해야 할지를 결정하는 것이 필요합니다.

고등학교 기간 동안 열심히 공부하고, 공부 이외의 교육과정에도 적극적으로 참여하며, 주위 사람들에게 관심을 기울이고, 자신의 진로를 고민해 보고 그것을 위해 주도적으로 노력한다면, 당신은 이미 학생부종합전형에 적합한 학생이라고 할 수 있습니다.

출처 : 『현직 입학사정관에게 듣는 학생부종합전형 100문 100답』,
한국대학교육협의회

특목고·자사고 백퍼센트 합격 전략

>>>>>

특목고·자사고를 목표로 할 경우 최소한 국어, 영어, 수학, 사회, 과학 5개 과목에서 A를 받을 수 있을 정도로 기본적인 내신 관리는 해줘야 한다. 그러나 이도 전반적인 학교생활을 충실히 하는 과정 중에 이루어져야 한다. 이제 '전교 1등' '전교 2등'이라는 닫힌 틀에서 벗어나 나만의 꿈과 끼의 스토리가 담긴 학교생활기록부와 자기소개서를 갖추려는 자세가 필요할 것이다.

특목고와
자사고가 원하는
학교생활기록부는
어떠해야 할까?

chapter 01

성취평가제 도입으로
확 달라진 입학 전형 분석

복잡해진 대학 입시 구도 속에서도 특목고와 자사고는 명문대 진학률에 기록적인 강세를 보이며 제2의 전성기를 맞고 있다. 물론 명문대 진학만이 특목고·자사고를 들어가고자 하는 유일한 목표는 아닐 것이다. 보다 전문적이고 심화된 학습을 통해 자신의 꿈과 끼를 펼칠 수 있는 기회를 갖기 위해 많은 학생들이 특목고·자사고를 꿈꾸고 있다.

특히 최근에는 초등학교 고학년부터 자신의 꿈과 미래를 고민하며 특목고·자사고를 목표로 설정하는 학생들이 꽤 늘고 있다. 요즘은 대학 진학과 취업에 고교 내신 및 교내 활동이 절대적 영향을 미쳐 어떤 고교에서 어떻게 생활하며 어떤 성적을 받았는지가 향후 아이의 미래를 사실상 결정짓기 때문이다. 자신의 진로를 일찍부터 정하고 꿈을 위해 한 단계씩 나아가고자 하는 학생들에게 특목고·자사고는 분명

매력적인 기회임에 틀림없다.

특목고와 자사고는 2011학년도부터 도입된 입학사정관 전형인 자기주도학습 전형으로 학생들을 선발하고 있다. 최근에는 학교별로 입시안이 어느 정도 자리를 잡은 편이다.

먼저 성취평가제가 도입되면서 내신 변별력이 줄어든 대신, 학교생활기록부와 면접이 당락을 결정 지을 중요한 요소로 떠올랐다. 사교육 유발을 금지하고 과도한 경쟁을 줄이겠다는 취지에서 자기소개서에 어학 성적이나 경시대회 수상 경력 등 외부 스펙 등의 기재가 금지된다. 교육부는 외부 스펙 기재 시 '0점 처리'라는 강수를 두며 단호한 입장을 밝혔다.

교육부가 새로운 입시 개편안을 발표하면서 밝힌 목표는 다음과 같다.

"외고, 국제고, 자사고가 사교육을 받은 성적 좋은 학생보다 외국어 및 국제 분야 등 관련 분야의 꿈과 끼, 다양한 경험을 지닌 학생들을 선발할 수 있기를 기대한다."

자기주도학습전형 도입 5년차를 맞아 학생 선발 방식이 정량평가에서 정성평가로 진화하고 성취평가제가 도입되는 등 특목고·자사고 입시에 상당한 변화를 맞았지만, 중요한 것은 달라진 입시 내용을 정확하게 파악하고 이에 대비하여 확실하게 준비하는 것이다. 달라진 특목고·자사고 입시안의 내용을 자세히 살펴보고 백퍼센트 합격 전략을 찾아보자.

외고·국제고,
1단계 내신에 성취평가제와 9등급제 혼용 ◀

외고·국제고 전형에서 가장 큰 변화는 1단계 내신 반영 방식의 변화이다. 그동안 4개 학기 모두 상대평가제에서 석차백분율을 계산해 등급제로 적용했던 것과 달리, 2학년 영어 내신을 절대평가제로 전환하였다. 즉 석차가 아닌 성취도를 기준으로 점수를 달리 부과한 것이다. 2학년 절대평가, 3학년 상대평가 9등급제 적용이라는 혼합 방식이다. 일부 자사고와 과학고 내신 성적도 반영 과목은 다르지만, 기본적으로 성취평가제로 산출된 점수를 활용해야 한다.

외고와 국제고의 경우 전형 1단계에서 영어 내신 성적과 출결 점수로 정원의 1.5~2배수를 선발하고, 2단계에서 1단계 성적(160점)과 면접 점수(40점)로 최종 선발한다. 1단계에서 지원자의 영어 내신은 중학교 2학년 성적과 3학년 성적을 합산하는데, 내신 성적 산출 방식이 바뀜에 따라 중학교 2학년 성적은 절대평가인 성취평가제가 적용되고, 중학교 3학년 성적은 석차에 따라 1~9등급으로 나뉘는 9등급 상대평가제 성적을 적용하게 된다. 성취평가제에서는 원점수나 평균, 표준편차를 반영하지 않기에 순수하게 A, B, C, D, E등급 중 하나로 성적이 산출된다.

그렇다면 성취평가제가 무엇일까?

지난 2012년 중학교 과정에 도입된 성취평가제는 성적을 A, B, C, D, E로 구분하여, 성적이 90점 이상이면 A, 80점 이상이면 B, 70점

이상이면 C 등으로 점수를 등급화하는 방식이다. 학교 내 석차는 반영되지 않기에 과도한 내신 경쟁을 줄여줄 것으로 기대되어 왔다.

이에 반해 상대평가제인 내신 9등급제는 석차로 점수화한다. 상위 4% 이상에 포함되면 1등급, 4~11%는 2등급을 받는 식이다.

외고·국제고는 1단계에서 1.5~2배수를 2단계 면접 대상자로 선발한다. 2015년부터 성취평가제가 적용되면서 2학년 성적은 성취도(A~E)를 반영하고, 3학년 성적은 석차 등급(1~9등급)을 반영한다. 1단계 내신 성적 환산 방법은 모두 동일하다. 2, 3학년 영어 내신 성적을 학기별 가중치 없이 균등하게 반영한다. 2학년 성적은 성취평가제로 반영하며 A 40점, B 36점, C 32점, D 28점, E 24점이다. 3학년 성적은 석차 9등급제로 1등급 40점, 2등급 38.4점, 3등급 35.6점, 4등급 30.8점, 5등급 24점, 6등급 16점, 7등급 9.2점, 8등급 4.4점, 9등급 1.6점으로 환산한다. 대다수의 지원자가 2학년 성적은 1, 2학기 모두 A 성취도를 받았을 것으로 예상됨에 따라 상대적으로 변별력이 높은 3학년 영어 내신 성적의 중요성이 커졌다.

2단계에서는 1단계 점수(160점)와 면접 점수(40점)를 합산하여 최종 합격자를 선발한다. 성취평가제 적용으로 인해 1단계 통과자의 성적 변별력이 떨어진다는 점을 감안한다면, 실제 당락은 서류를 바탕으로 한 면접에서 갈릴 가능성이 크다. 교사 추천서를 없애거나 양식을 대폭 수정한 학교가 많으므로 지망 학교의 추천서 제출 여부와 양식도 체크해볼 필요가 있다.

절대평가 성취평가제 도입에
내신 변별력 약화 ◀

성취평가제는 절대평가이기 때문에 학생들 간 내신 경쟁이 완화된다는 장점이 있다. 하지만 고입에서, 특히 특목고·자사고를 목표로 하는 학생들의 입시 경쟁에 있어서는 변별력이 크게 약화되는 결과를 낳는다. 지나치게 A비율이 많다는 점과 학교별 영어 A의 비율이 천차만별이라는 점이다. 학교알리미사이트에 공개된 내용을 중심으로 살펴보면, 2013년도 서울시 2학년 1학기 A의 비율이 대략 21%를 넘는다. 이는 비단 서울시만의 문제는 아니고, 전국적으로 나타나는 현상이다. 영어 성취도가 A인 상황에서 적어도 2학년 영어 내신은 변별력을 상실한 것으로 보인다.

변별력이 문제로 대두되자 교육부가 이를 보완하기 위해 중학교 2학년 성적에는 성취평가제를 적용하고 3학년 성적은 현행처럼 내신 등급제(상대평가제)를 적용하는 혼용안을 타협안으로 내놓은 것이다. 그러나 혼용제가 되다보니 이제 중학교 3학년 내신에서의 변별력 확보가 중요해졌다. 중학교 3학년 성적은 더 중요해졌고, 학교 시험의 난이도는 더 높아지고 경쟁이 치열해질 것으로 예상된다.

특별한 변수가 없는 한 위와 같은 상황은 지속될 것이므로 1단계 통과를 위한 안정적인 영어 내신을 위해 최선을 다함은 물론이고 최종 합격을 위해 서류와 면접 준비에도 만전을 기해야 할 것이다.

최소 1.5배에서 2배 이상
지원율 급등할 듯 ◀

자사고의 경우 외고·국제고와 마찬가지로 2011년도 입시부터 자기주도학습 전형이 도입 실시되고 있다. 1단계에서 내신 점수와 출결점수를 합산해 일정 배수를 선발하고, 2단계에서 서류·면접을 통해 1단계 점수와 합산해 최종 합격자를 선발하는 방식이다. 1단계 내신성적만으로 정원의 1.5~2배수를 선발하여, 2단계 서류·면접을 통해 최종 학생을 선발한다. 다만 차이가 있다면 외고·국제고는 영어 내신만을 반영하는 것에 비해 자사고는 주요 교과 또는 전 교과를 반영하고 있다는 점이다.

자사고 역시 2015년도부터 내신 평가 방식이 절대 평가 방식으로 바뀌면서, 90점~100점까지 동일한 성취도 점수를 부여하게 되었다. 즉 90점과 100점 학생의 점수 차이가 없어지면서 최종 합격을 위한 변별력은 과거에 비해 현저히 줄어든 결과를 가져왔다. 각 자사고는 절대평가제 도입과 1단계 서류 평가 전면 금지에 따라 1단계 통과 인원이 지나치게 많지 않도록 전형을 손질해야 했다.

용인외대부고는 1단계에서는 2학년 1학기부터 3학년 2학기까지의 4개 학기의 국·영·수·사·과 5개 교과 성적과 출결을 평가해 2배수를 선발한다. 1단계 동점자는 전원 선발하고, 2단계에서는 면접, 서류를 함께 평가한다. 상산고 역시 1학년 2학기부터 3학년 1학기 4개 학기로 반영 학기를 늘리고, 동일한 A라 할지라도 추정 Z값의 크기에 따라 차이를 두는 방법으로 1단계 전형을 치른다.

전국 36개 광역단위 자사고는 1단계가 추첨으로 전형의 의미를 사실상 상실했으며, 전국적으로 전형내용이 다르고, 같은 서울 내에서도 전형 내용이 다르기 때문에 지원 전에 확인을 요한다.

학교 유형별 자기주도학습전형 절차

고교	1단계	2단계
외고 · 국제고	영어 내신 성적 + 출결 (1.5~2배수 선발)	(입학전형위원들이) 1단계 성적(160점)+면접(40점)
자사고	**(서울지역 자사고 24곳 등)**	
	성적 제한 없이 추첨	면접
	(하나고 등 전국단위 자사고)	
	내신 성적+출결	1단계 성적+면접
과학고	학교장 추천, 입학담당관 활동	내신 성적 + 서류평가+면접

ALL A등급 넘어, 학교생활기록부와 면접이 관건이다 ◀

결국 성취평가제 실시로 내신 변별력이 낮아지면서, 이제 전형 2단계의 학교생활기록부와 자기소개서를 바탕으로 한 면접이 합격의 당락을 결정하는 가장 중요한 요소로 부각되었다.

이전까지 외고나 국제고 입시에서 내신이 차지하는 비중이 컸다면 앞으로는 자기주도적으로 학습하고, 일관성을 가지고 지속적으로 자신의 잠재력을 키워온 학생들이 주목받고 기회의 폭이 넓어진다는 것이다. 긍정적으로 보자면 이제 내신이 상대적으로 낮더라도 학교생활기록부, 자기소개서, 면접을 잘 준비할 경우 역전할 수 있는 여지가 더 생겼다고도 볼 수 있다.

학부모들이 알아야 할 중요한 사항 중의 하나는, 이제 성취평가제로 평가되기에 내신에 원점수, 평균, 표준편차가 나타나지 않는다는 사실이다. 아무리 전교 1등을 자랑하고 싶어도 전교 1등을 나타낼 수 없는 상황이다. 학교 석차나 경시와 같은 특정 분야에서 탁월한 학생들은 그동안 전교 1등을 계속 유지해야 한다는 압박 속에서 비교과 영역은 소홀히기 쉬웠다. 그러나 성취평가제가 실시되고 입시제도가 바뀌면서 전교 1등이라는 타이틀은 더 이상 큰 의미가 없어져버렸다. 결국 바꿔 말하면 'ALL A'가 너무 많기에 학교생활기록부의 비교과 활동 등에 대해 신경 쓰지 않으면 그만큼 손해를 볼 수밖에 없는 상황인 것이다.

물론 특목고나 자사고를 목표로 할 경우 최소한 국어, 영어, 수학, 사회, 과학 5개 과목에서 A를 받을 정도로 기본적인 내신 관리는 해줘야 한다. 그러나 이도 전반적인 학교생활을 충실히 하는 과정 중에 이루어져야 한다. 이제 '전교 1등' '전교 2등'이라는 틀에서 벗어나 나

만의 꿈과 끼의 스토리가 담긴 학교생활기록부와 자기소개서를 갖추
려는 자세가 필요할 것이다.

A·A에 1등급 이상이면 상위권 외고 도전

성취평가제가 실시되면서 내신 관리는 어떻게 해야 할까? 외고나 국제고를
가려고 한다면 내신 점수가 얼마나 되어야 할까? 중학교 2학년 영어 내신
은 1·2학기 모두 90점 이상의 A, A등급은 필수이다. 3학년 영어 내신이 1·2
학기 성적 모두 1등급 이상이라면 상위권 외고나 중위권 외고의 인기학과를
노려볼 만하다. 최소한 1등급, 2등급이거나 2등급 이상이어야 중위권 외고라
도 노려볼 수 있다.

자유학기제 참여한 경우 적용방법은?
만약 중학교 2학년 때 자유학기제에 참여한 학생들은 중간고사, 기말고사
등 한 학기 동안 내신 성적이 없기 때문에 당해 학기를 제외한 나머지 학기
의 성적만 합산한다. 그러니까 2학기 때 자유학기제를 시행한 학교의 2학년
학생은 2학년 1학기 성적과 3학년 성적을 합산해 외고·국제고·자사고 입시
를 치르게 된다. 절대평가제가 변별력이 크지 않은 데다가 성적 반영 학기
수도 한 학기로 줄면서 이 학생들의 중학교 3학년 내신은 더 중요해질 것으
로 보인다.

chapter 02

서류 평가의 핵심,
학교생활기록부

>>>>>

　　특목고·자사고 입시에 있어 기본은 학생의 자기주도학습 역량과 인성을 중심으로 학교별 입학전형위원회에서 창의적이고 잠재력 있는 학생을 선발하는 것이다. 대입 수시의 학생부종합전형과 마찬가지로 특목고·자사고의 사기수도학습전형도 학생의 잠재력과 발전 가능성을 가장 중요한 평가 요소로 보고 있다.

　　더구나 2015학년도 고교 입시 개정안에 따라 내신에 성취평가제가 반영되면서 내신의 변별력이 크게 떨어지게 되었다. 별도의 지필고사도 없는 상황에서, 특목고·자사고 입시는 이제 학교생활기록부를 비롯한 면접이 당락을 결정지을 것으로 보인다. 서류 평가 중에서는 단연 학교생활기록부가 그 핵심을 차지한다고 볼 수 있다.

중학교 3년
학교생활 기록으로 승부 ◀

"자기주도학습전형의 자기개발계획서는 큰 차이가 없어져서 학교
생활기록부 위주로 평가하였다."
　　　　　　　　　　　　　　　　　　　　　　　　　－ ○○외고 관계자

"자기개발계획서와 학교생활기록부를 연계하여 서울대학교와 같은
종합평가를 하였다."
　　　　　　　　　　　　　　　　　　　　　　　　　－ ○○자사고 관계자

"학업 능력이 우수한 학생을 원하지만 그것만이 다가 아니다. 인성
과 더불어 학교활동을 열심히 한 학생을 선발하려고 한다."
　　　　　　　　　　　　　　　　　　　　　　　　　－ ○○자사고 관계자

　특목고·자사고 관계자들의 이야기를 들어보면 학교 관계자들이 학
교생활기록부를 어떻게 평가의 기준으로 삼고 있는지 잘 알 수 있다.
2014학년도까지만 해도 대부분 특목고·자사고 입시 서류 평가에서
자기개발계획서와 학교생활기록부가 1:1 비율로 반영되었다. 그러나
관계자의 이야기를 들어보면 실제 중요도에 있어서는 학교생활기록
부가 더 큰 비중을 차지하기도 한 것을 알 수 있다. 한 외고 관계자는
"학교생활기록부를 잘 들여다보면 탐나는 학생들이 있다. 인성 부분과
학업 부분이 균형감 있게 드러나고, 그중에서도 학생의 학업 능력이 잘
드러나도록 기술된 것이 학생의 능력을 파악하기에 좋다"고 말했다.

한 자사고 관계자 또한 학교생활기록부가 바로 점수에 직결되지는 않더라도 학생의 학교생활 충실도를 평가하는 데 상당한 영향력을 끼친다고 말한다.

예를 들어 한 자사고에 지원한 어떤 학생의 학교생활기록부를 보니 국어, 영어, 수학, 사회, 과학 과목은 만점에 가까울 정도로 점수 높았다. 그런데 그 외 과목들은 모두 점수가 '양' '가'로 나왔다. 그게 단지 한 번만이 아니고 여러 차례 반복된 것이 보일 경우, 입시를 위해 5개 과목만 열심히 하고 나머지 과목은 의도적으로 외면한 것으로 볼 수밖에 없었다. 이 관계자는 "학교생활의 충실도와 그 생활의 결과가 학교생활기록부에 드러나게 마련"이라며, "이런 학생의 경우 뽑고 싶은 생각이 없다"고 말한다. 학교생활의 기본인 수업 태도, 성실성 등에 문제가 있는 학생은 입학사정관들에게는 첫 번째 탈락 대상으로 꼽히게 된다.

더구나 성취평가제 도입에 따라 어떤 식으로든지 학교생활기록부의 영향력이 커질 수밖에 없는 해임을 생각한다면 결코 무시할 수 없는 것이다.

중학교 3학년이 되어서야 특목고나 자사고를 가겠다며 자기소개서를 어떻게 작성해야 하는지 물어오는 학생과 학부모들이 있다. 그런데 학교생활기록부와 자기소개서 중에서 과연 무엇이 더 우선일까? 중요한 것은 바로 학교생활기록부이다.

서울대 학생부종합전형의 전형 요소를 보면 자기소개서와 추천서는 학교생활기록부의 '보완자료'라고 되어 있다. '결과 중심'의 학교생활기록부를 해석하기 위해 '동기 및 과정'이 포함된 자기소개서와 추천서를 활용한다는 것이다. 이는 선발형 고교 입시도 마찬가지다. 이런 상황에서 중학교 3학년이 되어서야 특목고나 자사고를 가겠다며 자기소개서를 어떻게 작성할지에만 몰두하는 학생과 학부모가 얼마나 앞뒤가 뒤바뀐 행동을 하고 있는지 깨달을 수 있을 것이다.

입시 준비는 이미 중학교 1, 2학년부터 학교생활기록부를 통해 이루어진다. 그리고 중학교 3년 동안 자기주도학습 속에서 학교생활을 충실히 해나가면서 차곡차곡 학교생활기록부를 준비해나간 학생이야말로 비로소 원하는 목표에 가까이 갈 수 있는 것이다. 결국 치열한 입시 경쟁에서 이기기 위해서는 학교생활기록부의 중요성을 미리 인지하고 일찍부터 준비하는 자세가 필요하다.

학교생활기록부로 당락이 갈린 두 학생의 실제 사례 ◀

외고 입시의 경우 내신 최상위 성적을 내고도 서류 전형에서 떨어진 학생이 있었다. 반면에 내신 10% 정도인 학생이 서류 전형은 물론 최종 합격을 한 사례도 있다. 이런 결과가 나타난 이유는 무엇일까? 여기엔 학교생활기록부의 현격한 차이가 있었기 때문이다.

합격한 학생의 경우 내신이 10% 수준이었으나 서류 전형을 통과하여 용인외대부고에 최종 합격을 하였다. 이 학생의 학교생활기록부를 보면, 풍부하고 다양한 체험활동을 통해 학업 능력과 더불어 리더십을 드러낸 것을 볼 수 있다. 특히 이 학생의 꿈은 '산업정책관'인데, 자신의 진로와 연관하여 다양한 체험활동을 하고 수업 시간에도 수행평가 등에 열성적으로 참여한 점이 돋보였다.

평소 진로와 꿈을 염두에 두고 수시로 부모님과 함께 산업 현장을 견학하는가 하면, 독서활동도 경제 사회 관련한 도서들을 집중적으로 읽으며 진로에 대한 열정을 키워왔다. 여기에 더해 실물 경제를 익히기 위해 본인의 컴퓨터에 온라인 주식 매매를 할 수 있는 HTS를 설치하여 용돈으로 주식 매매를 해보며 서적을 통해 알게 된 경제 지식을 현장에 적용하는 적극성도 보였다. 이 모든 것들이 중학교 3년의 기록인 학교생활기록부에 드러나 있었고 원하던 합격의 결과를 가져오게 되었다.

내신 10%로 1단계 합격한 학생 사례

– 뛰어난 리더십(전교 학생회장)

– 차별화된 봉사활동(지속성, 일관성)

구 분	수상명	등급(위)	수상연월일	수여기관	참가대상
교내상	꿈자람노트쓰기	최우수상(1위)	2011.11.14	○○중학교장	1학년
	영어의사소통능력평가	최우수상(1위)	2011.11.24	○○중학교장	1학년
	모범상		2011.11.30	○○중학교장	전교생
	교과우수상(국어, 수학, 과학, 미술, 영어, 한문)		2011.12.30	○○중학교장	1학년
	1년개근상		2012.02.08	○○중학교장	1학년
	천안함용사2주기추모글짓기대회	최우수상(1위)	2012.04.09	○○중학교장	2학년
	경기도중등독서,토론,논술능력향상프로그램	장려상(3위)	2012.04.13	○○중학교장	2학년
	과학의달행사(과학논술부문)	최우수상(1위)	2012.04.17	○○중학교장	전교생
	제12회경기학생양성평등글짓기대회	최우수상(1위)	2012.05.21	○○중학교장	2학년
	전국학생통일글짓기대회	우수상(2위)	2012.06.11	○○중학교장	2학년
	1학기교과우수상(국어, 사회, 과학, 영어, 일본어)		2012.07.23	○○중학교장	2학년
	꿈자람노트쓰기대회	최우수상(1위)	2012.07.23	○○중학교장	2학년
	에너지절약글짓기대회	최우수상(1위)	2012.10.18	○○중학교장	2학년
	독서골든벨	금상(2위)	2012.10.30	○○중학교장	2학년
	꿈자람노트쓰기대회	우수상(2위)	2012.12.26	○○중학교장	2학년
	2학기교과우수상(역사, 수학, 과학, 기술·가정, 체육, 영어, 일본어)		2013.01.04	○○중학교장	2학년
	진보상(체육)		2013.01.04	○○중학교장	2학년
	과학의달행사(과학논술부문)	최우수상(1위)	2013.05.10	○○중학교장	전교생
	통일글짓기대회	최우수상(1위)	2013.05.24	○○중학교장	전교생
	교내영어말하기대회	우수상(2위)	2013.05.29	○○중학교장	전교생
	1학기 교과우수상(국어, 사회, 과학, 기술·가정, 미술, 영어)		2013.07.23	○○중학교장	3학년
	그린마일리지제모범상		2013.07.23	○○중학교장	전교생
	꿈자람노트쓰기대회	최우수상(1위)	2013.07.23	○○중학교장	전교생
	교내 영어 쓰기 대회	우수상(2위)	2013.10.14	○○중학교장	3학년

5. 진로희망사항

학년	특기 또는 흥미	진 로 희 망	
		학생	학부모
1	중국어회화, 농구	외교관	의사
2	칼럼쓰기, 중국어	정치인	정치인
3	시사토론 및 프리젠테이션	산업정책(기획)관	산업정책(기획)관

6. 창의적 체험활동상황

학년	영역	시간	창의적 체험활동상황 특기사항
1	자율활동	65	새학기 계획 세우기 활동(2011.4.02)에서 자기주도적으로 참여하는 모범을 보였으며, 수련회 활동(2011.03.23~2011.03.25) 후 소감문과 과학의 날 행사(2011.04.06) 파학 논술 부문 글짓기, 인권 및 생명 존중 교육(2011.10.01) 후 소감문에서 자신의 의견을 논리적으로 잘 서술함. 통일 글짓기, 청렴백일장, 천안함 추모 글짓기 대회 등 교내 글짓기 대회에 적극적으로 참여함.
	동아리활동	34	(영어신문반)영자 신문 기사와 사설을 읽은 후 글의 핵심내용을 파악하는 데 시간이 걸리지만, 차분히 독해를 하여 주변 문맥을 바탕으로 텍스트의 정황이나 주장을 추측하여 파악하는 능력이 우수함. 또래에 비해 어휘력이 풍부하고 독해력과 언어 감각이 탁월하여 앞으로의 발전이 기대되는 학생임.
	봉사활동		인보노인복지센터에서 어르신들의 말벗이 되어 드리며 청소도우미로 활동함(2011.05.21~2011.07.16/4시간).
	진로활동	34	외국어 능력이 뛰어나고 학업 성취도도 높으며 진로 개척을 위해 열심히 노력하고 있음. 나의 진로 포트폴리오 활동(2011.04.28)에서 자신의 적성을 정확하게 파악하고 자신이 해야할 일이 무엇인지 구체적으로 계획해 봄. 자아 성장을 위해 노력하는 자세를 보이며 자기에 대한 긍정적인 태도를 갖고 있음. 진로 목표에 자기 주도적으로 사고하고 활동하며, 특히 교내 꿈자람노트쓰기 활동(2011.11.14)에서 적극성을 가지고 진로 목표를 표현함.

6. 창의적 체험활동상황

<table>
<tr><th colspan="4">창의적 체험활동상황</th></tr>
<tr><th>학년</th><th>영역</th><th>시간</th><th>특기사항</th></tr>
<tr><td rowspan="5">2</td><td>자율활동</td><td>68</td><td>학생자치회 부회장(2012.03.01~2013.02.28)으로서 임원 수련회, 각종 학교 행사에 있어 적극적으로 참여함. 제1회 경기도 중등 독서·토론·논술 능력 향상 프로그램(2012.04.03)에서 올바르게 논제를 파악하여 논리적으로 서술하였음. 칠월한 봉사 2주기 추모 글짓기 대회(2012.03.26)에서 우리나라의 국방의 특징 및 문제점, 통일의 필요성 등을 주제로 자신의 의견을 잘 게시함. 과학의 달 행사(2012.04.05) 과학 논술 부문에서 논리정연하게 글을 작성하였음. 영어마을(2012.05.28~2012.06.01)에서 원어민의 다양한 영어 수업에 적극적으로 참여하였으며 뛰어난 영어 실력으로 원어민과 의사소통이 잘 이루어짐. 제2회 교내 토론대회(2012.06.22)에 참여하여 남녀 구분반제에 대한 찬반 토론에 있어 본인의 주장을 근거를 내세워 논리적으로 주장함. 제 3회 교내 독서골든벨(2012.10.26)에서 정해진 필독 도서를 정독한 후 우수한 성적을 거둠. 주도적으로 토론 신문동아리를 만들어서 많은 친구들과 자료 수집 및 정보, 신문 제작 등 다양한 활동을 하고 있음.</td></tr>
<tr><td>동아리활동</td><td>53</td><td>(영어신문반)영어에 대한 감각이 탁월하며 어휘력도 뛰어나 처음 보는 신문 기사의 내용도 금방 파악하며 토론활동에도 비판정신을 가지고 열심히 참여함.
(배구반2-5)(18시간)상대 팀과 우리 팀의 움직임을 충분히 관찰하며 경기를 진행하는 능력 뛰어남.
(2-5)(1시간)팀의 수비형 미드필더로 뛰어난 체력을 바탕으로 활동량이 많으며, 상대팀 공격흐름을 차단함. 좋은 시야를 가지고 있으며 정확한 패스로 팀 공격의 시발점을 만듦.</td></tr>
<tr><td>봉사활동</td><td></td><td>수원시 다문화 가족 지원 센터를 통해 다문화 축제 나눔 장터에 참여하여 각종 물품을 판매 하였으며, 수익금을 다문화 가족에게 전달함.(2012.05.12/8시간)</td></tr>
<tr><td>진로활동</td><td>23</td><td>태도가 모범적이고 타인에 대한 배려심이 깊어 교우 사이에 신망이 두터우며 외국어 습득 능력 및 영어, 중국어의 실력이 뛰어남. 직업체험 프로그램에 참여하는 등 자기 진로에 대한 많은 흥미와 적극적인 관심을 가지고 노력중인 학생임. 전교 부회장으로 전교생의 목소리를 들을 줄 알며 상황에 대한 판단력이 뛰어나 문제해결력이 우수함. 앞으로 꾸준히 한다면 본인이 원하는 진로에 한 발짝 다가설 수 있을 것이라고 여겨짐.</td></tr>
<tr><td></td><td></td><td></td></tr>
<tr><td rowspan="4">3</td><td>자율활동</td><td>51</td><td>학생회 회장(2013.03.01~2014.02.07)으로서 학교 제반 사항 및 각종 행사 있어 학생의 어려운 상황에 공감하고 함께 하기 위해 많은 노력을 기울였으며 교사·학생·학부모의 원활한 소통이 될 수 있는 징을 마련하기 위해 자신의 역할에 충실히 임함. 학급 규칙 정하기(2013.05.08)에서 학생의 의견을 반영하고 수용하여 학생 자치를 활성화 시킬 수 있는 학급 회의 개최를 건의함. 독서골든벨(2013.09.02)에 필요한 필독도서를 몰사 시간을 잘 응용하여 정독하였으며 인문·사회 영역의 사고력이 더욱 확대되는 계기가 되었음. 다문화교육(2013.10.04)과 관련된 동영상을 시청한 후 우리나라 다문화 가정의 실태, 다문화인을 바라보는 부정적 시각에 대해 개선할 수 있는 대책이 강구되어야 함을 인지하였음.</td></tr>
<tr><td>동아리활동</td><td>33</td><td>(탁구반3반 : 학교스포츠클럽)(33시간)스포츠 스태킹에서 중요하게 여겨지는 손과 손의 협응력, 알손 사용 능력이 우수함.
어렵게 함께에서 추진한 지역사회 취약계층을 돕기 위한 나눔의 빵 만들기 행사(2013.03.23~2013.10.18/16시간)에 꾸준히 참여하여 이웃에</td></tr>
<tr><td>봉사활동</td><td></td><td></td></tr>
<tr><td>진로활동</td><td>21</td><td>새로운 정치를 통해 미래의 비전과 희망을 제시해주는 정치인이 되기로 결심하였으나 이보다 앞서 보다 많은 사람들에게 희망을 주기 위해 현실을 제대로 인지해야 할 필요가 있다고 여김. 그후 부모님과 함께 각종 산업전시회 관람을 하고, KAC, POSCO, 삼성디스플레이 등의 산업 현장을 견학함. 이런 관심을 통해서 앞게된 경험과 그동안 읽은 사회·경제 도서를 바탕으로 국민들이 원하는 바를 정확히 반영하고 그들에게 뚜렷한 비전을 제시해 주기 위해 '산업정책관'이 되기로 함. 산업정책기획관의 경험을 기반으로 정책을 입안하거나 법을 만들 수 있는 이 나라의 인재가 되고자 하는 포부를 밝힘.</td></tr>
</table>

<table>
<tr><th colspan="6">봉사활동실적</th></tr>
<tr><th>학년</th><th>일자 또는 기간</th><th>장소 또는 주관기관명</th><th>활동내용</th><th>시간</th><th>누계시간</th></tr>
<tr><td rowspan="11">1</td><td>2011.03.05</td><td>(학교)○○중학교</td><td>학교 실내·외 대청소</td><td>2</td><td>2</td></tr>
<tr><td>2011.03.19</td><td>(학교)○○중학교</td><td>학교 실내·외 대청소</td><td>2</td><td>4</td></tr>
<tr><td>2011.04.02</td><td>(학교)○○중학교</td><td>학교 실내·외 대청소</td><td>1</td><td>5</td></tr>
<tr><td>2011.04.16</td><td>(학교)○○중학교</td><td>학교 실내·외 대청소</td><td>1</td><td>6</td></tr>
<tr><td>2011.04.17 ~ 2011.05.28</td><td>(개인)천주교 수원교구 이주 사목센터 엠마우스</td><td>설터청소</td><td>10</td><td>16</td></tr>
<tr><td>2011.05.07</td><td>(학교)○○중학교</td><td>학교 실내·외 대청소</td><td>1</td><td>17</td></tr>
<tr><td>2011.05.21 ~ 2011.07.16</td><td>(개인)인보노인복지센터</td><td>지역 재가어르신 가정방문 청소 및 말벗</td><td>4</td><td>21</td></tr>
<tr><td>2011.07.14</td><td>(학교)○○중학교</td><td>학교 실내·외 대청소</td><td>1</td><td>22</td></tr>
<tr><td>2011.09.03</td><td>(학교)○○중학교</td><td>학교 실내·외 대청소</td><td>1</td><td>23</td></tr>
<tr><td>2011.09.04</td><td>(개인)천주교 수원교구 이주 사목센터 엠마우스</td><td>청소년문화원 청소</td><td>4</td><td>27</td></tr>
</table>

학년	일자 또는 기간	장소 또는 주관기관명	활동내용	시간	누계시간
1	2011.11.20	(개인)천주교 수원교구 이주 사목센터 엠마우스	청소년문화원 청소	4	31
	2012.01.01 ~ 2012.02.06	(학교)○○중학교	학교 실내·외 대청소	1	32
2	2012.03.09	(학교)○○중학교	학교 실내·외 대청소	1	1
	2012.03.12 ~ 2012.07.20	(학교)○○중학교	교내지도	5	6
	2012.04.06	(학교)○○중학교	학교 실내·외 대청소	1	7
	2012.05.12	(개인)수원시 다문화가족지원센터	다문화 축제 나눔장터 물품 판매 및 수익금 전달	8	15
	2012.05.16	(학교)○○중학교	학교 실내·외 대청소	1	16
	2012.06.22	(학교)○○중학교	학교 실내·외 대청소	1	17
	2012.09.01	(개인)경기도 용인교육지원청	성격유형에 따른 부모님과 대화(세대공감)하기	2	19
	2012.10.15	(학교)○○중학교	학교 실내·외 대청소	1	20
	2013.01.04	(학교)○○중학교	학교 실내·외 대청소	1	21
	2013.01.05 ~ 2013.02.03	(학교)○○중학교	학교 실내·외 대청소	1	22
	2013.01.19	(개인)사단법인 여럿이 함께	지역사회 취약계층을 돕기 위한 나눔빵 만들기 봉사	4	26
3	2013.03.15	(학교)○○중학교	학교 실내·외 대청소	1	1
	2013.03.22	(학교)○○중학교	친구사랑의 날 도구 제작 및 홍보	1	2
	2013.03.23	(개인)한국사회복지협의회	취약계층을 돕기 위한 나눔빵 만들기	4	6
	2013.05.11	(개인)사단법인 여럿이 함께	지역사회 취약계층을 돕기 위한 나눔빵 만들기 봉사	4	10
	2013.05.24	(학교)○○중학교	학교 실내·외 대청소	1	11
	2013.06.21	(학교)○○중학교	학교 실내·외 대청소	1	12
	2013.07.22	(학교)○○중학교	학교 실내·외 대청소	1	13
	2013.08.13	(개인)사단법인 여럿이 함께	지역사회 취약 계층을 돕기 위한 나눔 빵 만들기	4	17
	2013.08.16	(학교)○○중학교	학교 실내·외 대청소	1	18
	2013.08.23	(학교)○○중학교	녹색성장 교육 도구 제작 및 홍보	1	19
	2013.10.12	(학교)○○중학교	지역사회 취약 계층을 돕기 위한 나눔 빵 만들기	4	23
	2013.10.18	(학교)○○중학교	학교 실내·외 대청소	1	24

7. 교과학습발달상황

[1학년]

교과	과목	1 학 기		2 학 기		비고
		성취도	석차(동석차수) / 수강자수	성취도	석차(동석차수) / 수강자수	
국어	국어	수	9(.)/174	수	3(.)/172	
사회(역사포함)/도덕	도덕	수	2(.)/174	수	11(.)/172	
수학	수학	수	3(.)/174	수	2(.)/172	

교과	과목	1 학 기		2 학 기		비고
		성취도	석차(동석차수) / 수강자수	성취도	석차(동석차수) / 수강자수	
과학/기술·가정	과학	수	1(.)/174	수	1(.)/172	
영어	영어	수	15(2)/174	수	3(.)/172	
선택	한문	수	6(2)/174	수	1(6)/172	

과목	세 부 능 력 및 특 기 사 항
국어	매 시간 흐트러짐 없는 자세로 수업에 임하고, 교내 토론대회에 참여하는 등 다양한 주제에 대해 진지하게 고민하고 생각하는 태도가 돋보이며, 풍부한 어휘력과 문학적 표현이 드러나는 글을 잘 씀.
도덕	수업 내용과 자신의 의견을 논리적으로 성실히 정리하며 현대 사회의 변화와 도덕문제에 대해 진지하게 탐구하고 적극적으로 발표함.
수학	새로운 문제에 대한 분석력이 뛰어나며 수치적, 기하적으로 또는 그래프와 기호를 사용하여 표현하는 능력이 뛰어남.
과학	가설검증을 위해 실험을 구성하고 변인을 조작해 나가는 과정이 논리적이고 체계적이며 그 결과를 전달하고 발표하는 능력이 우수함.
영어	긴 글을 읽고 줄거리와 주제를 파악하는 능력이 뛰어나며 영어에 대한 관심이 높아 어휘 사용에 있어 적절함과 다양성이 드러남. 방과후학교 프로그램 독서논술 및 신문칼럼토론 기초반(20시간)을 수강함.

< 체육·예술(음악/미술) >

교과	과목	1 학 기 등급	2 학 기 등급	비고
체육	체육	우수	우수	
예술(음악/미술)	미술		우수	
예술(음악/미술)	음악	우수		

과목	특 기 사 항
미술	작품을 위한 준비성이 뛰어나고, 나타내고자 하는 주제의 특징을 살펴 효과적으로 표현함.
음악	음악사에 대한 지식이 풍부하며, 음악가에 대해 해박한 지식을 갖고 있을 뿐 아니라 음악적 개념을 명확하게 이해하며 악곡이론에 대한 이해력이 돋보임.

< 교양교과 >

교과	과목	1 학 기		2 학 기		비고
		이수시간	이수여부	이수시간	이수여부	

교과	과목	1학기 성취도	1학기 석차(동석차수)/수강자수	2학기 성취도	2학기 석차(동석차수)/수강자수	비고
국어	국어	수	4(.)/161	수	8(.)/157	
사회(역사포함)/도덕	사회	수	4(.)/161			
사회(역사포함)/도덕	역사			수	5(.)/157	
수학	수학	수	20(.)/161	수	3(.)/157	

교과	과목	1학기 성취도	1학기 석차(동석차수)/수강자수	2학기 성취도	2학기 석차(동석차수)/수강자수	비고
과학/기술·가정	과학	수	1(3)/161	수	4(.)/157	
과학/기술·가정	기술·가정	수	10(.)/161	수	5(.)/157	
영어	영어	수	5(2)/161	수	1(2)/157	
선택	일본어	수	1(8)/161	수	1(4)/157	

과목	세부능력 및 특기사항
	국어 : 새로운 표현법을 지속적으로 탐구하는 노력과 대상을 관찰하는 날카로운 시선, 특히 인간 내면을 행위(이야기)로 전환 시키는 능력과 사물에 어린 문학적 무늬를 포착해내는 능력이 뛰어나 중학생으로서는 보기 드문 문학적 재질을 보여 줌. 사회 : 사회과학의 많은 분야에서 폭넓은 지식과 독서량으로 인해 교과서에 제시된 세계 각 지역의 생활에 대한 이해가 높으며 특히, 경제 발전과정 및 경제 현상에 대한 관심이 높음. 역사 : 역사적인 사건을 개별적으로 이해하기 보다는 시대의 큰 흐름을 이해하고 이를 통해 개별적인 사건의 의의를 해석하는 능력이 뛰어나며 역사에 대한 기본 지식이 풍부해 이해도가 높음. 과학 : 과학분야에 관심이 많아 각종 대회에 참가하는 적극성을 보이며 탐구실험에 관심이 깊은 학생임. 기술·가정 : 식품이력추적제도에 대한 발표 자료를 시각적인 요소를 적절히 가미하여 체계적으로 구성하였으며 발표자의 전달 능력도 뛰어남. 영어 : 문법성의 판단이 정확하고 빨라서 정확도가 매우 높은 문장을 구사하고 원어민 수준의 유창한 영어 구사력을 갖추었음. 일본어 : 의사소통 기능이 포함된 쉽고 짧은 글을 읽고 내용을 이해하는 능력이 뛰어나며, 히라가나와 가타카나가 사용된 문장을 읽고 쓰임의 차이를 말할 수 있음. 메뉴판 만들기 수업에서는 준비를 철저하게 하여 활동이 원활히 진행 될 수 있도록 하였음. 방과후학교 프로그램 독서논술반(80시간), 주제논술반(24시간), 바람개비 과학교실(20시간)을 수강함.

< 체육·예술(음악/미술) >

교과	과목	1학기 등급	2학기 등급	비고
체육	체육	우수	우수	

과목	특기사항
체육 : 도전정신이 투철하며, 승부의욕이 남보다 뛰어나고 모든 체육활동에 적극적임.	

< 교양교과 >

교과	과목	1학기 이수시간	1학기 이수여부	2학기 이수시간	2학기 이수여부	비고

[3학년]

교 과	과 목	1 학 기		2 학 기		비고
		성취도	석차(동석차수) / 수강자수	성취도	석차(동석차수) / 수강자수	
국어	국어	수	3(.)/157	수	1(4)/159	
사회(역사포함)/도덕	사회	수	4(.)/157			
사회(역사포함)/도덕	역사			수	13(4)/159	
수학	수학	우	23(.)/157	수	8(2)/159	
과학/기술·가정	과학	수	2(2)/157	수	1(8)/159	
과학/기술·가정	기술·가정	수	1(2)/157	수	22(2)/159	
영어	영어	수	4(.)/157	수	2(3)/159	

과목	세 부 능 력 및 특 기 사 항
국어	시사에 관심이 많고 이슈가 되고 있는 시사 주제에 대해서 논리적으로 정리하여 논설문 쓰기를 하고 있으며, 특히 ○○ 아고라 동아리활동에서는 주도적인 역할을 하며 토론 및 칼럼, 논설문 쓰기 등에서 자신의 능력을 발휘하고 있음.
사회	현대 사회의 정치 현상을 다양한 사례를 통해 특징을 파악하였으며 미등록 이주 아동의 교육권', 'SSM 입점 조례 제정', '그린벨트'를 둘러싼 문제에 대한 분석을 통해 정치적 사고력을 함양시켰음. 또한 정책이 국민 생활에 미치는 영향을 신문 및 언론 매체를 통해 파악하고 비판적으로 분석하는 능력이 뛰어남. 환경 신문 만들기 영역 중 사설 쓰기 부분에 있어 '정부, 두 마리 토끼 다 잡아주기'를 이라는 주제를 선정하여 개발과 보존의 균형에 대해 논리적으로 전개하였음.
역사	정조가 실시한 '금난전권의 폐지' 정책이 조선 후기 상업의 발전을 가져온 것을 토대로 최근 논쟁이 되고 있는 '대형마트와 기업형슈퍼마켓(SSM) 규제에 관한 법률'에 지대한 관심이 많고 우리나라 경제에 어떤 영향을 미칠지에 대해 경제 민주화와 중소상인의 보호 등을 근거로 하여 SSM 규제법이 한국사회의 성장이 될 수 있음을 논리적으로 서술함. 또한 5.16과 10.26 사건을 통해 혁명과 쿠데타의 차이가 국민의 지지에 있음을 알았으며, 정부의 어떤 정책이든 소수의 이익이나 개인의 영달을 위해서가 아닌 많은 국민들의 지지와 동의가 있어야 한다는 의견을 논리적으로 발표함. 국민들이 요구하는 소리에 귀 기울이고 그들을 위한 정책을 마련할 수 있는 인재가 되기를 기대해 봄.
수학	피타고라스 정리와 삼각비의 내용의 관련성을 이해하는 등 문제상황을 종합적으로 분석하여 문제를 해결하여 논리적으로 발표함. 자신의 생각을 수학의 용어와 기호를 정확하게 사용하여 표현하는 능력이 뛰어남.
과학	실험 기구 및 시약을 다루는 조작 능력이 우수하며, 주어진 자료를 해석하고 결론을 도출하는 능력이 뛰어남. 또한 보고서를 논리적으로 작성하는 능력도 훌륭함.
기술·가정	일반 주택과 공용 주택 구조의 문제점을 비교 분석할 수 있으며 이를 바탕으로 대안을 제시하는 능력이 탁월함. 동선을 이용한 미래 주택의 구조에 대한 자신의 의견을 잘 발표함.
가족생활주기 중 가족형성기의 소비생활과 관련된 재테크의 종류와 방법에 대한 프리젠테이션에서 경제생활과 관련된 본인의 풍부한 지식을 유창한 언어로 표현함으로써 학급 친구들의 큰 호응을 얻었으며, 능숙한 발표력이 타의 모범이 됨.
영어	영어 학습에 흥미와 열의가 많아 수업태도가 성실하고 적극적일 뿐 만 아니라 교내 영어 쓰기대회와 말하기대회에서 우수한 성적을 받을 만큼 전반적인 영어 능력이 탁월함. 수업시간에 이루어지는 활동에서 늘 다른 학생들을 배려하고 도와주는 모범적인 태도로 타의 모범이 됨.

< 체육 · 예술(음악/미술) >

교 과	과 목	1 학 기	2 학 기	비고
		등급	등급	
체육	체육	우수	우수	
예술(음악/미술)	미술	우수	우수	
예술(음악/미술)	음악	우수	우수	

과목	특기사항				
해당 사항 없음					

< 교양교과 >

교 과	과 목	1 학 기		2 학 기		비고
		이수시간	이수여부	이수시간	이수여부	

8. 독서활동상황

학년	과목 또는 영역	독서활동 상황
1	인문	(2학기)'엄마를 부탁해(신경숙)'를 읽고 '엄마'라는 존재에 대해 다시 한 번 생각해보게 되었고 부모님께 효도하게 됨.
	사회	(1학기)'세계를 가슴에 품어라(김의식)'를 읽고 세계 시민으로 살아가는 데에 꼭 갖추어야 할 자세와 21세기를 이끌어갈 진정한 리더십에 대해 깨닫고, 전 세계 인류를 위해 일하고 싶은 꿈을 갖게 됨. (2학기)'그건, 사랑이었네(한비야)', '시골의사의 아름다운 동행(박경철)', '지도 밖으로 행군하라(한비야)'를 읽고 소외된 계층에 대해 돌아보는 계기가 됨. 평소에 시사와 경제, 정치 부분에 관심이 많아 '경제야 놀자(팽일일)', '17살의 경제학(한진수)'을 읽음으로써 여러 경제 원리들을 깨우치게 됨. '닥치고 정치(김어준)'를 읽고 비판적 사고를 기르게 되었으며, 청렴하고 맑은, 그리고 진정으로 국민을 위하는 정치인이 되어 대한민국을 선진일류국가로 만드는 데에 큰 역할을 하겠다고 다짐. '펀 리더십(한광일)'을 읽고 21세기 사회가 요구하는 '리더'의 자질과 역할에 대해 이해하게 되었고 자신의 진로에 대해 진지하게 성찰하는 계기가 됨. 평소 세계 정세에 관심이 많아 추천받은 '나쁜 사마리아인들(장하준)', '정의란 무엇인가?(마이클 샌델)', '왜 세계의 절반은 굶주리고 있는가(장 지글러)'를 읽고, 약자를 대변하는 정의로운 삶을 살아야겠다는 자신의 의지를 굳힘.
2	인문	(1학기)'카인의 후예(황순원)'를 읽고 작품 속의 토지개혁이 마을 사람들간의 정다운 인정을 끊어놓 듯 현대사회에서 우리들간의 관계를 끊어놓은 요인들에 대해 재고해 보는 계기가 되었고 이에 이웃간의 좋은 관계를 유지하기 위해 노력하고 있음. '변신(프란츠 카프카)'를 읽고 인간 존엄성의 소중함을 깨닫게 되었을 때 가족들과 대화하는 시간이 늘어나게 됨. '무정(이광수)'를 읽으며 여러 등장인물간의 관계를 통해 수많은 인간관계가 교차하는 사회의 모습을 깨달았으며 한국의 당시 시대적 배경을 이해하게 됨. '파르타쁳의 모험(알퐁스 도데)'를 읽고 걱정 없는 즐거운 삶을 사는 것도 좋겠다는 생각을 하게 되었으며 '빌킨이야기(푸시킨)'을 읽고 서양문학을 새롭게 접하게 됨.
	사회	(1학기)'경제야 놀자(김성헌)', '경제와 금융(매일경제연구소)', '청소년을 위한 경제의 역사(박형사 피퍼)', '청소년들이 가장 궁금해 할 경제 상식(류대현)', '시골의사의 부자 경제학(박경철)'을 읽고 경제에 관한 전반적인 지식을 쌓게 되었으며 경제 및 시사 부문에 관심을 갖게 됨. '날려라 성봉수(정봉수)'를 읽고 정치 및 시사 부문에 보다 많은 관심을 갖게 되었으며 정치인의 꿈을 갖게 되는 계기가 됨. '오래된 미래, 라다크로부터 배우다.(헬레나 노르베리 호지)'를 읽고 지구의 환경문제와 세계화의 장점 및 단점에 대해 다시 한번 생각해보는 계기가 됨. '황허에 떨어진 꽃잎(카롤린 필립스)'를 읽고 입양아들을 배려할 줄 아는 마음가짐을 갖게 됨. '친구가 되어 주실래요?(이태석)'를 읽고 굶주림에 허덕이고 있는 사회적 약자들을 위해 일해야 겠다고 다짐하게 되었으며 자신의 용돈과 모아둔 돈을 상당량 기부하는 자선행위를 하기도 함. (2학기)'로마인 이야기(시오노 나나미)', '군주론(마키아벨리)'를 읽고 세계 정치사, 정치 전반에 대한 이해를 높였으며, '짜라투스트라는 이렇게 말했다.(프리드리히 니체)'를 읽고 사회과학, 철학, 사회학 분야에 많은 관심을 갖게 됨. '국가는 무엇인가?(유시민)'를 읽고 바람직한 국가의 모습과 다양한 정치판에 대해 다시 한번 재고해 보는 계기가 마련됨.
3	국어	(1학기)'상록수(심훈)'를 읽고 민중을 계몽시키고자 했던 지식인들의 삶, 특히 일제의 탄압에 저항한 동혁과 영신의 모습을 보며 큰 감동을 받았으며 대중을 위해 일하는 정치인이 되고자 다짐함. 평소 쉽게 접하지 못했던 세계문학에 대한 궁금증을 '동물농장(조지 오웰)'을 통해 해소하게 되었으며, 각 동물의 상징성을 이해하며 '비유'의 재미를 느낌.
	국어	'삼국지(나관중)'를 읽고 믿음과 신의를 바탕으로 한 사람 관계에 대해 알게 되었으며, 조금 예민한 성격을 소탈하게 바꾸려 노력함. '달라이라마 자서전'을 통해 달라이라마의 헌신적인 삶을 보며 스스로의 '인생 보물지도'를 꾸며보기도 함. '꿈꾸는 다락방(이지성)'에서 작가가 제시하고 있는 키워드인 'R=VD'를 통해 꿈을 향한 용기와 희망을 가지게 됨.

	사회	(1학기) '삼국유사(일연)'을 읽고 역사책을 통해 쉽게 접할 수 없는 다양한 설화에 대해 알게되어 전반적인 한국역사의 흐름을 쉽게 이해하게 됨.
3	과학	(1학기)'하리하라, 미드에서 과학을 보다(이은희)'를 읽고 일상생활에도 과학의 원리가 담겨 있다는 사실을 알게 되었으며, 평소에 보던 미국 드라마나 일상 생활에서 과학적인 원리를 찾아내려 노력하는 모습을 보임.
		(2학기)'하리하라의 과학 24시(이은희)'를 읽고 실생활에서 접할 수 있는 과학의 원리에 관심을 갖고 궁금한 내용을 직접 인터넷으로 찾아보기도 하며 적극적으로 호기심을 해결하려 함.
	미술	(1학기)'고흐 그림여행(최상운)'에 나와 있는 고흐의 작품을 사진으로 감상하며 고흐의 작품에 큰 관심을 가지고 고흐전을 관람하게 됨.
	음악	(1학기) 오페라의 역사를 읽고 다양한 종류의 오페라를 마인드맵을 통해 정리하며 평소 관심이 없었던 오페라에 대해 더욱 잘 알게됨.
	사회	(2학기)'희망을 심다(박원순)'의 저자인 박원순씨의 삶에 대해 읽으며 보이지 않는 곳에서 이 사회를 지탱하는데 기여하는 '소셜 디자이너'라는 역할에 대해 알게되었고 이를 계기로 NGO와 시민단체에관심을 갖게 됨. '무한한 상상력을 위한 크로스1(정재승, 진중권)'를 읽고 뭐든지 다양한 관점에서 이해해야한다는 점을 깨닫게 되었으며 미래에 다양하게 적용되는 정책을 기획하고자 하는 사람으로서 새로운 영역으로 관심분야를 확대하려 노력한 계기가 됨.

9. 행동특성 및 종합의견

학년	행동 특성 및 종합의견
1	학급의 총무부장(2011.03.02~2012.02.29)으로 활동하며 맡은 바 임무에 충실하고 학급 일에 자발적으로 참여했으며, 특히 자기주도적 학습시간에 타의 모범이 되게끔 행동하였음. 언행이 듬직하여 친구들로부터 신망이 두터우며, 설득력이 있어 지도력을 인정받고 있음. 외국에서도 뛰어난 재능을 가지고 있는 학생으로 해외 거주 경험을 토대로 중국어와 영어로 의사소통이 가능함. 자기관리에 철저하며 스스로 일을 처리하는 능력이 뛰어나고 매사에 꾸준하게 노력함. 이러한 자신의 능력과 소질을 잘 파악하여서 부모님과 함께 고민하고 결정한 진로에 확고한 의지를 가지고 열심히 노력하는 장래가 기대되는 학생임.
2	학생회 부회장으로서 뛰어난 리더십을 발휘하였으며, 스스로에 대한 믿음을 가지고 학업이나 학교 활동에 적극적으로 참여하는 학생임. 자신의 진로에 대한 뚜렷한 비전을 가지고 있어 이를 위해 준비를 하고 있음. 경제 및 정치 관련 서적에 대한 독서량이 많으며 경제적 요소와 정치적인 이슈 등에 관심이 많음. 사회 제반 현상에 대한 관심이 많고 이해도가 높아 꾸준히 정치적 현상이나 경제 현상에 집중해서 학업을 한다면 본인이 목표한 바를 이룰 수 있다고 여겨짐. 주변에 대한 폭 넓은 이해와 다양한 체험학습과 봉사 활동에 참여하여 부단한 자기 연마를 하고 있는 적극적인 학생임. 학교 생활에 있어서 모범적인 생활을 하고 있으며 교과면에서나 생활적인면에서 급우들로부터 신망이 두터운 학생임.
3	2013학년도 학생회 회장(2013.03.01~2014.02.07)으로서 본교 학생들이 보다 활발하게 학교에 참여할 수 있도록 학생들과 의견을 공유하며 틈새시간 활용 학교스포츠커뮤니티, 점심시간 HBS 라디오를 준비하여 학생들로 하여금 큰 반응을 불러 일으켰으며 학생이 주체가 될 수 있는 올바른 학교 문화 정착을 위해 리더십을 발휘하고 있음. (나눔) 3년여 동안 '천주교 수원교구 이주사목센터 엠마우스', '사단법인 여럿이 함께'에서의 정기적인 봉사활동을 통해 지역사회 취약계층이 처한 어려움을 접고 더불어 살아가는 삶의 소중함을 알게 되었으며 타인을 위한 나눔의 의미를 몸소 체험함. (협력)토론·논술동아리 '○○아고라'를 개설·운영하여 쟁점이 되고 있는 현안에 대해 본인의 의견을 논리적으로 제시할 뿐만 아니라 동아리 회원들과 함께 다양한 정보를 교류하며 서로 다른 의견에 절충할 줄 알며 함께 소통하는 법을 알게 됨. 그리고 본인이 정한 목표에 계획성 있게 실천하며 특히 HTS를 통해 유가증권시장에서 용돈을 직접 운용하는 등 서적을 통해 알게된 경제 지식을 현장에 적용하는 적극성을 보임. 또한 영어, 중국어의 회화 부분에 있어 수준급 실력을 자랑하고 있으며 특히 중국어의 경우 초등학교 시절 싱가포르에서 체류했던 기간동안 현지학교 학생들과의 원활한 소통을 위해 혼자 힘으로 중국어를 독학할 정도로 학구열이 높을 뿐만 아니라 목표로 한 것을 이루고자 하는 도전정신이 뛰어남. 자기주도적으로 학습 환경을 체계적으로 계획하고 있으며 계획한 바를 실천에 옮기는 성취욕구가 충만한 학생. 1학기 1차 정기고사에 실수가 있었던 부분을 인정하고 만회하기 위해 쉬는 시간 틈틈이 부족한 부분의 학업에 매진하는 모습. 본인이 원하는 진로에 도달하기 위해 경제 관련 서적을 정독하고 산업현장을 견학하는 등의 모습을 보면서 현재 위치 보다 앞으로 더욱 발전할 수 있는 학생이라 여김.

반면 만점에 가까운 내신 점수를 확보하며 합격 안정권이라 여겨졌던 학생의 경우 ○○외고 1단계 서류 심사에서 탈락하고 말았다. 이 학생은 학급 회장을 2년 이상 연속하였지만 공부 이외에 별다른 특이활동이 드러나지 않았다.

학교생활기록부를 보면 창의적 체험활동이나 교과학습발달상황의 내용과 기록 자체가 많지 않았다. 봉사활동의 경우도 칸이 빈 곳이 그대로 드러나는가 하면 내용에 있어서도 지속성과 일관성이 없었다.

독서활동도 평범한 수준의 책들이 학년별로 2권씩 소개되어 있는 정도였는데, 행동특성 및 종합의견도 형식적으로 적혀 있다 보니 내용이 부실해 보이기까지 하였다. 지역도 목동권이라 상급 학교가 선호하는 지역이었지만, 결국은 1차 서류전형에서 탈락하여 면접할 기회조차 얻지를 못했다.

이 학생이 실제 우수하지 못한 학생이라고 단정 지을 수는 없을 것이다. 또는 실제 활동과 달리 제대로 기록으로 반영되지 못했을 수도 있다. 그러나 학교생활기록부가 중요한 평가 영역이며, 성적 1, 2점보다 당락에 더 결정적인 영향을 미칠 수 있는 관리 대상이라는 점을 놓치고 있었기에 실패의 결과를 가져온 것이다.

이제 특목고·자사고 입시에서 더 이상 공부만 잘하는 학생들은 선발하지 않는다는 점을 유의하기 바란다. 결론은 학교생활기록부 관리에 만전을 기해야 한다는 것이다.

만점에 가까운 내신으로도 1단계 탈락한 학생 사례

실패 요인 : 모든 영역이 풍부하게 채워지지 않았음.

- 창의적 체험활동의 부실한 내용.
- 봉사활동의 지속성과 일관성 결여.
- 교과학습발달상황의 교과별 활동 부족.
- 독서활동 학년별 도서 2권만 기재.
- 행동특성 및 종합의견이 형식적이며 부실함.

구 분	수상명	등급(위)	수상연월일	수여기관	참가대상
교내상	2학기 우수상		2011.12.29	○○중학교장	전교생
	온독 독후활동 우수상		2011.12.29	○○중학교장	전교생
	진로찾기 대회	은상	2012.02.10	○○중학교장	전교생
	1학기 성적우수상		2012.07.20	○○중학교장	전교생
	1학기교과우수상(음악)		2012.07.20	○○중학교장	2학년
	2012년도 탐구보고서 발표대회 수상	동상	2012.10.11	○○중학교장	전교생
	2012 2학기 성적우수상		2013.02.07	○○중학교장	2학년
	2학기 교과우수상(과학, 기술·가정)		2013.02.07	○○중학교장	전교생
	2013 교내 독서논술대회	장려상	2013.05.31	○○중학교장	전교생
	2013 선유 독서 토론 대회	우수상	2013.06.21	○○중학교장	전교생

5. 진로희망사항

학년	특기 또는 흥미	진 로 희 망	
		학생	학부모
1	여러 사람들과 소통하며 자신의 주장을 발표하는 것	외교관	외교관
2	운동, 공부	의사	의사
3			

6. 창의적 체험활동상황

학년	창의적 체험활동상황		
	영역	시간	특기사항
1	자율활동	90	2학기 학급 회장으로써 책임감과 리더십을 가지고 축제와 학급 회의를 이끌어 감.
	동아리활동	34	(배드민턴반2) 민첩하고 운동 신경이 뛰어나며 시합을 즐기고 그 결과도 우수함.
	봉사활동		
	진로활동	25	
2	자율활동	64	2학기 학급 회장(2012.08.17~2013.02.07)으로서 책임감과 봉사정신을 가지고 급우들의 의견을 모아 학급 행사를 주도적으로 진행하며, 학급문제를 적극적으로 해결해 나가는 열정과 리더십이 돋보임.
	동아리활동	86	(탁구2반)(34시간)무역협회를 찾아 무역 특강을 통해 우리 나라 무역의 현실을 알고 무역 교육관 견학 및 무역센터 시설 견학을 통해 무역의 중요성을 인식함(2012.07.17) (줄넘기/학교스포츠클럽)(18시간)음악줄넘기 활동에서 흥미를 가지고 즐겁게 참여함 (사격/학교스포츠클럽)(34시간) 항상 열심히 하며 조준선을 잘 봄
	봉사활동		
	진로활동	7	(탁구2반) 무역협회를 찾아 무역 특강을 통해 우리 나라 무역의 현실을 알고 무역 교육관 견학 및 무역센터 시설 견학을 통해 무역의 중요성을 인식함(2012.07.17)
3	자율활동		

6. 창의적 체험활동상황

학년	영역	시간	특기사항
3	동아리활동		
	봉사활동	■■■■	
	진로활동		

봉사활동실적

학년	일자 또는 기간	장소 또는 주관기관명	활동내용	시간	누계시간
1	2011.03.04	(학교)○○중학교	봉사활동 사전 교육	1	1
	2011.05.03	(학교)○○중학교	이태석 신부 영상 감상 및 소감문 쓰기	1	2
	2011.06.03	(학교)○○중학교	시각,지체 장애인 인식 개선 체험 및 소감문 쓰기	3	5
	2011.09.02	(학교)○○중학교	봉사활동 홍보영상 관람(세상을 바꾸는 위대한 도전)	1	6
	2011.10.07 ~ 2011.10.08	(개인)간현 청소년 수련원 유원지	자부수련회 기간 중 자연보호활동 및 휴지 줍기	3	9
	2011.10.22	(개인)영등포경찰서 중앙지구대	사무실내 환경 정리 및 교통캠페인동	4	13
	2011.10.30	(개인)영등포경찰서 중앙지구대	사무실내 환경 정리 및 교통캠페인동	4	17
	2011.11.05	(학교)○○중학교	봉사활동 소감문 쓰기 및 평가	1	18
2	2012.03.15	(학교)○○중학교	봉사활동 기초교육	1	1
	2012.04.19	(학교)○○중학교	국립현충원 봉사활동에 대한 사전 안내 및 교육	1	2
	2012.04.19	(학교)○○중학교	묘역 정화 활동	3	5
	2012.05.17 ~ 2012.05.18	(개인)서울특별시학생교육원 퇴촌야영교육원	자연보호정화활동	2	7
	2012.09.09	(개인)서울영등포경찰서 중앙지구대	청사 내 외부 환경 정리정돈	4	11
	2012.10.10	(학교)○○중학교	쓰레기 줍기 등 환경 정화활동	1	12
	2012.10.10	(학교)○○중학교	봉사활동 소감문 작성 및 평가, 장애인식 개선 교육	2	14
	2012.12.22	(개인)서울영등포경찰서 중앙지구대	청사 내 외부 환경 정리정돈 및 교통보조	4	18
3	2013.03.11	(학교)○○중학교	봉사활동 사전교육	1	1

7. 교과학습발달상황

[1학년]

교과	과목	1학기 성취도	1학기 석차(동석차수)/수강자수	2학기 성취도	2학기 석차(동석차수)/수강자수	비고
국어	국어	수	4(.)/245	수	11(.)/245	
사회(역사포함)/도덕	도덕	수	5(2)/245			

교과	과목	1학기 성취도	1학기 석차(동석차수)/수강자수	2학기 성취도	2학기 석차(동석차수)/수강자수	비고
사회(역사포함)/도덕	역사			수	5(3)/245	
수학	수학	수	10(2)/245	수	34(3)/245	
과학/기술·가정	과학			수	16(.)/245	
과학/기술·가정	기술·가정	수	12(2)/245			
영어	영어	수	33(.)/245	수	9(.)/245	
선택	한문	수	7(6)/245	수	13(2)/245	

'1부능력 및 특기사항

과목
토론 : 탐구주제수업시 자신이 맡은 주제를 다양하고 성실한 조사를 통하여 문제의는 보고서를 작성하였으며, 발표력이 뛰어남.
역사 : 여름방학 방과후학교 수강
수학 : 여름방학 방과후학교 수강
수학에 대한 지적 호기심이 있으며 문제 해결력이 뛰어남.
과학 : 여름방학 방과후학교(과학1 심화) 수강
영어 : 여름방학 방과후학교 수강
보건 : 보건활동 전반에 적극적이고 진지한 태도로 임하였으며, 담배의 유해성과 세계 여러나라의 담배 광고를 통해 흡연문제에 대해 관심을 갖고 비판적인 사고로 논의하려고 함.
한문 : 성실한 수업태도를 갖고 있으며, 한문수업에 대한 참여도가 높고 학습능력이 뛰어남.
여름방학 방과후학교(독서토론논술반) 수강

< 체육 · 예술(음악/미술) >

교과	과목	1학기 등급	2학기 등급	비고
체육	체육	우수	우수	
예술(음악/미술)	미술		우수	
예술(음악/미술)	음악	우수		

과목	특기사항
해당 사항 없음	

< 교양교과 >

교과	과목	1학기 이수시간	1학기 이수여부	2학기 이수시간	2학기 이수여부	비고
선택	보건	17	이수			
선택	진로와직업			17	이수	

[2학년]

교과	과목	1학기 성취도	1학기 석차(동석차수)/수강자수	2학기 성취도	2학기 석차(동석차수)/수강자수	비고
국어	국어	수	5(4)/241	수	4(2)/242	

교과	과목	1학기		2학기		비고
		성취도	석차(동석차수)/수강자수	성취도	석차(동석차수)/수강자수	
사회(역사포함)/도덕	도덕			수	7(.)/242	
사회(역사포함)/도덕	사회	수	23(2)/241	수	25(.)/242	
수학	수학	수	16(4)/241	수	9(.)/242	
과학/기술·가정	과학	수	9(.)/241	수	2(4)/242	
과학/기술·가정	기술·가정			수	1(2)/242	
영어	영어	수	19(2)/241	수	17(.)/242	

세부능력 및 특기 사항
국어 : 특정 주제에 대한 정보 수집 및 정리 능력이 우수하며, 자신이 조사하고 정리한 내용을 말과 글로 표현하는 능력이 뛰어남.
도덕 : 도덕적 사고 능력이 뛰어난 학생으로 도덕적 활동상황에서의 원인 분석 능력이 뛰어나고 해결책을 찾는 능력이 돋보임.
사회 : 지리적 사고력이 뛰어나고, 사회 현상에 대한 판심이 많음.
과학 : 과학 실험에서 실험설계와 수행에 능력이 뛰어남.
기술·가정 : 기술교과의 이론과 실기 감각이 뛰어나고, UCC영상과 로봇팔 제작 능력이 매우 우수함.
영어 : 전반적으로 영어를 잘하며 특히 말하기 실력이 우수함.

< 체육 · 예술(음악/미술) >

교과	과목	1학기	2학기	비고
		등급	등급	
체육	체육	우수	우수	
예술(음악/미술)	미술	우수		
예술(음악/미술)	음악	우수	우수	

과목	특기 사항
체육 : 매사에 행실이 바르며, 운동을 함에 있어 상대방을 배려하는 마음을 지님.	

< 교양교과 >

교과	과목	1학기		2학기		비고
		이수시간	이수여부	이수시간	이수여부	

[3학년]

해당 학년의 자료가 없습니다

8. 독서활동상황

학년	과목 또는 영역	독서활동 상황
2	과학	(2학기)'과학,일시정지'를 통해서 과학 기술 발달에 따른 환경과 윤리문제에 대해 고민해 보는 계기가 되었음
	인문	(2학기) '마시멜로 이야기(호아킴 데 포사다)' 를 읽고 성공과 실패를 가르는 열쇠는 단순한 노력이나 뛰어난 머리가 아니라, '보상을 지연시키는 능력' 이라는 지혜를 얻게 됨.
2	사회	(2학기) '스티브 잡스의 프레젠테이션(김경태)' 을 읽고 재미있고 매력적인 프레젠테이션의 세계를 경험하였으며, 발표자와 청중 모두를 즐겁게 하는 프레젠터가 되고 싶다는 소망을 갖게 됨. '만화로 읽는 알콩달콩 경제학(정갑영)' 을 읽고 환율, 유가, 금리 등 평소 잘 알지 못했던 경제 용어들을 많이 익히게 되었으며, 주요 경제 지표를 통해 일상적인 경제 현상을 이해하는 눈을 갖게 됨. '여자라면 힐러리처럼(이지성)' 을 읽고 힐러리의 신념과 성공 비결을 엿볼 수 있었으며, 힐러리처럼 새로운 자신을 창조해 가는 태도를 갖겠다고 결심함.
	과학	(2학기) '청소년을 위한 유쾌한 과학 상식(한석미)' 을 읽고 책 속에만 과학이 있는 것이 아니라, 우리를 둘러싼 주변의 모든 것 속에 과학적 지식과 원리가 숨어 있다는 사실을 깨달았으며, 과학을 보다 가깝고 친근하게 느낄 수 있는 계기가 됨. '과학 콘서트(정재승)'를 읽고 과학은 자연과 인간을 대상으로 하는 학문으로 우리와 결코 멀리 있지 않으며, 세상 속에 만져지고 느껴지는 것들이 모두 과학임을 깨달음. 그리고 이를 통해 일상적인 사물과 사건들 뒤에 숨어 있는 본질을 보다 적극적으로 탐구하고자 하는 태도를 갖게 됨.

9. 행동특성 및 종합의견

학년	행동 특성 및 종합의견
1	성품이 바르고 주어진 일에 최선을 다하며 겸손함. 모범이 되며 친구들에게도 인기가 높음. 2학기 학급회장으로 친구들의 추천과 절대적 지지로 당선이 됨. 또래에 비해 집중력과 자기주도력 또한 높아 앞으로의 발전이 기대됨.
2	(자기관리) 생활 방식이 건강하고 활동적이어서 학급 분위기를 잘 이끌어가고, 급우들 사이에서 인기가 많음. 또한 수업 태도가 바르고 목표의식이 뚜렷하며 계획을 세워 성실히 공부하는 등 좋은 학습 습관을 갖고 있어 전교과 성적이 우수하며 앞으로의 발전도 기대되는 학생임.
3	

특목고·자사고가 원하는
학교생활기록부 ◀

그렇다면 학교생활기록부를 통해 어떻게 학생의 우수성을 드러낼 수 있을까? 우선 특목고·자사고 관계자들이 학교생활기록부에서 보고자 하는 것은 서울대 학생부종합전형의 평가 요소와 같은데 다음의 3가지이다.

첫째, 학업에 대한 성취와 태도, 열정이다.
둘째, 전공과 진로에 대한 관심, 호기심이다.
셋째, 인성, 사회성, 공동체 의식이다.

이 세 가지를 종합적이고 포괄적으로 보고 창의적 인재를 선발한다는 것이다.
그렇다면 특목고·자사고가 원하는 학교생활기록부는 어떠해야 할까?

첫째, 다양한 활동이 기록되어야 한다. 기존의 영어 능력이나 과학 특기도 경시대회 점수가 아닌 다양한 활동들을 통해 드러나야 한다. 뿐만 아니라 리더십을 발휘하는 활동이나 예체능을 포함한 특기 적성의 다양한 활동들도 반드시 필요하다.
둘째, 자신의 진로활동인 꿈과 끼에 관한 적극적인 활동을 드러내야 한다. 때로 '학교활동이 아닌데 이런 것까지 기술해도 되나?'라는 생각이 들 때도 있다. 그러나 적어도 진로활동만큼은 좀 더 적극적으로 찾아나서는 것이 좋다. 왜냐하면 학교에서 할 수 있는 진로활동은 극히 제한적이기 때문이다. 이 때문에 교육부가 인증하는 다양한 진로 체험활동 정보를 적극 활용하여, 자신의 진로와 분야에 적합한 활동들을 찾아나가는 자세가 필요하다. 꿈과 끼를 위한 다양한 활동은 교육부도 초·중·고를 연계하여 대입에 반영하라고 하였기에 특히 중요한 요소이다.

셋째, 역시 빼놓을 수 없는 것은 학업 능력이다. 상급 학교는 학업 능력이 우수한 학생을 뽑고 싶어하며, 실제 가장 관심 있게 보는 부분도 학업 능력이다. 단지 정량적인 성적에 목매지 말라는 것이지, 기본적인 학업 능력은 수준 이상이어야 하며, 또한 학업 능력에 있어 탁월함은 충분히 발휘될 수 있어야 한다.

넷째, 독서활동도 학생의 배경지식을 가늠하는 중요한 척도이다. 따라서 깊이 있는 독서는 필수이다. 교과와 관련된 독서는 물론이고, 자신의 진로와 관련된 독서 이력을 적극적으로 보여주는 것이 필요하다.

마지막으로 인성과 관련된 부분도 빼놓을 수 없다. 특히 위의 4가지가 아무리 우수하다 하더라도 인성에 문제가 있는 학생이라면 어느 학교라도 그 학생을 뽑고 싶어하지 않을 것이다. 예를 들어 학교생활기록부 행동특성 등에 '자신의 고집이 세고 주위와 화합하지 못하는 경향이 있음'이라고 기술된 학생이라면 인성에 문제가 있는 것으로 볼 수밖에 없다.

서울대학교나 특목고·자사고에 입학할 정도의 학생들은 어느 정도 사회적인 수혜를 입고 그에 따른 사회적인 책임을 질 줄 아는 엘리트 계층이다. 이런 인재들이 인성에 문제가 있으면 더 큰 문제를 야기할 수 있다고 보기 때문에 절대로 선발하지 않는다는 점을 명심해야 한다.

학업 우수성, 다양하게 표현할 수 있다 ◀

특목고·자사고에 합격한 학생들의 학교생활기록부를 살펴보면 비단 어학 인증 점수나 경시대회 수상 경력이 아니더라도 다양한 방법으로 자신만의 학업 우수성을 드러낸 사례들을 볼 수 있다.

예를 들어 "해외 거주 경험이 없으나 원어민 수준의 영어 능력을 갖추고 있다"거나 "원어민 선생님과 함께 교내 영어 뉴스 방송을 진행하였다"는 등의 내용이 있다. 이는 단순히 공인어학인증 점수가 아니더라도 다양한 학교 체험활동을 통해 기본적인 영어 실력을 갖추고 있음을 충분히 보여줄 수 있는 예이다.

봉사활동에서 "UN 및 국제기구 문서 번역"이라는 활동을 하였다면 이 봉사 내용만으로도 영어 실력의 우수성과 세계 시민으로서 공동체에 대한 관심까지 엿볼 수 있을 것이다.

어학이 특기인 학생의 경우 봉사활동이나 동아리활동도 자신의 특기를 살려 "○○가 주최하는 행사에서 영어 통역 봉사활동"을 한다든가, "○○시 문화원의 번역 활동 도우미 활동" "영자 신문반 동아리활동" 등으로 자신의 꿈, 진로와 연계된 봉사활동이나 동아리활동 같은 체험활동으로 일관되게 활동하고 기록하여 눈에 띄는 결과를 낼 수 있다.

어느 한 학생의 세부능력 특기사항을 보면, 국어 과목에서 "새로운 표현법을 지속적으로 탐구하는 노력과 대상을 관찰하는 날카로운 시선, 특히 인간 내면을 행위(이야기)로 전환시키는 능력과 사물에 어린 문학적 무늬를 포착해내는 능력이 뛰어나 중학생으로 보기 드문 문학적 재질을 보여줌"이라고 서술되어 있었다. 이렇게 적힌 내용은 사실 국어 내신 100점을 맞은 것보다 훨씬 더 국어에 대한 재질을 엿볼 수 있는 대목이다.

한 외고 관계자는 특히 담임 교사의 평가가 들어가는 종합의견을 주의 깊게 본다고 한다. "전 과목에서 최고의 성적을 거두고 있는 학생" "전 과목에서 타의 추종을 불허하는 학생" 등 학습적인 부분에 있어서 탁월함을 평가해줄 경우 학생의 활동 자료를 바탕으로 좋은 평가가 이루어진다고 한다.

학교생활기록부에서 가장 종합적인 행동특성 및 종합의견에 위에서 언급한 3가지의 중요 요소, 그러니까 학업에 대한 성취와 열정, 전공과 진로에 대한 관심, 인성·공동체 의식 등이 두루 언급되어 있다면 가장 이상적이다.

독서의 경우에도 학업 관련 독서와 진로 관련 독서를 적절히 나타낼 필요가 있다. 정신과 의사가 꿈인 한 학생의 학교생활기록부를 보면 "인문 분야에 많은 관심을 갖고 독서 습관이 잘 형성되어 있으며, 특히 자신의 희망 직업인 정신과 의사와 관련된 심리학 분야의 책에 관심이 높다. 무엇보다 책의 내용을 자기 삶과 연결시켜 내면화하는 능력이 돋보인다"는 평가가 눈길을 끈다.

"『심리학 오디세이(장근영)』『심리학의 즐거움(왕상동)』 등 심리학과 관련한 도서를 비롯해 다수의 영어 서적들을 읽고 영어 독해 능력을 꾸준히 배양하였으며, 영어 독후감 작성을 통해 영작문 분야에서도 높은 성취를 보였음"과 같은 평가를 얻은 학생은 진로에 대한 관심과 학업적 우수성을 독서를 통해 두루 드러낸 사례라고 할 수 있다.

하나의 스토리텔링으로
만들어라 ◀

물론 입시에서 가장 중요한 것은 학업 능력이다. 그러나 그 이상으로 중요한 것은 자신의 꿈을 위해 어떤 노력들을 하고 있으며, 그런 노력이 본인의 성장에 어떤 영향을 끼쳤는지를 보여주는 것이다.

특히 지원하게 된 동기나 학습 과정, 진로 계획, 독서활동, 체험활동, 봉사활동, 인성활동 등을 하나의 스토리텔링으로 만들어 종합적으로 보여줄 수 있는 것이 바로 학교생활기록부이다. 학교생활기록부를 통해 나만의 차별화된 열정과 우수성을 보여줄 수 있다는 점을 명심하면서 목표를 향해 차곡차곡 준비해나가는 자세가 필요하다.

필자가 학생이나 학부모와 상담하면서 느끼는 안타까움은 대부분의 학생이 중학교 3학년부터 서류 준비를 한다는 점이다. 대부분의 특목고와 자사고는 8가지 내외의 항목을 평가한다. 평가 항목을 살펴보면 '매우 우수'인 A와 '우수'인 B는 종이 한 장 차이다. 일례로 인성 및 진로적성 항목의 평가 기준을 보면 '해당 진로와 관련한 활동을 오래한 경우'는 A, '해당 진로와 관련한 활동을 짧게 한 경우'는 B다. 아무리 우수한 학생이라도 이런 점을 간과하고 꾸준한 준비가 뒷받침되지 않으면 손해를 볼 수 있다는 사실을 유념해야 한다.

보통 한 학년을 기준으로 마무리하는 학교생활기록부는 다음 연도 2월 중에 마무리된다. 그렇기에 그 전에 학교생활기록부를 살펴보고 혹시 누락된 부분은 없는지, 나의 학교생활이 충실하게 반영되었는지 체크한 후, 부족한 부분을 보충하도록 하자. 체계적으로 완성된 학교생활기록부와 이를 바탕으로 진솔함이 드러나는 자기소개서, 배경지식과 콘텐츠가 있는 면접 대비가 특목고·자사고 백퍼센트 합격의 지름길임을 명심하자.

chapter 03

자기소개서,
진솔한 나만의 이야기를 써라

>>>>>

2015학년 고입부터 내신 성취평가제가 도입되면서, 외고 입시는 3학년 내신에 한해 석차 등급을 반영하는 특징이다. 내신이 영어에 국한되면서, 자소서와 면접의 중요성이 더 부각되는 상황이다. 성취평가제 적용으로 인해 1단계 통과자의 성적 변별력이 떨어진다는 점을 감안한다면, 실제 당락은 서류를 바탕으로 한 면접에서 갈릴 가능성이 크다. 이는 전국 단위 자사고 역시 마찬가지다. 면접 질문 문항은 자기소개서 내용을 토대로 제시되므로, 면접 대비와 함께 본인만의 재능과 우수성, 발전 가능성을 입학담당관들에게 보일 수 있도록 자기소개서 작성에도 신중을 기해야 한다. 특히 자기소개서에 영어 등 각종 인증 시험 점수나 경시대회 입상 실적을 쓸 경우 0점 처리로 규제가 한층 강화되어 세심한 주의가 필요하다.

자기소개서는
학교생활기록부를 기반으로 ◀

　2011년 입시에서 자기주도학습전형이 처음 도입된 이래 자기소개서 양식은 매년 조금씩 변화해 왔는데, 2016년 자기소개서는 띄어쓰기 미포함 1500자 서술로 바뀌었다. 주의할 점은 각 학교별로 문항을 세부적으로 나누어 글자 수를 달리 할당할 수 있기 때문에 본인이 지원하고자 하는 고교의 전형을 꼭 확인해야 한다. 2016학년도 외고 입시에서는 교사 추천서를 없애거나 양식을 대폭 수정한 학교가 많았기에 지망 학교의 교사 추천서 제출 여부와 자기소개서 양식도 체크해 볼 필요가 있다.

　다음은 교육부에서 발표한 외고, 자사고 표준 자기소개서 양식이다.

> • 본인이 스스로 학습계획을 세우고 학습해 온 과정과 그 과정에서 느꼈던 점, 학교 특성과 연계해 지원 학교에 관심을 갖게 된 동기, 고등학교 입학 후 자기주도적으로 본인의 꿈과 끼를 살리기 위한 활동계획 및 고등학교 졸업 후 진로계획에 관하여 구체적으로 기술하십시오.
>
> • 본인의 인성(배려, 나눔, 협력, 타인 존중, 규칙 준수 등)을 나타낼 수 있는 개인적 경험 및 이를 통해 배우고 느낀 점을 구체적으로 기술하십시오.

　꿈과 끼 영역으로 바뀌면서 기존의 학교 특성이나 건학 이념과 연계하여 지원 학교에 관심을 갖게 된 '지원 동기'와 함께 본인의 꿈과 끼를 살리기 위한 '활동 계획과 진로 계획'이 추가되었다. 또한 인성 영역에서는 본인의 인성을 잘 보여주는 개인적인 경험과 이를 통하여 배우고 느낀 점을 표현하도록 했다.

자기소개서를 작성할 때 유념해야 할 점은, 자기소개서에 서술하는 내용은 학교생활기록부에 기록되어 있는 내용을 바탕으로 보완하고 부연하는 것이라는 점이다. 따라서 학교생활기록부에 없는 내용을 억지로 적으려 할 필요가 없다. 오히려 학교생활기록부에 있는 내용을 보충하여 그 발전 과정과 일화, 본인만의 스토리를 좀 더 보충하여 진정성을 획득하는 의미로 받아들이는 것이 좋다. 결국 자기소개서는 학교생활기록부를 기반으로 쓰는 것이 높은 점수를 얻는 지름길이다.

외부 스펙 표기는
0점 처리 ◀

가장 주의해야 할 부분은 바로 외부 스펙이다. 자기소개서에 적으면 안 될 요소들을 각별히 신경 써야 한다. 각종 스펙에 해당하는 인증 시험이나 경시대회의 입상 실적을 표기할 경우, 아예 0점 처리 대상이 된다. 0점 처리될 경우 탈락이 확정되기에 우회적인 표현이라도 외부 스펙은 절대 기입하지 않도록 한다.

다음은 한 외고 입시에서 외부 스펙으로 인해 감점이 된 사례들이다.

"영어 논술 능력 개발을 위해 해마다 국제 논술 대회들에 참가해 창의적인 아이디어로 의견을 논리적으로 전개해 으뜸가는 성과를 거둠."

"매일 수능 수준의 단어 암기를 해온 덕분에 대회에서 장려상을 수상함."

"○○ 영어 토론대회에서 ○○ 주제의 반대 의견으로 우승함."

"민사고 수학경시, 성대 수학경시 기출문제를 꾸준히 풀며 심화공부를 하여 수학적 추론 능력과 문제해결 능력을 향상시키고 교외 시험에 응시하여 객관적 실력을 점검함."

"영어를 열심히 공부하여 외국 대학에서 수업을 들을 정도의 실력을 쌓음."

금기사항은 구체적으로 토익, 토플, 텝스, 테슬TESL, 토셀TOSEL, 펠트PELT, 중국어능력시험HSK, 일본어능력시험JLPT 등 각종 어학 인증 시험 등이다. 여기에 더해 한국어, 한자 등의 능력 시험 점수도 기재 금지사항이다. 각종 경시대회 입상 실적 및 영재교육원 교육·수료 여부 등도 적어서는 안 된다.

특히 부모의 사회·경제적 지위를 암시하는 내용이 들어가면 무조건 감점 처리된다. 부모의 구체적인 직장명이나 직위, 소득 수준, 골프, 승마 등과 같은 고비용 취미활동, 학교에서 주관하지 않은 프로젝트활동 등도 기재하면 안 된다. 이를 어기면 10% 이상 감점을 받는다는 점도 꼭 기억하길 바란다.

– 중학교 1학년 때 처음…… 매진한 결과 850점을 얻으며……

– 중학교 2학년 겨울방학 중 ○○에서 주최하는 ○○경시대회에 참가해……

– 어렸을 적부터 영어 공부를 열심히 하여 영어 인증 시험에서 최고 수준에 도달하였고……

– ○○지검 검사장이신 아버지를 따라 어렸을 때부터 법조인의 꿈을……

▶ 기재해서는 안 되는 간접적·우회적 진술 예시

– 열심히 준비하여 영어 인증 시험에서 최고 수준에 도달하였음.

– 각종 대회에 출전하여 매우 우수한 결과를 얻었음.

– 기타 배제사항을 우회적으로 표현한 문구 일체.

나만의 지원 동기를 명확히 할 것 ◀

자기소개서를 쓰기 전에 가장 먼저 해야 할 일은 지원하는 곳에 대해 정확히 알고 나만의 지원 동기를 명확히 하는 것이다.

학교 관계자들은 자기소개서를 보며 왜 해당 학교에 지원하는지 알고 싶어한다. 여기에 더해 실질적으로 어떤 노력을 하고, 성취한 것이 무엇인지도 알고 싶어한다.

대부분의 특목고나 자사고는 각 학교에서 원하는 인재상이 따로 있다. 그것에 대해 먼저 파악한 후 지원하는 학교의 특성을 정확히 알아본다. 이와 함께 내가 왜 그 학교를 가고 싶은지 지원 이유를 명확히 할 필요가 있다. 이때 누구나 다 생각할 수 있는 막연하고 특징 없는 지원 동기보다는, 나만의 특별한 동기가 있다면 좀 더 설득력 있게 다가갈 수 있을 것이다.

지원 동기를 좀 더 명확히 하기 위해서는 가고자 하는 학교를 미리 탐방해보는 것도 도움이 된다. 막연하게 "좋은 학교에 가고 싶다"라는 생각을 넘어서, 직접 학교를 방문해보고 이야기를 듣다보면, 아무래도 머릿속으로 떠올렸던 것보다는 좀 더 명확한 지원 동기를 찾게 될 것이다.

다음 한 학생의 자기소개서 지원 동기를 참고해보자.

"국제통상 외교전문가가 꿈인 저는 거시경제학을 공부하면서 진로를 준비하였습니다. 그리고 ○○학교의 탐방 기회가 생겼고, 진로에 필요한 프로그램과 동아리, 방과 후 학습, 연구논문활동, 스터디 그룹 등이 어떻게 구성되어 있는지 확인하고자 학교 탐방에 참여하게 되었습니다. 학교 선생님과의 질의문답 시간을 통해 저의 꿈과 끼를 위한 프로그램이 준비되어 있음을 확인할 수 있었습니다."

앞으로의 비전과
노력한 과정을 써라 ◀

자기소개서를 쓸 때 또 하나 중요한 것은, 앞으로의 비전과 이를 위해 노력해온 과정을 꼭 쓰라는 것이다. '학습 과정 및 진로 계획'을 쓸 때에는 지원 학교에 가서 어떤 비전을 갖고 자신의 꿈과 끼를 키워나갈 것인지, 또 이 학교에 지원하기 위해서 어떤 노력을 했으며, 그 노력의 과정이 어떠했는지 구체적으로 쓰는 것이 중요하다.

구체적으로 쓰기 위해서는 중학교 시절과 고등학교 이후로 나누어 생각해보는 것이 도움이 된다. 먼저 중학교 시절 이 학교를 지원하게 된 과정을 떠올려보면 내가 목표를 위해 어떤 노력을 했는지 보다 구체적으로 드러날 것이다. 또 고등학교 졸업 후 내가 꿈꾸는 나의 미래를 떠올리며 미래 비전과 진로 계획을 생각해볼 수 있다. 이를 통해 좀 더 체계적이고 구체적인 자기소개서를 완성할 수 있을 것이며, 이는 플러스 점수 획득으로 이어질 것이다.

예를 들어보자.

"우선 영어에 익숙해지기 위해 간단한 문장 패턴들을 정리하고 반복해 외운 후, 친구들과 대화를 통해 영어를 공부했습니다."
"규칙적으로 에세이를 써서 영어 선생님과 검토하고 보완할 내용도 지도받았습니다.
"서울대학교 사회과학대 외교과에서 국제법, 국제정치, 세계사, 세계경제를 공부하면서 외교관이 되기 위한 지식을 쌓을 것입니다. 외교관이 된 후에는 빠르게 변해가는 세계의 정치·경제 상황을 분석하고 이러한 정보를 국익을 위해 활용할 것입니다."

인성, 성장 일화를 통해
자연스럽게 설득해야 ◀

인성 부분을 쓸 때에 많은 학생들이 오해하고 실수하는 부분이, 바로 본인의 인성을 자신이 설명하는 형태로 쓰는 것이다. 마치 선생님이 평가하듯이 "나는 공동체성이 뛰어나고, 사회성이 뛰어나다"는 식으로 표현하며 기본적인 정보만을 나열하는 경우다. 솔직히 이런 표현은 읽는 이를 민망하게 만들 뿐이다.

상급 학교에서 원하는 것은 실제 겪었던 일화를 통해 그 사람의 성정을 들여다보고 싶은 것이다. 예를 들어 성장하는 과정에서 나에게 영향을 주었던 사건이나 에피소드, 또 그것이 구체적으로 어떤 변화를 가져왔는지 쓰는 것이 중요하다. 이때 성장 과정을 쓰면서 내가 그 학교에서 원하는 인재임을 자연스럽게 드러내는 것이 핵심이다.

▶ 잘못 작성된 사례
"이러한 갈등 과정을 통해 오히려 서로 간의 배려와 타인 존중의 중요성을 알 수 있었습니다."

"타인과 공동체를 우선하게 된, 변화된 저를 보며 뿌듯함을 느낍니다."

"학교에서와는 다른 나눔과 배려의 기쁨을 통해 보람을 느꼈습니다."

"이러한 인식을 통해 타인 존중과 서로 간의 규칙 준수가 중요하다는 것을 다시금 깨달을 수 있었습니다."

▶ 인성 부분 잘 쓴 예

'일진' 김종우와 의형제가 되다

평상시 친구들을 괴롭히고 수업을 방해하는 '일진'이었던 김종우라는 친구가 있었습니다. 모두에게 공포의 대상이었습니다. 6개월이 지난 1학년 2학기 때에야 종우에게 부모님이 계시지 않음을 알게 되었고 할머니와 둘이서 어렵게 생활하고 있다는 것을 알았습니다. 아버지께 말씀드려 의형제를 맺고 매주 휴일이면 우리 집에서 함께 생활하며 여행도 하고 외식도 함께 다녔습니다. 차차 종우의 생활이 변화되었고 3학년 1학기 말에는 선행상을 받았습니다. 이 일을 통해 가정환경의 소중함과 가족의 사랑이 무엇인지를 알았고, 종우의 거친 행동이 세상에 대한 불만의 표현이었음을 알게 되었습니다.

사람들은 천편일률적인 이야기보다는 세상에 하나뿐인 이야기를 듣고 싶어한다. 에피소드 중심의 차별화된 표현과 단순히 실적의 나열이 아닌 과정과 진솔한 내용을 중심으로 작성한다면, 누구나 읽고 싶은 매력적인 자개소개서를 작성할 수 있을 것이다.

교육부가 입시개정안을 발표하며 가장 강조한 부분은 사교육을 통해 성적만 좋은 학생이 아닌, 전문 분야에 대한 꿈과 재능을 키우고 다양한 경험과 사고력을 갖춘 통합형 인재들이 선발될 수 있기를 바란다는 것이었다. 이 점을 인지하고 자신만의 스토리를, 자신의 글과 말로 표현할 줄 아는 학생들에게 기회의 폭이 넓어질 것이다.

chapter 04

당락의 가장 큰 변수,
면접

>>>>>

"내신보다는 서류와 면접이 합격의 중요요소였다. 성취평가제 도입 이후로는 더욱 강화될 것이다." — 수도권 한 자사고

"내신의 변별력이 사라졌기에 면접의 비중이 절대적이 되었다. 학교생활기록부의 서류 비중도 더욱 커졌다." — 경기도 한 외고

성취평가제가 도입되면서 전형 1단계를 통과한 다수의 학생은 내신의 차이가 거의 없는 상황이 벌어지고 말았다. 이에 따라 2단계의 학교생활기록부를 중심으로 한 서류 평가와 면접이 합격의 당락을 결정하는 가장 중요한 요소가 되었다.

합격의 당락을 결정하는 요소에서 서류가 40%라고 하면, 면접은 60% 정도로 중요하다. 사실상 내신이 무력화된 가운데 면접은 학생의 우수성을 평가하는 가장 중요한 요소이기에 대부분의 학교들이 면접을 강화할 것으로 예상된다.

막판 뒤집기, 면접! ◀

면접의 비중이 커지면서 최근에는 내신을 1-1-1-1등급을 받고서도 면접을 망쳐 불합격하는 사례가 나오고 있다(아래 표 참조).

내신 vs 서류·면접

내신	내신(160점)	서류 면접(40점)	합계(200)
1-2-2-2	155.2	36	191.2 → 합격
1-1-1-1	160	29.4	189.4 → 불합격

면접은 현행과 같이 자기주도학습 영역(꿈과 끼 영역)과 인성 영역으로 구분해 시행된다. 자기주도학습 영역에서는 자기주도학습 과정, 진로 계획 및 지원 동기, 독서활동 등을 평가한다. 인성 영역은 학교생활기록부, 자기소개서에 기록한 활동을 통해 배려, 나눔, 협력, 규칙 준수 등을 평가한다.

❯ 자기주도학습 영역(꿈과 끼 영역) (30점)

- 자기주도학습 과정 : 학습을 위해 주도적으로 수행한 목표 설정·계획·학습 그리고 그 결과 평가까지의 전 과정(자유학기제 기간 동안의 꿈과 끼를 살리기 위한 활동 및 경험)

- 지원 동기 및 진로 계획 : 학교 특성과 연계해 지원 학교에 관심을 갖게 된 동기, 꿈과 끼를 살리기 위한 활동 계획과 진로 계획

❯ 인성 영역 (10점)

- 핵심인성 요소에 대한 중학교 활동 실적 : 자기소개서, 학교생활기록부의 행동특성 및 종합의견, 교사 추천서에 기재된 핵심인성 요소에 대한 중학교 활동 실적

- 인성 영역 활동을 통해 느낀 점 : 중학교 활동을 통해 배우고 느낀 점

　　자기주도학습전형으로 진행되는 고입 입시의 관건은 면접이다. 이미 절대평가로 바뀐 중학교 내신으로 인해 내신의 영향력은 상당히 줄어들고 학교생활기록부와 자기소개서를 토대로 한 면접에 무게가 실려가는 양상 때문이다. 대부분 면접 시간이 10분 이내로 짧은 점을 고려해 1개의 면접실에서 면접을 치르지만 학교에 따라 지원자를 다각도로 검증하기 위해 2~4개의 면접실을 운영하기도 한다.

　　통상 면접관이 질문을 학생에게 구두로 질문을 하는 방식이지만 일부 고교는 학생에게 질문지를 주고 답변을 생각하는 시간을 부여한

다음 답변을 요구하기도 한다. 공통문항을 활용하는 경우 질문지를 부여하고 생각하는 시간을 부여하지만 개별문항만 활용하는 경우에도 사전 구상 시간을 부여하기도 한다. 질문지는 부여하되 대기실에서 면접 문항을 부여하지 않고 면접실에서 제시한 후 그 자리에서 답변을 요구하는 경우도 있다. 시험 당일 면접 운영 방식에 따라 답변 준비 가능 여부가 갈리는 만큼 반드시 파악해둬야 한다.

면접 평가 기준이 강화되면서 배경지식과 스토리가 있는 답변이 필요하다. 또한 실생활에서 접할 수 있는 수학·과학적인 현상을 알고, 이와 연관된 개념 등을 익혀야 한다. 이런 면접에 대해 토론이 되었든, 발표 형식이든, 문답식이든 반드시 명심해야 할 점은, 배경지식이 있는 학생이 절대적으로 유리하다는 것이다.

면접에도 배경지식과
스토리가 중요하다 ◀

면접은 단순히 말 잘하는 학생을 선발하는 것이 아니다. 말 잘하는 아이를 뽑았더니, 실제 학업 우수성이나 창의력, 잠재력과는 별 관계가 없더라는 이야기가 심심치 않게 들렸다. 면접 역시 풍부한 배경지식이 있어야 가능하며, 스토리가 있는 답변이 설득력을 담보할 수 있다는 이야기다. 이제 면접이 자기소개서를 확인하는 수준은 지났다. 깊이 있는 독서와 학문적 탐구력을 바탕으로 배경지식이 있는 학생들이 면접에 있어 실력을 드러낼 수 있다.

먼저 본인의 학교생활기록부나 자기소개서에 적혀 있는 꿈과 끼 활동이나 진로와 관련하여 풍부한 배경지식이 있어야 한다. 이때 다양한 자율, 동아리, 봉사, 독서활동 등이 자신의 꿈을 위한 활동들로 유기적으로 연관되어 있는가도 중요하다. 배경지식 다음으로 중요한 것이 스토리이기 때문이다.

학교생활기록부나 자기소개서와 같은 서류뿐 아니라 면접에서도 스토리가 있어야 한다. 예를 들어 생명공학자가 꿈이라고 한다면 진로를 정하게 된 동기나 꿈을 이루기 위한 다양한 활동과 노력들이 드러남과 동시에 전공 분야와 관련된 깊이 있는 배경지식, 그리고 인성이나 사회성, 공동체 의식까지 유기적으로 연결되어야 한다. 각각이 훌륭함에도 불구하고 유기적으로 이어지는 스토리가 없으면 인위적인 느낌이 난다.

외고나 자사고의 개별면접 문항 중 진로와 관련된 사항에서 아래와 같이 연관된 질문을 생각해볼 수 있다.

❯ 꿈이 의사인 경우

의사가 모든 질병을 다 고칠 수는 없다. 본인의 능력과 과학기술의 한계를 느끼는 상황 속에서 차츰 건강이 악화되어가는 환자에게 의사로서 어떤 내용의 위로와 격려를 해주고 싶은지 이야기해보세요.

❯ 꿈이 외교관인 경우

다자외교의 전문가로서 자국의 이익 추구와 약소국의 권력 침해가 상충할 때 지원자는 어떤 태도로 외교적 역량을 펼치고 싶은지 이야기해보세요.

❯ 꿈이 마케팅 전문가인 경우

마케팅의 핵심이 소비자에게 상품의 좋은 점을 효과적으로 전달하는 것이라고 할 때, 그 부분에서 자신을 면접관에게 마케팅해보아라.

독서활동의 경우 좀 더 심도 깊은 질문을 한다는 것을 염두에 두고, 평소 독서활동을 통해 배경지식을 쌓고 자기만의 생각을 표현할 수 있는 연습을 하도록 노력해야 한다.

"학생은 국제 분쟁에 관한 책을 읽었다. 학생이 생각하기에 국제 분쟁으로 이득을 본 2가지 사례는 무엇인지 들어보아라."
"『심리학이 어린 시절을 말한다』를 읽었다. 어떻게 하면 트라우마가 있는 사람들이 나아질 수 있는지 어러분의 의견을 말해보아라."

더구나 요즘 학교생활 시 생기는 갈등을 지혜롭게 해결할 수 있는 방법 등에 대한 질문도 나온다. 한성과학고의 경우 '팀별 과제를 할 때 비협조적, 비협력적인 팀원이 있다면 어떻게 할 것인가'라는 질문이 있었다. 여러 가지 상황에 대해 생각해보고 자신의 의견을 정리하는 연습이 필요하다.

개별면접 문항은 학생 본인이 작성한 학교생활기록부나 자기소개서를 기반으로 출제하지만 공통면접 문항은 어떻게 준비해야 할까? 이 역시 전공 분야와 관련하여 충분히 배경지식을 쌓는 것이 정답이다.

예를 들어 다음은 상산고의 집단토론 면접 문항이다.

> **남학생 집단토론**

우리나라에서 판매하는 탄산음료나 패스트푸드에 대해 죄악세를 부과해야 하는가?

> **여학생 집단토론**

(사회 발전 과정에 대한 지문을 제시한 후) 사회 진화론과 사회 순환론이라는 두 관점 중에서 선택하여 의견을 전개하라.

그동안 상산고의 집단 토론 문항에는 시사적 요소가 포함된 경우가 많았다. 시사적 요속 포함되어 있을 뿐 사실 관계를 아느냐 모르느냐 따위의 내용을 묻지는 않기 때문에 평소 굵직한 시사 이슈에 대해 찬반 입장과 그 근거를 정리해두는 사고력 훈련을 해두는 것이 좋다. 집단 토론 형식에 익숙해지기 위해서는 평소 찬반이 명확하게 갈리는 토론 프로그램을 보는 것도 좋겠다.

다음은 용인외대부고의 과정별 공통 면접 문항이다.

▶ 인문사회 과정

우리 사회는 (　　　)이다. 공동체는 (　　　)를, 개인은 (　　　)를 길러야 한다. 왜냐하면 (　　　) 때문이다.

▶ 자연과학 과정

과학(기술)의 가치를 다음과 같은 단위를 이용하여 설명하시오.

(시간, 용량, 길이, 넓이 등 지원자의 선택)

▶ 국제 과정

현대 사회는 (　　　)이다. 우리 사회는 (　　　)해야 한다. 개개인은 (　　　)해야 한다. 왜냐하면 (　　　) 때문이다.

개별 면접 문항은 맞춤형으로 정조준된 질문을 통해 지원자의 역량이나 가치관을 확인하고자 한다면, 공통 면접 문항이 넓은 범위의 질문을 통해 지원자의 역량이나 가치관을 확인하려는 것이다. 용인외대부고 공통 문항은 빈칸 채우기 형태가 몇 년째 유지되고 있는데, 이러한 유형의 질문은 자신의 진로와 연결시킬 수 있는 꺼리를 찾아 연결시키는 방법이 있다. 지원자가 수행한 행위 중 진로와 연관된 독서나 활동이 가장 많을 것이다. 자신의 아카데믹한 역량을 드러내기 좋은 방법이기도 하다.

공통면접 문항 특징은 정답이 없다는 것
기발하면서도 논리적 답변이 좋은 점수 ◀

공통문항들의 특징은 정답이 없다는 것이다. 문항을 살펴보면 영역별로 충분히 배경지식을 가지고 창의적인 답변을 유도하는 문항이었다. 그래서 면접관들이 생각하지 못했던 부분을 나름대로 논리성을 가지고 접근하여 자신의 생각을 풀어낸 학생들이 더 좋은 평가를 받았다고 한다. 이러한 공통면접 문항을 준비하기 위해서는 평소 영역별로 충분한 배경지식을 익히면서 자신의 생각을 정리하고 답변할 수 있는 훈련이 필요할 것이다.

다음은 필자가 뽑아본 공통면접 예시 문항이다.

▶ 자연과학 과정

1. 고용노동부와 미래창조과학부, 교육부는 창조경제를 견인할 창의적 육성방안을 8월 7일 발표하였습니다. 이공계 전공자가 인문학 과목을 수강할 수 있도록 대학 융합강좌를 개설할 계획이라고 하였습니다. 대학 융합강좌가 필요한 이유를 창조경제와 관련하여 설명해보세요.

2. 대학수능시험에서 문·이과 융합 안이 거론되고 있습니다. 문·이과 융합 안이 시행되었을 경우 생길 수 있는 장점과 단점을 말해보세요.

3. "Several cabs and a score of car were parked outside."

"택시 몇 대와 자동차 스무 대 정도가 밖에 주차되어 있었다"와 같은 문장에서 20을 말할 때 score를 쓰기도 합니다. score를 통해 알 수 있는 사실을 설명해보세요.

▶ 인문사회 과정

1. 우리나라가 도덕적 위기 현상을 겪는 원인을 제시하고 학교 교육에서의 해결방안을 말해보세요.
2. 갈등을 피하고 안정과 질서를 선호하는 도덕 교과서가 정당한 지에 대한 자신의 생각을 말해보세요.
3. 청소년 및 성인들을 대상으로 최근 스마트폰을 이용하여 게임을 즐기는 사람들이 많습니다. 사람들이 게임을 좋아하고 빠져드는 이유를 현대 사회의 구조와 문화적 특징을 연결하여 설명하시오.

대입 학생부종합전형
백퍼센트 합격 전략

>>>>>

자신의 진로나 스토리에 걸맞은 활동이 무엇인지 살펴보고 고등
학교 생활의 로드맵을 미리 짜보는 것이 대입 준비를 위한 첫걸
음이라고 할 수 있다. 그러고 나서 자신의 진로에 맞는 교내 활동
과 교내 수상 실적을 최대한 추가해 우수성을 입증한다면 학생부
종합전형은 결코 어렵지 않을 것이다.

대학에서 원하는
학생부종합전형에
적합한 인재는?

chapter 01

대학은 이런 학생을 원한다

>>>>>

한국대학교육협의회가 발표한 2018학년 대입에서는 수시 확대와 정시 축소, 학생부 중심 전형 확대, 논술 축소 흐름이 지속적으로 이어지면서 수능 영어 절대평가 실시로 인해 대학별 영어 점수 반영 방법, 수능최저 활용 여부 등에서 차이를 보일 것이다. 2018학년도 전체 모집 인원은 2017학년도보다 감소했다. 그러나 수시 모집 인원은 전년 대비 3.8% 증가했는데, 전체 모집 인원의 73.7%를 수시 모집에서 선발한다. 이 중 학생부종합전형의 경우 전년 대비 11,130명 증가했다. 학생부종합전형 선발 인원 증가에 따라 학생부 위주 전형이 차지하는 비율은 전체 모집 인원의 63.9%인 225,092명으로 대입 전형에서 학교생활기록부의 영향력은 더 이상 말할 필요도 없다.

이 책에서는 서울대의 대입 전형을 중심으로 앞으로 대학들이 학생부종합전형을 통해 어떤 학생을 선발하려고 하는지 그 지표를 찾아

볼 것이다. 또한, 서울대에서 선발하고자 하는 학생의 특징을 통해 학교와 학생, 학부모는 어떤 준비를 어떻게 해야 하는지 그 지침도 알아보자. 이를 통해 앞으로 대학이 원하는 인재상은 그저 공부만 잘하는 학생이 아니라 다양한 활동을 통해 성장한 융합적 인재임을 인지하고 그에 걸맞은 교내 활동을 계획해서 학교생활기록부를 만들어 나가야 한다.

우선 서울대에서 원하는 인재상부터 살펴보자.

- 학교 교육과정을 성실히 이수하고 학업 능력이 우수한 학생
- 학교생활에서 적극적이고 진취적인 태도를 보인 학생
- 글로벌 리더로 성장할 수 있는 자질을 지닌 학생
- 다양한 교육적·사회적·문화적 배경과 경험을 지닌 학생
- 사회적 약자에 대한 배려심과 공동체 의식을 가진 학생

'글로벌 리더'나 '진취성'이란 단어가 구체적인 개념이 쉽게 떠오르지 않을 수 있다. 대학은 완성된 인재를 선발하려는 것이 아니라 장차 훌륭한 인재로 성장할 '가능성'을 지닌 학생을 선발하려는 것이기에 학생부종합전형을 통해 정성적 평가를 하려는 것이다.

다음의 자료를 보아도 대학이 성적만이 아닌 다양한 면모를 지닌 학생을 뽑으려고 한다는 것을 알 수 있다. 그것을 알 수 있는 지표로 학교생활기록부, 자기소개서, 추천서, 학교 소개 자료가 사용되는데, 이를 통해 학교생활기록부의 중요성을 깨달을 수 있고, 학교 소개 자

료가 어떤 역할을 하는지 예측할 수 있다.

입학사정관은 서류 평가 과정에서 학생의 학업 능력과 자기주도적 학업 태도, 전공 분야에 대한 관심, 지적 호기심, 창의적 인재로 발전할 가능성 등을 평가한다. 이때, 한 종류의 서류나 항목만으로 학생을 평가하지 않으며 제출된 학교생활기록부와 자기소개서, 추천서의 내용을 모두 반영하여 종합적으로 평가한다.

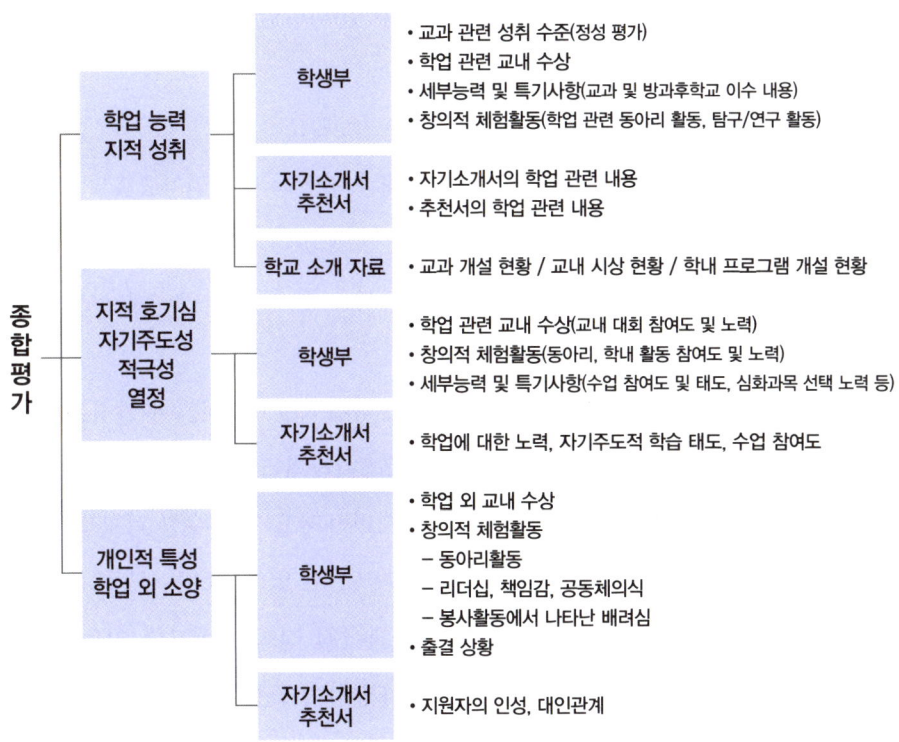

미래의 '나'를 위해 준비하는
융합적 인재 ◀

그렇다면 서류 평가에서 좋은 평가를 받기 위해서 어떤 노력을 기울여야 할까? 고등학교 생활은 오직 대입만을 위한 과정이 아니다. 대학교 생활을 넘어 미래의 '나'를 위한 아주 중요한 준비 과정이기에, 그 3년의 시간을 내가 그리는 미래의 '나'를 위해서 어떤 노력과 어떤 활동, 어떤 공부로 채워왔는지 드러낼 수 있어야 한다.

▶ 도전하는 학생

- 고등학교 생활 중 스스로 도전해본 경험은 무엇인가요?
- 어떤 기회에 도전했었나요?
- 여러분이 생활해온 학교, 교실에서 어떤 도전에 마주쳤습니까?

'스스로 도전해본 경험'이란 단어에 주목해보자. 여기서 말하는 '기회'가 무엇인지 안다면 학생이 어떻게 3년간의 고교 생활을 알차게 보낼 수 있는지, 또 헛된 일에 시간을 소비하지 않고 우수한 학교생활기록부를 위해 어떤 활동을 해야 하는지 알 수 있다. 또한 서울대는 '인문학적 소양이 풍부한 과학자' '자연과학적 지식이 풍부한 인문학자' '철학과 과학을 아우르는 예술가'를 표방하며 고등학교 과정에서 지식이나 학문을 지나치게 편식하지 않고 지적 균형을 이루는 데 노력해온 융합적인 인재를 원하고 있다. 이제 문·이과 진로에만 국한된 공부만으로는 합격에 이를 수 없음을 깨달아야 한다.

> ### 넓고 깊게 공부하고자 노력하는 학생

- 수업을 열심히 듣고도 해결하지 못한 궁금증이 있었나요?
- 교과 수업 내용 이외에 궁금한 점에 대해 찾아본 경험이 있나요?
- 교과 수업 내용을 이해하는 것을 넘어서 스스로 생각하고, 스스로 찾아서 깊이 있게 공부하는 노력이야말로 성공적인 대학생활을 위한 필수 훈련 과정입니다.

대학은 자기주도적인 학습 노력을 매우 중요하고 가치 있게 생각함을 알 수 있다. '교과 수업 내용을 이해하는 것을 넘어서 스스로 생각하고, 스스로 찾아서 깊이 있게 공부하는 노력'의 강조점을 통해 학교생활기록부에서 이것을 어떻게 드러내야 할지를 고민해봐야 할 것이다.

특히 학교에서의 '탐구활동' '모둠 수행 과제' '토론 활동' '글쓰기' 등의 기회를 살려야 하며, 다양한 교내 대회와 행사의 중요성도 놓치지 말아야 한다. 이때 교내 대회 참여 종류나 횟수, 수상 등급이 중요한 것이 아니라, 주어진 기회를 얼마만큼 스스로, 또 적극적으로 활동했는지, 동기가 무엇이었는지, 대회를 통해 어떤 성장을 이루었는지가 학교생활기록부에 드러나야 한다.

어떤 분야의 책이든지 읽고, 또 읽어가는 사이에 생각하는 힘, 글쓰기 능력, 전문지식, 의사소통 능력, 교양이 쌓여 갈 것입니다. 타의에 의한 수박 겉핥기식 독서는 도움이 되지 않습니다. 수많은 책들 가운데 그 책이 나에게 왜 의미가 있었는지, 읽고 나서 나에게 어떤 변화를 주었는지 생각하기 바랍니다.

학생들은 '독서'할 시간이 없다고 말하지만, 서울대뿐 아니라 모든 대학에서 원하는 인재는 독서 능력이 갖추어진 학생임은 두말할 필요가 없다. 많은 학생과 학부모가 이 사실을 간과하고 있고, 또한 중요성은 알지만 실천하기 어렵다고 생각한다. 독서할 시간을 따로 가지는 것보다는 현재 배우고 있는 단원의 내용과 관련 있는 추가 독서활동, 즉 공부의 연장선으로서의 독서활동이 중요하다. 위에서 말한 다양한 기회의 교내 활동에 독서가 자연스럽게 녹아 있다면 그 학교생활기록부야말로 학생의 학업 능력과 탐구 능력을 보여줄 수 있는 학교생활기록부임을 자신할 수 있다.

다양한 교육 프로그램
학생부종합전형 시대를 준비한다 ◀

하지만 이 모든 활동은 학생 개인의 노력만으로는 쉽지 않다. 모든 학교 구성원의 협력이 필요하다. 교과 담당 선생님들은 수업만 담당하고, 진학을 담당하는 선생님들만 진학에 관심을 갖는 시스템에서는 학생들의 학습 동기가 유지되기 어렵다. 학생과 교과 교사, 기타 모든 학교 구성원들이 늘 진학 관련 정보와 자료를 공유하고, 모두가 목표를 향해 함께 협력하는 학교에서 학생들은 뜻을 향해 나아갈 수 있다. 그래서 서울대에서는 다음과 같은 학교가 되어주길 바란다.

❯ 교실 안에서 학생의 재능과 적성을 발휘할 수 있는 기회를 주세요

학생부종합전형에서는 학생들의 지적 호기심과 학업 능력, 자기주도적인 학업 노력 등이 중요한 평가 요소입니다. 강의 전달 위주의 수업에서는 학생들이 이러한 개인적인 특성을 제대로 발휘하기 어렵습니다. 학생들 각자의 개성과 능력, 적성에 따라 충분한 재능과 소양을 발휘할 수 있는 수업 및 과제를 제공한다면 학생들은 학업활동에 흥미를 느끼며 빠져들게 됩니다.

학생들의 수준과 관심 분야가 천차만별이기 때문에 학생 개개인의 흥미와 지적 욕구를 채워주기에는 많은 어려움이 있을 것입니다. 정규 수업의 충실한 학습활동이 기본이 되겠지만 필요하다면 정규 수업 외에도 다양한 학업 관련 동아리활동이나 탐구심화 학습활동을 학교와 선생님들이 적극적으로 지원해주시기 바랍니다. 선생님의 지도와 후원에 학생들은 교실 밖에서도 큰 힘과 자극을 얻을 것입니다.

▶ 학업 외 활동도 지원해주세요

다양한 경험과 재능을 지닌 학생들과 서로 어우러질 때 학생들은 세계 속의 리더로 성장합니다. 고등학교 시절 주변을 돌아보고 함께 어울리며 다양한 경험을 하는 것은 적극적인 생활 태도와 리더십, 사회성을 다지는 좋은 훈련이 될 것입니다. 재능 있고, 관심 있는 학생들의 개성을 담은 다양한 분야의 동아리활동, 체험활동 등으로 학교 안에서 마음껏 역량을 펼쳐 보일 수 있도록 학교에서 적극적으로 지원해주시기를 부탁드립니다. 이 모든 활동이 학생의 능력, 인성, 소양을 키우는 중요한 배움의 과정이 될 것입니다.

▶ 학교생활기록부 기록으로 남겨주세요

같은 교과목의 수업이라도 학교마다 교실마다 수업 내용은 다르게 진행됩니다. 입학사정관은 학교생활기록부 세부능력 및 특기사항의 기록을 꼼꼼히 읽으며 교실에서 어떤 수업이 이루어졌는지 파악합니다. 그 과정 속에서 학생은 어떤 능력을, 어떤 소양을 키우고 발휘해왔는지 판단합니다. 따라서 세부능력 및 특기사항 안에 학생 개개인마다의 학습활동 내용을 담아주시기 바랍니다. 다만, 지나치게 세세하고 장황한 내용보다, 학생을 평가하고 파악하는 데 특징적인 소양이라고 생각되는 부분을 요약하여 기록해주세요. 학교생활기록부와 추천서를 통해 학생 개개인의 학교생활을 속속들이 자세하게 파악할 수 있기를 기대합니다. 각 과목 수업에 임하는 자세, 수업에서 보인 적극성, 학업 소양과 특성 등 선생님들이 보는 그대로를 기록해주시기 바랍니다.

이 부분을 잘 읽어본다면 대학에서는 어떤 환경에서 공부한 학생을 원하는지를 알 수 있다. 이를 보면 그동안 자사고나 특목고의 서울대 진학 실적이 높았던 이유를 짐작할 수 있다. 다양한 교내 프로그램과 비교과 활동이 마련된 자사고와 특목고 학생이 지금까지 유리했던 것도 사실이다.

그러나 꼭 자사고나 특목고에 다니고 있지 않더라도 최근 학생부종합전형에 대한 일반고의 이해도가 높아지면서 교내 다양한 프로그램을 운영하고 있는 학교가 늘어나고 있다. 우선 자신의 진로나 스토리에 걸맞은 활동이 무엇인지 살펴보고 고등학교 생활의 로드맵을 미리 짜보는 것이 대입 준비를 위한 첫걸음이라고 할 수 있다. 그리고 나서 자신의 진로에 맞는 교내 활동과 교내 수상 실적을 최대한 추가해 우수성을 입증한다면 일반고라고 해서 결코 불리하지 않을 것이다.

학교생활기록부에서
대학이 보고자 하는 것　◀

그럼 이제부터 구체적으로 대학은 어떤 학교생활기록부를 원하는지 알아보자. 이를 통해 학교생활기록부의 중요성을 다시 한 번 깨달을 수 있을 것이다.

> 학교생활기록부 기술 내용에서 찾아내고자 하는 정보는 무엇인가요?

대학은 성적뿐만 아니라 학생들이 교과 수업 중에 보여준 학습 노력, 학업 수행 과정, 열의, 학업 소양, 적성, 학습 방식 및 결과 등 다양한 내용을 확인하여 학생들의 학업 역량을 평가합니다. 이러한 역량은 성적에서 결과적으로 드러나는 수치 이외에 수업 시간에 순간순간 드러날 것입니다. 교실에서의 수업은 다양한 학습 경험을 제공하고, 학생들은 자신의 학업 역량을 키울 기회로 삼아 주도적으로 노력하여 소양을 다지게 됩니다. 선생님들께서는 학생들이 수업 중에 보인 개별적인 노력을 학교생활기록부 세부능력 및 특기사항에 기록해주시기 바랍니다.

입학사정관이 중점을 두고 파악하고자 하는 또 한 가지는 학생 스스로의 경험과 노력입니다. 그러므로 학교생활기록부에서 학업 결과 이외에도 학생 개개인이 어떤 노력과 학업 특징을 보여왔는지, 특별한 학업 소양을 어떤 학습 과정에서 어떻게 보여왔으며 어떤 성장을 보였는지를 나타내주시기 바랍니다. 다만, 무조건 장황한 내용을 학교생활기록부에 담을 필요는 없습니다. 모든 학생들에게 해당되는 내용들이라면 간추려서 주로 학교 소개 자료에 기록하고, 학생 개개인이 특징적인 학업 소양을 보인 부분은 학교생활기록부에 선별하여 적어주시기 바랍니다.

이 밖에도 창의적 체험활동, 독서활동 상황을 기록함에 있어서도 공통적인 사항은 학교 소개 자료에 기록해주시고, 학교생활기록부에는 학생들의 개별적인 특성이나 소양, 개별적인 경험이나 노력이 나타나도록 작성해주셔야 학생들 개개인의 특성을 파악하여 평가하는 데 도움이 됩니다.

다음은 학교 소개 자료인데, 학교 소개 자료가 무엇인지 생소한 학부모와 학생이 있을 것이다. 출신 중학교를 밝히지 않는 것이 고등학교 입시의 특징이라면, 대입에서는 어떤 환경에서 공부했느냐가 평가의 지침이 된다는 것이 특징이다.

> 학교 소개 자료

학교 소개 자료는 학교를 평가하기 위한 자료가 아닙니다. 학생부종합전형 평가는 학생에게 주어진 기회와 여건을 바탕으로 이루어집니다. 학생이 고등학교 생활을 보내는 동안 어떤 교육과정이 제공되었는지, 교내 학업 및 학업 외 활동의 기회는 얼마나 제공되었는지, 학생 선택의 기회가 얼마나 있었는지 등을 고려합니다. 이러한 여건을 학생이 얼마나 주도적으로 활용하여 얼마만큼 노력해왔는지 평가하기 위해서 학생이 속해 있던 교육 환경을 이해하기 위한 자료로서 학교 소개 자료를 참고하게 됩니다. 학교 소개 자료는 다음과 같은 내용들을 담을 수 있습니다.

- 지역 및 학교 개관
- 신입생 선발 방식
- 교육과정 편성 현황

- 특색 사업(심화 프로그램, 체험활동 프로그램, 방과 후 프로그램, 특성화 프로그램 등)
- 교과성취도 분포 특성
- 교내 시상 내역
- 평가 방식
- 교과 외 영역 관련 활동 내용 등

중요한 것은 '학교를 평가하기 위한 자료'가 아니라는 사실이다. 주어진 기회와 여건이 어떠했느냐를 보겠다는 것이다. 주어진 기회와 여건이 매우 훌륭한 학교를 다녔지만 그것을 활용하지 못한 학생이 있을 것이고, 상대적으로 열악한 환경이었지만 학생 스스로 기회를 만들고 활용한 훌륭한 인재도 발굴하고 싶다는 대학의 의지를 엿볼 수 있다

chapter 02

특목고 프로그램을 통해 본 학생부 관리 요령

>>>>>

이제부터는 대표적인 특목고의 학교생활 및 프로그램을 통해, 어떤 활동이 대입 학생부종합전형에 유리한지 생각해보자. 대표적인 특징은 '다양한 활동'에 바탕을 두고 있으며, 학생은 그 기회를 어떻게 활용하느냐에 따라 학교생활기록부의 내용이 여실히 달라질 수 있다는 것이다.

우선 대원외고의 학교생활과 논문 대회 가이드 라인을 살펴보자.

팀 프로젝트에서의 '소논문 작성 과정', 인문학 교육을 통한 '인문학적 소양 기르기' 등 핵심적인 활동에서 학생이 어떤 모습을 드러내는 것이 좋은지, 또한 '대원논문대회 주제' 예시를 통해 대입에서 유리한 소논문의 작성 방향을 추측할 수 있다.

▶ 자율 활동(예시)

(팀 프로젝트 활동) 광고와 소비자 행태에 대한 조사를 함으로써 본교의 이미지에 대한 소논문을 작성함. 특히 설문 조사를 통한 객관적인 데이터를 바탕으로 한 의인화 기법을 이용하여 학교 이미지를 브랜드화함으로써 그에 대한 문제점을 분석하고 이미지 제고 방안을 제시함. 조장으로서 소논문 작성을 총괄. 설문 결과에 대한 체계적이고 비판적인 분석을 통해 의미 있는 결과를 도출하고 바람직한 대안을 제시함.

(인문학 교육) 문학, 역사, 철학 작품의 분석을 통해 인문학뿐만 아니라 인문정신을 고취함으로. 21세기 지도자의 역량인 창의성, 혁신적 사고, 비판적 사고, 문제해결 능력, 의사결정 능력, 자기주도학습 능력을 기를 수 있음. 친구들과의 협력과 팀워크가 중요시되는 과제를 통해 의사소통 능력과 협동심 배려를 기를 수 있음. (3일 24시간)

(인지과학) 인지과학을 통해 인간을 이해할 수 있는 기초를 습득하였으며, 인지과학적 사고방식을 함양하고 인지과학의 최근 연구 성과들에 기초하여 자신의 인지기능 및 학습 수행력에 대한 통찰을 얻을 수 있는 기회를 가짐. (2일 12시간)

▶ 대원논문대회 주제(예시)

1. 외국어 고등학교의 특성을 살릴 수 있는 어문, 국제 관계, 청소년 문화 등의 주제를 권장하며, 지도교사는 반드시 논문의 주제와 관련이 있는 분을 위촉하여야 한다.

2. 주제를 선정할 때는 고등학생 수준의 흥미와 연구 가능성, 시간을 고려하고 연구비가 과다하게 사용되지 않는 수준에서 고려해야 한다.

3. 아래의 주제는 예시에 불과한 것이며, 연구자들은 각자 의미 있고, 창의적인 주제를 찾아 연구할 것을 권유한다.

   (1) 독일 고등학교 교과서에 나타난 한국에 대한 인식 연구
   - 이 경우에 지도교사는 독일어 선생님 또는 사회 교과 선생님 모두 지도교사가 가능함

   (2) 프랑스의 한국 청소년의 대중 음악의 취향 비교 연구
   - 본교의 프랑스어 선생님을 지도교사로 하고, 외부 지도교사로 대중 음악 전문가를 위촉할 수 있으며, 그 반대의 경우도 가능할 것 같음.
   - 프랑스 청소년과 직접 대면 접촉하기 어려우므로 인터넷, 트위터 등을 이용하여 연구하는 것이 바람직함.

   (3) 스페인과 한국의 고등학교 수학 평가 방식에 대한 비교 연구
   - 이 경우에 수학이나 스페인어 교사를 지도교사로 할 수 있음.

   (4) 요미우리 신문과 조선일보의 독도 관련 기사 비교 연구
   - 일본어 또는 지리 교사를 지도교사로 위촉 가능함.

   (5) 2010년 상반기에 르몽드 신문에 다루어진 한국 관련 기사의 분류
   - 르몽드 신문의 모든 기사를 검색하기 어려우므로 특정 분야로 제한해서 연구하는 것이 바람직함.

(6) 대원외고 국제반 졸업생의 진로에 대한 분석

 - 국제반 졸업생을 배출한 지 10여 년의 역사가 지나는 동안 졸업생들은 어느 분야로 진출했으며, 그들의 미래는 어떻게 만들어질지 분석해본다.

(7) 대원외고 중국어과 학생들의 졸업 후 중국어 학습에 대한 연구

 - 중국어과를 졸업한 선배들이 대학 진학 또는 사회활동 중에 중국어 수강 현황과 자격증 취득 현황 등을 통해 고등학교 시절의 중국어 학습이 대학 및 사회 활동에 미치는 영향 등을 분석해봄.

(8) 각국의 지역 축제 비교 연구

 - 독일, 프랑스, 스페인, 일본어, 중국, 영어과 학생들이 모여 전공하는 국가의 지역 축제를 비교하고, 그러한 축제에 대한 우리나라 국민들의 인식 정도를 조사 연구한다.

(9) 인터넷 소설에 대한 각국 청소년들의 인식에 대한 비교 연구

 - 독일, 프랑스, 스페인, 일본어, 중국, 영어과 학생들이 모여 인터넷 소설에 대해 각국 청소년들이 어떤 관심과 참여를 하고 있는지 알아보고, 나아가서 인터넷 소설이 각국 청소년들에게 미치는 영향을 알아본다.

(10) 월드컵에 대한 국민 인식의 국가간 비교 연구

 - 체육 교사를 지도교사로 위촉하고 각 전공어과 별로 월드컵에 대한 국민 인식과 행태를 조사 연구한다.

주의 사항을 잘 읽어보면, '학생 수준'에 걸맞은 '연구 가능'한 논문 주제를 선정할 것을 권장하고 있다. 이것은 고등학생에게 불가능한 수준 높은 주제의 탐구활동을 원하는 것이 아니라, 고등학생에게 가능한 탐구활동을 바탕으로 어떻게 창의적인 사고를 가지고 문제를 해결하고 있는지를 평가하겠다는 입학사정관의 취지를 알 수 있다. 이를 통해 고입 자기주도학습전형에서 원하는 중학생들의 논문 활동 방향도 함께 예측할 수 있음은 물론이다.

다음은 청심국제고의 다양한 교내 대회들이다.

한 학년의 학생 수가 100명인 청심국제고에서 88개의 대회를 개최하는 이유가 무엇일까? 게다가 이 대회를 1, 2학기로 나누어 연중 2회로 실시하고 있다. 청심국제고는 다양한 교내 대회를 통해서 학생의 학업적 능력, 탐구활동 능력, 지적 호기심, 진로에 대한 흥미와 열정 등을 기르게 하고, 동시에 이를 학교생활기록부에 기재함으로써 대학이 원하는 학생의 개인적 역량을 두드러지게 드러내려는 목적을 지니고 있음을 알 수 있다.

청심국제고 교내 프로그램

순번	대회명	대회 일자
1	CSIA 융합학습발표대회(분기별 1회씩)	1, 2학기(연중 2회)
2	2016 청심 창의력 경진대회	1, 2학기(연중 2회)
3	CSIA 1분 영화제	1, 2학기(연중 2회)
4	Future Problem Solving International	1, 2학기(연중 2회)
5	NIE 경진대회	1, 2학기(연중 2회)
6	교내 진로 체험 보고서 대회	1, 2학기(연중 2회)
7	금융 경제 경시대회	1, 2학기(연중 2회)
8	다문화 글쓰기 대회	1, 2학기(연중 2회)
9	영미문화권 어휘력 경진대회	매달
10	라틴아메리카 영화 감상문 경시대회	1, 2학기(연중 2회)
11	로보틱스 경진대회	1, 2학기(연중 2회)
12	문학작품 감상문 대회	1, 2학기(연중 2회)
13	2016 라틴문학 감상문 대회	1, 2학기(연중 2회)
14	2016 한자 대회	1, 2학기(연중 2회)
15	독일 경제 에세이 대회	1, 2학기(연중 2회)
16	독일 문학 감상문 대회	1, 2학기(연중 2회)
17	제1, 2, 3회 중남미 경제 분석 대회	1, 2학기(연중 2회)
18	제2회 CheongShim Time 대회	1, 2학기(연중 2회)
19	러시아 문학 감상문 대회	1, 2학기(연중 2회)
20	유럽 경제 에세이 대회	1, 2학기(연중 2회)
21	유럽 문학 감상문 대회	1, 2학기(연중 2회)
22	우리 법 경시대회	1, 2학기(연중 2회)
23	우수 기사 선정 대회 – 학교 잡지	1, 2학기(연중 2회)
24	유럽 사회 문제 글쓰기 대회	1, 2학기(연중 2회)

25	융합과학 에세이 경시대회	1, 2학기(연중 2회)
26	2016 STEAM 융합 독서 대회	1, 2학기(연중 2회)
27	2016 유럽 문화 소개하기	1, 2학기(연중 2회)
28	제2회 미래 비전 대회	1, 2학기(연중 2회)
29	2016 특허 출품 대회	1, 2학기(연중 2회)
30	지식재산권 대회	1, 2학기(연중 2회)
31	제3회 청심국제고등학교 모의 투자 대회	1, 2학기(연중 2회)
32	특별 공로상	1, 2학기(연중 2회)
33	특별 모범상	1, 2학기(연중 2회)
34	특별 봉사상	1, 2학기(연중 2회)
35	CSIA Language 인증제	1, 2학기(연중 2회)
36	GLTC 생활관 모범상	1, 2학기(연중 2회)
37	ACG 인증제 표창	1, 2학기(연중 2회)
38	R&E 논문 경진대회	1, 2학기(연중 2회)
39	2016 World Language 소논문 대회	1, 2학기(연중 2회)
40	한국 현대사회의 문화 연구	1, 2학기(연중 2회)
41	청심 독서인증제	1, 2학기(연중 2회)
42	2016 세계 언어 에세이 콘테스트	1, 2학기(연중 2회)
43	인문사회과학 논문 대회	1, 2학기(연중 2회)
44	논설문 작성 대회(주제별)	1, 2학기(연중 2회)
45	세계 문제 글쓰기 대회	1, 2학기(연중 2회)
46	소셜 벤처 창업 대회	1, 2학기(연중 2회)
47	2016 자연과학 탐구 대회	1, 2학기(연중 2회)
48	2016 CSIA Frontier of Scientific Experiment	1, 2학기(연중 2회)
49	자원봉사 수기 대회	1, 2학기(연중 2회)
50	2016 청심 Poster Session of Science Research 대회	1, 2학기(연중 2회)

51	청심 2016 사회학 포트폴리오 경진대회	1, 2학기(연중 2회)
52	청심 2016 역사 포트폴리오 Self-directed Learning 경진대회	1, 2학기(연중 2회)
53	UNESCO 세계문화유산 창의 드로잉 표현 대회	1, 2학기(연중 2회)
54	학창시절 우정 사진 공모전 대회	1, 2학기(연중 2회)
55	아름다운 자연풍경 수채화 그리기 대회	1, 2학기(연중 2회)
56	우리 전통가옥 창의 그리기 대회	1, 2학기(연중 2회)
57	창의 내면 표현 그리기 대회	1, 2학기(연중 2회)
58	DMZ 평화사랑 포스터 공모전	1, 2학기(연중 2회)
59	청심 TEPS 경시대회	1, 2학기(연중 2회)
60	CSIA English Essay Writing Competition	1, 2학기(연중 2회)
61	청심 ACG 교육 글쓰기 대회	1, 2학기(연중 2회)
62	국가정책시스템 설계 대회	1, 2학기(연중 2회)
63	법판례 연구 대회	1, 2학기(연중 2회)
64	Self-Directed Learning 경진대회	1, 2학기(연중 2회)
65	Academic Impromptu Speech Contest	1, 2학기(연중 2회)
66	통일안보 학습 모형 발표 대회	1, 2학기(연중 2회)
67	청심 Global Issue Debate	1, 2학기(연중 2회)
68	청심 모의 재판 경연대회	1, 2학기(연중 2회)
69	청심 사업계획서 대회	1, 2학기(연중 2회)
70	사회과학 주제탐구 보고 대회	1, 2학기(연중 2회)
71	청심 오드꾸뛰르 의상디자인 및 드로잉 대회	1, 2학기(연중 2회)
72	English Poetry Competition	1, 2학기(연중 2회)
73	청심 식품과학기술 대회	1, 2학기(연중 2회)
74	CSIA 이미징 포트폴리오 대회	1, 2학기(연중 2회)
75	English Presentation Contest	1, 2학기(연중 2회)
76	청심 영어단어 경시대회	1, 2학기(연중 2회)
77	English Language Analysis Competition	1, 2학기(연중 2회)

78	청심 데이터 활용 경진대회	1, 2학기(연중 2회)
79	청심 5분 다큐멘터리 영화제	1, 2학기(연중 2회)
80	청심 ACG 역사 교육 구상 대회	1, 2학기(연중 2회)
81	청심 공익광고 공모전(포스터 부문, TV 콘티 부문)	1, 2학기(연중 2회)
82	청심 전문 사진 대회	1, 2학기(연중 2회)
83	청심 고교경제올림피아드	1, 2학기(연중 2회)
84	청심 경제영어토론 대회	1, 2학기(연중 2회)
85	청심 헌법 토론 대회	1, 2학기(연중 2회)
86	CSIA 융합 writing 대회	매달
87	청심 정보올림피아드	1, 2학기(연중 2회)
88	English Research Paper Contest	1, 2학기(연중 2회)

chapter 03

상산고의 특화된
자기역량 강화 프로그램

상산고에서는 2014년부터 일명 'SSEP^{Sangsan Self-Empowerment Program}'
이라고 불리는 새로운 프로젝트를 시행하고 있다. 학생들이 창의적
인 활동을 할 수 있도록 고취시키기 위한 목적을 지닌 것으로, 과목
연계 활동, 과목 비연계 활동, 개인 탐구, 단체 활동 등으로 나누어진
다. 학생부종합전형에 대비한 상산고만의 특화된 학교생활기록부 지
도 프로그램이라 할 수 있다. 이것은 학생이 스스로 자신의 활동을 바
탕으로 학교생활기록부를 작성하는 것인데, 학생 개개인의 특징이 최
대한 드러날 수 있도록 지도하고 있다. 다수 학생의 학교생활기록부
를 담임이나 과목별 선생님이 세세하게 적을 수 없다는 현실을 고려
한 바, 누구보다 학생 스스로가 자신의 활동과 의미, 성장 과정을 잘
알 수 있기 때문에 이런 프로그램을 운영하고 있다.

이제부터는 상산고의 학교생활기록부 지도 사례를 바탕으로 실제

학교생활기록부를 어떤 방향으로 기재하는 것이 학생부종합전형에 유리한지 구체적으로 살펴보도록 하자.

다음의 내용을 살펴보면 단순히 '열심히 했다' '우수하다'가 아니라 어떤 활동을 어떤 식으로 했는지 매우 구체적으로 기록해야 입학사정관의 눈길을 사로잡을 수 있다는 점을 파악할 수 있다. 무엇보다 이것은 상산고에 지원하는 중학교 학생들에게도 큰 참고가 될 것이다.

[○○○의 SSEP 파일]

▶**자율탐구** 카일라이 축제(2015.11.13.~14) ①공연에 참여하여 중창과 함께 솔로 파트를 맡음. ②제주도에 대한 자연환경에 대해 ③사전 조사를 하게 되어 제주도에 대해더 많이 알게 됨. ④제주도에 가서 본인이 조사한 지식을 확인하고 ⑤새로운 정보를 얻고 제주도에 ⑥많은 관심을 갖게 됨.

▶**교과세부사항** 평소 시를 감상하는 것이 어려워 ⑦다양한 시를 꾸준히 읽으며 ⑧감상해 봄. ⑨

▶**독서** ⑩생물 분야에 관심이 있어 『생명과학과 세상(독일생물학협회)』, 『산책로에서 만난 즐거운 생물학』을 읽고 생명체에 관한 ⑪여러 지식들을 습득하고 생명체의 작용에 대해 신비로움을 느낌. ⑫

예시 파일은 무엇이 문제일까?

'○○○'에 이름을 넣을 수 있는 학생은 상산고 재학생 중 단 한 명이어야 한다. 그러나 위 SSEP 파일에서 자율탐구 중 현장체험학습, 교과세부사항 같은 경우는 상산고 재학생 중 누구의 이름을 넣어도 문제가 없을 것 같다. 또한 카일라이 축제, 독서와 같은 경우에도 단 한 명이 아닌 제시하고 있는 활동을 한 여러 학생의 이름을 넣어도 전혀 무리가 없다.

여기서 반드시 기억해야 할 것은, 자신의 SSEP 파일에는 자신의 이름만 적을 수 있어야 한다는 것이다. 그렇기 위해서는 자신이 한 활동의 구체적인 내용을 기록해야 한다. 그것이 '개성 있는' SSEP 파일이다. 이것을 통해 자신만의 관심, 흥미, 꿈 등을 드러낼 수 있다.

그렇다면 어떻게 고쳐야 할까? 다음과 같이 구체적으로 질문을 던지며 써보면 된다.

> **카일라이 축제**

① 준비 과정은 어땠나요? 구체적으로 무슨 공연을 했나요?

② 이 공연 경험을 통해 얻게 된 것은 무엇인가요?

> **현장체험 학습**

③ 사전에 무슨 조사를 했나요?

(혹시 교과세부에 자세하게 서술했을지라도 간략하게 제시해주세요.)

④ 실제 제주도에 가서 확인한 지식은 무엇인가요?

⑤ 새로운 정보는 무엇인가요?

⑥ 관심을 갖고 이어지는 활동은 무엇인가요?

⑦ 어떤 시집 또는 책을 보며 시를 감상했나요?

⑧ 구체적으로 어떤 시를 감상하며 무슨 활동을 했나요?

⑨ 시를 감상한 이후 후속 활동이 있었나요?

▶ **독서**

⑩ 이 책을 읽게 된 동기는 무엇인가요?

(생물의 어떤 내용에 관심 많았는지 / 어떤 내용을 찾아보고 싶었는지 / 이 책을

접하게 된 계기는 무엇인지? 블로그? 친구 추천?)

⑪ 생명에 관해 습득한 지식들이 구체적으로 무엇인지?

(신비로움을 느꼈다는 생명체의 작용이 구체적으로 무엇인지? 그리고 그 이유는?)

⑫ 교과나 다른 활동과 연계해서 할 수 있는 활동은 없는지? 또는

나의 진로나 성장, 생물 교과 학습 또는 학교생활에 준 영향은?

다수의 학생들은 앞서 예시된 것과 비슷한 학교생활기록부를 가지고 있을 것이다. 이 자료를 통해 나의 학교생활기록부가 어떤 문제점을 가지고 있는지 알 수 있으며, 어떤 방향으로 수정해야 되는지 지도하고 있다. 특히 교과세부활동과 독서활동에 어떤 내용이 필요한지 체크해본다면 많은 도움이 될 것이다. 이제 수정된 SSEP 파일을 통해 어떻게 달라졌는지 꼼꼼히 확인해보자.

[○○○의 SSEP 파일]

▶**자율탐구** 카일라이 축제(2015.11.13.~14) ①'Marry you' 외 2곡으로 중창 공연을 함. 테너와 솔로 파트를 맡아 한 달 동안 점심시간 및 주말을 이용하여 연습하였고, 이 과정을 통해 ②다른 파트와의 조화를 이루며 자신을 개성을 드러내는 방법을 배움.

제주도 ③화산지형의 특징, 기후, 식생, 관광자원에 대해 조사하여 보고서를 작성하고, 제주도 현장체험학습(2015.07.06.~07.09)에 참가함. ④제주도에 방문하여 오름, 주상절리, 현무암지대 등 제주도의 지형적 특징 및 밭농사, 목장 등 제주도의 농업과 목축업 등을 보고서와 비교하며 관찰함. ⑤또한 평화박물관과 제주 4·3 평화공원을 견학하고 제주도의 역사에 대해 새롭게 알게 됨. ⑥이후 제주도의 역사에 관심이 생겨 『제주 4.3항쟁』을 읽음.
*책을 읽은 후 독서 내용은 [독서활동]에 제시합니다.

▶**교과세부사항** 평소 시에 대한 이해가 부족해 ⑦『한국 현대시를 찾아서』에 실린 시를 한 편씩 여러 번 읽으며 감상함. ⑧〈빈 집(기형도)〉〈풍장1(황동규)〉과 같이 어려운 시는 직접 필사하며 그 의미를 찾고자 노력했고, 윤동주의 〈십자가〉〈쉽게 쓰여진 시〉 등을 읽고 자신의 삶의 태도를 반성하는 소감문을 작성함. ⑨또한 세월호 사건을 주제로 〈노란 손바닥〉이라는 시를 지어 문예공모전에 참가하여 문학을 감상하고 창작하는 태도를 기름.

▶**독서** 생물 분야, ⑩특히 유전공학과 DNA에 관심이 있어 평소에도 인터넷이나 책을 찾아 스스로 탐구하였음. 그 중에서도 『생명과학과 세상』, 『산책로에서 만난 즐거운 생물학』을 읽으며 ⑪현대사회에서 이슈가 되고 있는 배아줄기세포 연구와 동물복제의 원리에 대해서 ⑫수업 시간에 배웠던 유전과 진화 단원의 개념과 연결하여 이해하고 노력함. 그 외에도 개회 시기가 일조량보다는 밤의 길이와 상관이 있다는 것에 주목하여 생명체의 신비로운 작용에 감탄하였음. ⑬과학적 탐구의 과정에서 편견이나 선입견의 위험성을 경계해야 한다는 태도를 인식함.

여기서 수정 전과 수정 후를 비교·분석하여 읽어본다면 학교생활기록부가 어떤 방향으로 기록되어야 입학사정관의 눈길을 끌 수 있으며, 학생의 개인적 발전 과정과 특성이 잘 드러나는 기록법은 무엇인지 알 수 있다.

바로 '구체성'인데 이 구체성을 획득하기 위해서는 다양한 학업 활동, 특히 독서가 필요하다. 또한 사교육을 받고 선행학습을 하는 것이 명문대에 가는 지름길이 아니라, 학생 스스로 교과 내에서 배우고 있는 단원을 어떤 호기심을 갖고 어떤 방향으로 접근하여, 어떤 책을 읽고 어떤 성장을 했는지 구체적으로 기록하는 것이 우수한 학교생활기록부의 조건임을 드러내고 있다. 이 방향이 물론 자신의 진로와 관계되어 스토리를 갖고 있다면 매우 유리함을 다음 내용을 통해서 추측할 수 있다.

> 자율 탐구

1. 과제 연구(2014년 9월~2015년 4월)

'해수와 육지의 온도 차를 이용한 열전기 발전'이라는 주제로 과제 연구를 수행함. 해수와 육지의 비열 차이 및 전기 발전에 대한 이론을 탐색하고, 실험을 진행함. 해수와 육지 모델을 직접 제작한 후 실험 변수를 통제하며 결과를 도출하였고, 반복 실험을 통해 결과의 재현성을 검증함.

이후 결과를 토대로 열의 이동, 주요한 요인에 대한 토의를 통해 논문을 작성하였고, 이 내용을 PPT로 정리하여 전교생을 대상으로 발표함. 이 활동을 통해 과학 연구에서의 실험 모델 제작 및 실험 변수 통제의 어려움, 논문의 정확성, 객관성의 의의를 배웠고, 더불어 정확하고 효과적인 전달을 위한 PPT 제시 및 발표 방법을 배움.

▶ 동아리

발명품의 특허권과 특허법에 대해 알아보고 저작권과 특허권의 중요성을 알게 됨. 과제 연구 진행 중 연구의 아이디어가 이미 나온 적이 있는지 확인하기 위하여 특허청 사이트와 각종 논문을 통해 아이디어의 중복 여부를 확인함. 나아가 과제 연구의 일환으로 열전기 발전 모델을 직접 제작하여 발명품이 만들어지기까지의 과정을 체험하고 이를 부원들과 공유하고 발표함.

▶ 창의적 체험활동

1. 자율탐구 : 과제 연구를 진행하면서 생활에 필수적인 전기를 생산하는 방식의 다양성을 확인하고, 이에 대해 심도 있는 학습을 하고자 서울대학교 온라인 강좌 사이트 'SNUON'을 이용하여 일반물리학 강좌를 수강함. 강좌를 통해 얻은 지식을 바탕으로 보고서를 작성하고 자율활동 시간에 학우들에게 발표함.

2. 행사 : 2015 과제 연구를 통해 자료 수집과 논문 작성법을 익히고 실험을 설계하는 과정을 체험함. 과제 연구 발표 대회에서 청중들이 보고 읽기 쉬운 자료를 준비하고자 발표 자료의 거듭된 수정을 거치고, 연구뿐만 아니라 발표의 중요성을 알게 됨.

> **독서활동상황**

과제 연구를 통해 미래의 에너지 자원의 다양성은 반도체 기술이나 신소재 기술이 기여한 바가 크다고 생각하여 각종 도서를 통해 반도체의 쓰임과 미래의 에너지 자원에 대해 더 알아보고자 하여 『화학으로 들여다본 첨단과학의 신소재』, 『신재생에너지』를 읽고 지식을 확장함. 나아가 반도체, 신소재 기술이 발전 분야에서 도움이 된 사례를 모아 보고서를 작성함.

이상 구체성이 드러난 SSEP 파일의 예를 살펴보았다. 하지만 매번 스스로 자신의 활동을 기록하다 보면 객관성을 잃기 쉽고, 무엇을 더 추가해야 하는지 평가하는 것이 쉽지 않다. 그래서 상산고는 다음과 같은 체크 리스트를 준비해 스스로 자신의 SSEP 파일을 정리해 나가도록 했다.

▶창체 자율

활동을 시작한 '동기, 흥미, 계기'가 기록되었나요?	☐
각 활동의 구체적인 '과정'이 설명되었나요?	☐
활동마다 '결과'가 충분하게 서술되고, 그 의의가 제시되고 있나요?	☐
후속 활동으로 무엇을 하였는지 충분히 서술했나요?	☐
내 개성(관심 분야, 좋아하는 과목, 흥미, 특기, 성격)이 충분히 드러났나요?	☐
각 내용이 나의 성장이나 발전에 어떤 영향이 있었는지 서술했나요?	☐

내가 지원하려는 학과와의 관련성을 고려해서 추가할 내용은 없나요?	☐
학급자치, 학급회의, 대의원회의 등에서 내가 기여한 내용이 기록되었나요?	☐

▶동아리활동

내가 참여하고 있는 이유, 가입 동기나 계기가 기록되었나요?	☐
동아리활동을 통해 내가 얻은 깨달음이나 나의 성장, 발전 과정이 드러났나요?	☐
우리 동아리활동이 학교 공동체에 기여한 부분이 제시되고 있다면 기록했나요?	☐
축제, 사은음악회 등 학교 행사에서 우리 동아리의 활동과 그 의미를 기록했나요?	☐

▶봉사활동

봉사활동에 참여한 계기나 동기가 기록되었나요?	☐
봉사활동에 참여한 과정이 구체적이고 상세하게 기록되었나요?	☐
봉사활동에서 나의 역할이나 행동이 그곳에 미친 영향이 기록되었나요?	☐
봉사활동을 지속적으로 꾸준히 해왔다는 내용이 기록되었나요?	☐
봉사활동에 대한 나의 생각이나 가치관이 드러났나요?	☐

▶진로활동

명사 특강에 참여하기 전 가졌던 질문이나 특별히 듣고 싶었던 내용에 대해서 상세하게 기록되었나요(명사 특강에 참여하는 나의 마음가짐이나 자세를 의미)?	☐
명사 특강이 나의 발전이나 성장에 어떤 의미가 있었는지 기록했나요?	☐
진로탐색 및 학과 선택 등을 깊이 고민한 흔적이 나타났나요?	☐

▶ 교과별 세부능력 및 특기사항

교과별 자신이 열심히 참여한 활동의 기록이 빠짐없이 기록했나요? ☐

나의 발표나 활동 중에 더 기록할 것은 없나요? ☐

이번 학기 관심을 가졌던 주제, 단원에 대한 나의 학습과 성장 과정이 충분히 기록됐나요? ☐

▶ 기타

추상적이거나 모호하게 서술한 문장이나 단어는 없나요? ☐

오타, 띄어쓰기 등 교정할 부분은 없나요? ☐

이 체크 리스트를 활용한다면 학교생활기록부에 기록되어야 할 구체적인 내용에 어떤 것이 필요한지 알 수 있다. 그리고 현재 나의 학교생활기록부는 어떤 방향으로 기록되어 있는지 점검해볼 수 있다.

또한 각 영역의 활동에서 학생들이 어떤 면을 '부각'시켜야 하는지 다음의 유의 사항을 통해 알 수 있는데, 이러한 지침을 바탕으로 대학에서 원하는 인재상이 무엇이며, 이러한 인재임을 드러내기 위해서 어떤 활동을 해야 하는지 확실히 정리해둔다.

이러한 구체적인 학교생활기록부 기재 방법을 잘 활용한다면 입학사정관이 원하는 학교생활기록부를 만들어갈 수 있을 것이다. 물론 기재되기 전에 기재에 필요한 학업적 활동이 필요함은 두말할 필요가 없다.

> 자율활동

학교가 제시하는 단체 활동, 학급자치회의, 교내 축제, 특강 수강 내용, 각종 스터디, 학술제 내용 등을 구체적으로 기록, 단 참여한 이유와 동기, 계기 등 어떤 생각을 가지고 참여했고, 그 과정에서 무엇을 느꼈고, 어디에 관심이 생겼으며, 내가 가지고 있던 생각과 어떻게 연결을 지었고, 이후 무엇을 더 찾아보고 활동하게 되었는지가 드러나야 한다.

> 동아리활동

동아리를 선택한 이유, 참여하게 된 계기부터 상세하게 기록, 이후 동아리 활동이 나의 관심사와 흥미, 학문적 호기심, 키우고자 하는 역량과 어떻게 관련이 되는지를 연결지어 작성해야 한다.

> 봉사활동

단순히 많은 시간을 봉사했다는 것은 중요하지 않다. 즉 양이나 결과보다는 봉사에 참여하게 된 계기, 나만의 이유, 봉사의 과정에서 생긴 나의 느낌이나 생각, 이후 봉사에 대한 가치관의 변화, 학교생활 및 나의 인생관이나 세계관에 생긴 변화까지 담아낼 수 있어야 한다. 그리고 무엇보다 지속성, 일관성, 계획성이 중요하다. 단시간에 엄청난 양의 봉사를 한 것보다 오랜 시간 동안 조금씩 꾸준히 봉사를 해온 학생의 봉사심이 더 의미 있다.

> **진로활동**

학교에서 제공한 교육활동 이외에 학생 개인활동도 얼마든지 기록할 수 있다. 내가 나의 꿈을 찾고 그것에 다가가기 위해 노력한 모든 활동의 흔적들을 담아내기 바란다. 진로와 관련되어 독서, 토론, 스터디, 학술제 등의 모든 활동이 포함된다. 교과 수업이나 명사 특강, 외부활동, 동아리 활동, 자율활동과 연계되면 더욱 좋다. 대학 연계 프로그램 및 외부 프로그램에 참여한 내용도 해당된다.

> **독서활동**

교과 독서와 공통 독서로 나뉘지만, 영역 간 구분을 지을 필요는 없다. 교과 수업에서 생긴 궁금증, 학문적 호기심, 개인적 흥미를 해결하는 과정으로 이해하면 된다. 아울러 학교에서 참여한 모든 교육활동을 개인적인 독서활동으로 연결, 심화하는 것이 필요하다. 입학사정관은 진취적이고 적극적인 학생을 좋아하며, 그런 특성이 강한 학생은 독서활동에 충실하다고 보고 있다.

학교생활기록부는 '상시' 기록이다. 결코 누가 기록이 아니다!

학교생활기록부는 '항상' 적는다는 생각을 가진다.

한번에 몰아서 적으려고 하면, 기억나지 않는다.

자신의 '이야기'를 빠짐없이, 상세하게 담아내야 한다.

매시간, 매일, 매주, 매달 학교생활기록부 작성 계획을 세워서 실천한다.

자신의 '성장'을 보여준다!

학교생활기록부 기록의 출발은 학교 교육과정(수업, 특강, 활동 등)이다. 하지만 그 교육과정'만'을 적는 것이 아니다. (교육과정 자체는 모두가 동일) 교육과정을 통해 생긴 학문적 호기심, 흥미, 관심사 등을 구체적으로 적는다. 그 이후 내가 학문적 호기심, 흥미, 관심사 등을 개인적으로 혹은 조별로 어떻게 심화 발전시켜 찾아보고 학습했는지가 드러나야 한다. '과정'이 중요하다. 결과는 그 다음이다. 결과 나열식 서술은 의미가 없다. 무엇을 '했다'는 것은 중요하지 않다. 그 무엇을 하기까지의 '과정'과 그 이후의 '노력'이 드러나야 한다. 이때 '노력'은 독서, 보고서 작성, TED 강의 시청 후 정리, 토론, 스터디, 캠프 참가 등 다양하다.

chapter 04

학생부종합전형에 대비한
학생부 실제 지도 사례

>>>>>

대학에서 원하는 인재상에 걸맞은 학교생활기록부를 위해서 필요
한 것은 교과 수업과 관련된 학생 스스로의 탐구활동을 증명할 수 있
는 다양한 학업적 활동과 그것을 하나의 스토리로 엮을 수 있는 학교
생활기록부이다. 이제 이 지침대로 실제 작성된 사례를 살펴보도록
하자.

'세부 능력 및 특기사항'
학교생활기록부 작성 사례 ◀

❭ 국어
'작품의 재구성과 공동체' 단원을 배우며 최인훈의 『광장』을 분석하

는 수행평가에서 이데올로기에 매몰된 1960년대 현실 상황을 논리적으로 비판하고 주인공이 유토피아를 찾아가는 과정을 인상 깊게 발표함. 이 과정에서 작가가 '의식의 흐름 기법'을 사용한 이유에 의문을 갖고 현대소설에 사용된 문체적 기법의 의도를 알기 위해 조너선 컬러의 『문학이론』을 읽고 개인의 내면 심리 변화를 그리기 위한 기법이 사용되는 모더니즘 소설의 특징을 학습함. 이후 방과 후 수업에서 리얼리즘과 모더니즘으로 양분된 1930년대 소설의 양상에 대해 배운 후 예술이 현실 문제에 참여하는 방법이 사실주의에 국한되어 있지 않다고 판단함. 〈1930년대 모더니즘 소설의 현실 인식 연구〉 논문, '현대문학사' 강의를 바탕으로 거대 서사 안에서 고뇌하는 개별적 주체의 특성을 주장한 〈1930년대 모더니즘 소설의 현실 인식 연구〉라는 보고서를 작성함. (460자)

▶ 수학

'확률과 통계' 단원을 배운 후 표본에 대한 통계적인 분석을 통하여 통계적 파라미터를 추정하고, 그 표본의 특징을 표현할 수 있는 방법을 조사하여 친구와 함께 보고서 작성 후 발표함. 이후 데이터 분석 과정에 흥미를 느끼고 '통계의 활용(서울과학기술대학교)' 강의를 듣고 통계 파라미터인 평균, 분산, 표준편차, 바이어스, 공분산, 상관계수, 왜도, 첨도를 학습함. '상관계수를 현실에 활용할 수 없을까'라는 의문에 두 변량 X, Y 사이의 상관관계의 정도를 수치적으로 나타내는 상관계수를 학습 시간과 과목 점수 간의 관계에 적용함. 이 과정에서 변수들 사이의 관계를 모형화하는 기법인 회귀분석을 알게 되어 온도 상승에 따른 전력 소모량 데이터에서 모형을 추정하여 블랙 아웃 현상의 발생 가능성을 예측해보며 자신의 진로인 데이터 분석 전문인으로 통계를 심도 있게 연구하고자 결심함. (436자)

➤ 물리

'정보의 발생과 활용' 단원에서 다양한 신호가 컴퓨터에 입력되는 과정을 알게 된 뒤, ADC 원리에 흥미를 갖고 탐구함. 그중 직접 ADC를 할 수 있는 아두이노를 대상으로 적외선 신호를 디지털 신호로 변환해 보고자, 『100% 실습! 리얼 아두이노』와 선행 탐구 자료를 통해 적외선 신호를 변환해보며 ADC에 사용하는 비트 수가 증가하면 신호 전압 축의 분해능이 좋아지는 현상을 확인함. '마이크로프로세서 및 실습(강형주)' 강의를 들으며 2진법 비트 표기보다 16진법을 활용했을 때 더 효용가치가 큰 것을 활용하여 손쉬운 16진법 변환 애플리케이션을 제작하고 보고서 〈샘플링 주파수와 ADC 비트 증가에 따른 효과 탐구〉를 작성함. (351자)

➤ 생물

'광합성' 단원을 배운 후 '캘빈회로'에 관심이 생겨 방사선 탄소 14C를 이용하면 회로의 루트가 쉽게 추적이 가능하다는 점에 흥미를 느낌. 『산책로에서 만난 즐거운 생물학』을 읽으며 광합성에 적합한 파장 범위에 궁금증이 생겨 다른 범위의 파장에서 광합성이 일어나지 못하는 이유를 조사하며 광합성의 필요충분조건을 탐구하여 틸라코이드막과 스트로마에서 일어나는 암반응과 명반응에 대해 정리한 보고서 〈Rubisco와 암반응 그리고 탄소고정〉을 작성 후 발표함. 이후 강의 'Life Science 1'을 통해 틸라코이드 막에서 엽록소와 다른 색소분자들이 광자를 받아서 어떻게 반응하는지 학습하며 반응중심복합체와 집광복합체의 구성요소에 대해 정리하고 광계I과 광계II의 반응 차이에 대한 보고서를 완성함. 호흡과 광합성의 반응식을 이용해 구조적 화학적 차이를 정리한 Prezi를 발표하고, 세포 내 공생설에 흥미를 갖고 이러한 가설이 주목 받고 있는 이유를 추가로 연구하고자 결심함. (491자)

> 화학

'산과 염기' 단원에서 산, 염기 및 중화반응에 대해 배운 후 '중화 적정실험'을 한 후 당량점에 관심이 생겨 화학량론적 반응을 알아보며 사고를 확장함. 실제 실험에서는 종말점과 당량점을 구분할 수 없다는 점에 의문이 들어 적정실험이 가능한 모든 경우의 수를 분석함. 산과 염기 농도에 따른 각각의 반응에 대해 가설을 세우고 실제 결과와 비교 분석하여 보고서를 작성함. 이후 지시약과 중화열 이외에 당량점을 더 쉽게 찾아낼 방안을 탐구하려 강의 '분석화학'을 들으며 Gran plot을 이용하여 당량점 구하는법, Micelle 이용한 적정, 표준액 조제 및 표정에 대해 학습하였고, 이를 바탕으로 'different ways to get equivalent point'를 완성함. 『케미가 기가 막혀』를 읽고 양성자를 주고

받는 산과 염기의 다른 정의에 대해 학습하고, 전자를 주고받는 산과 염기에 대해서도 심화학습함. (464자)

> ## 경제

'국민경제의 이해' 단원에서 실업 증감이 국민경제에 미치는 영향을 이론과 그래프를 통해 학습하고 이를 기사를 통해 확인하는 과정에서 역대 최고치 청년 실업률을 나타내고 있는 현 시점에 의문을 갖고 탐구를 진행함. 과정 중 2014, 2016년 한국의 실업률과 경제관계가 수업 시간에 배운 필립스 이론에 대입되지 않음을 확인하고 경제이론의 한계와 그에 따른 정책 방향에 관심을 가져『한국을 뒤흔든 금융권력』,『G2 불균형』을 읽고 원인을 분석함. 반복되는 경제 위기, 최근 저성장의 원인이 제조업 주요 국가들의 환율 경쟁과 그에 따른 세계 시장의 공급과잉에 있음을 확인하고 〈청년실업 미래 보고서〉의 노동시장 개혁 방향과 연계하여 세계시장의 추세에 따라 직업에 대한 접근 방식의 변화가 필요하다고 주장하며 미래 노동시장을 다룬 〈청년실업 위기와 청소년 세대의 위협〉이라는 보고서를 작성함. (439자)

> ## 법과 정치

'사회생활과 법' 단원에서 '언론'과 '여론'의 기능과 역할을 학습하고, 우리 사회 속에서 언론의 역할이 헌법 기본이념에 미치는 실증적 영향에 의문을 갖고 헌법 조항을 기반으로 관련 방송과 기사들을 조사함. 그 과정 중에 방송과 수사기관이 범죄 유형에 따라 '무죄추정의

원칙'을 적용하는 데에 있어 차별을 두고 있음과 피의자 단계에서 여론 심판을 받은 피의자·피고인의 무너진 삶을 알게 됨. 이에 착안하여 '여론의 유죄 확정 판결'의 위험성을 주제로 탐구를 진행 하고 탐구 과정에서 '헌법의 풍경', '언론 이야기'와 'What is news?' MOOC 강의를 통해 〈방송기관과 수사기관의 잘못된 협조 관계가 피의자·피고인에게 미치는 영향〉의 제목으로 보고서를 작성, 이를 교내 신문에 게재하여 학우들과 공유함. (396자)

> ### 사회 문화

'사회계층과 불평등' 단원에서 불평등이 성장으로 인한 부산물이 아니라 정치·사회·경제 등 복합적인 원인으로 인해 나타남을 알게 되고 '한국의 불평등은 경제성장과 맞물려 어느 정도 해결되었는가'라는 질문을 갖고 탐구함. '정의로운 한국 자본주의는 가능한가' 강의를 보고 1980년대와 2016년 현재 한국의 불평등 정도를 그래프로 표현하고 미국의 대공황부터 현재까지의 불평등 현상을 나타낸 그래프와 비교 분석함. 장하성 교수의 『왜 분노해야 하는가』를 읽고 한국의 불평등 현상을 해소하기 위해서는 케인즈의 수정자본주의를 기조로 한 국가의 효과적인 분배정책이 필요함을 깨닫고 소득의 분배 문제와 교육 문제가 불평등이 심화된 요인이라는 주장을 바탕으로 〈한국 사회의 불평등 현상의 원인 분석과 해결책〉이라는 보고서를 작성함. 이 과정에서 불평등 현상의 극복을 위해서는 경제를 성장과 분배라는 이분법적 사고가 아닌 통합적인 관점에서 봐야 한다는 결론을 내림. (478자)

▶ 한국사

'조선의 통치체제 변화' 단원을 배우며 조선의 징수체제 변화 양상과 이유를 학습하고 전후기의 징수체제의 변화를 비교하며 현재 징수체제에 주는 시사점이 무엇일까 관심이 생김. 『칼날 위의 역사』를 읽고 임진왜란과 병자호란을 통해 나타난 일부 기득권층을 위한 징수체제의 문제점이 무엇이었는지를 깨닫고 징수체제의 불합리성에 대해 분석함. 이러한 문제점을 극복하기 위해 대동법과 균역법, 영정법 등 다양한 징수체제 변화를 시도한 내용을 토대로 조선과 한국의 주요 징수체제를 비교 분석한 〈조선의 징수체제 변화가 한국 징수체제에 주는 시사점〉이라는 보고서를 작성함. 이 과정에서 조선의 대동법과 균역법 시행과 같이 서민의 삶과 직결되는 세금의 완화가 필요하며, 국민에게 납세의 의무를 강요하기보다 납세의 정당성과 신뢰를 구축할 수 있는 징수체제가 필요하다는 결론을 내림. (438자)

'독서활동'
학교생활기록부 작성 사례　　　◀

▶ 국어

'맥락을 통한 작품 감상' 단원에서 문학의 역할을 학습한 후 이광수의 『무정』 원문을 찾아 읽고 구어체 문장의 확립으로 인한 언문일치, 구체화된 묘사 방식, 현재 시제 어미의 구사 등 근대소설의 서술상의 특징을 발견함. 또한 봉건제 타파, 근대 민족국가의 건설 등이 당대의 시대 정신을 반영했음을 분석한 후 이를 '민족 계몽'이라는 주제로 승화한 작가가 일제 강점기 현실을 간과하고 추상적인 방안을 제시했다는 비판적 입장에서 〈무정의 문학사적 의의와 한계점〉이라는 보고서를 작성함.

이후 3·1 운동 직전을 다룬 염상섭의 『만세전』을 읽고 피카레스크 구성과 여로형 원점 회귀 구조가 지닌 효과와 의미를 이해하고 1인칭 주인공인 지식인의 시점으로 식민지 조선을 사실적으로 그리고 있지만 의식의 각성을 실천하지 못하는 당대 무기력한 식민지 지식인의 한계를 파악하고 '일제 강점기 소설 속에 드러난 지식인의 양상'이라는 주제로 이상, 채만식, 박태원의 작품을 추가로 읽고 보고서를 작성함. (495자)

> **수학**

'확률과 통계' 단원을 배운 후에 수행평가로 『세상을 움직이는 수학 개념 100』을 보며 난수는 무작위로 생성되는지 탐구함. PRNG 방식을 적용해보며 기본의 rand() 함수를 seed로 사용하면 난수이기는 하지만 예측 가능한 난수이므로 암호로 사용했을 때 보안에 문제가 될 수 있음을 알게 됨. 보안의 문제를 해결하기 위해 『네트워크 보안 에센셜』을 읽고 암호 분야인 랜덤넘버와 의사랜덤넘버를 구체적으로 학습하며 자신의 진로인 보안 전문가에서 수학이 어떻게 활용되는지 심화 연구하고자 결심함. (289자)

▶ 물리

『세상의 모든 공식』을 읽고 '파동과 빛' 단원에서 배운 스넬의 법칙에 관련하여 투명한 프라이버시-빛의 굴절과 반사와 관련된 내용으로 최단 시간의 원리인 페르마의 원리를 학습하고 빛의 반사와 전반사, 빛의 굴절과 스넬의 법칙을 탐구함. 기하학적인 방법과 미분을 이용한 방법으로 스넬의 법칙을 유도해보고 이를 바탕으로 물 속에서 맨눈으로 물체를 보면 선명하게 보이지 않는 이유를 알 수 있었음. 또한 빛이 같은 거리를 진행한다면, 굴절률이 n인 물질에서 진행할 때와 진공에서의 진행할 때 걸리는 시간이 다름을 학습하며 광경로의 원리를 알게 됨. (312자)

▶ 생물

'광합성' 단원에서 광합성 관련 탐구 후에 『아주 특별한 생물학 수업』을 읽고 특정 개체에게 일어나는 광합성에 흥미를 갖게 되어 광합성을 하는 것이 단순히 식물만이 아니고 조류에서도 발생한다는 것에 착안을 두어 광합성 발견의 역사에 대한 Prezi를 만들어 발표함. C3식물과 C4식물 그리고 CAM식물이 다른 방식의 광합성을 한다는 것을 학습하며 보고서 〈극한 환경에 대처하는 식물의 자세〉를 작성함. (229자)

▶ 화학

'산염기' 단원을 배운 후에 『영화로 새로 쓴 화학 교과서』를 읽고 현실의 세계인 과학과 상상의 세계인 영화가 지닌 연결점을 이해함. 세균의 환원효소에 의해 산화트리메틸아민이 트릴메틸아민으로 바뀌고, 이것이 생선 비린내이며 이를 산성인 레몬을 뿌림으로써 비린내를 제거할 수 있다는 것을 알게 되어 중화반응에 대한 실생활의 여러 가지 예를 탐구하여 보고서 〈우리 생활 속의 중화반응〉을 작성함. (222자)

> ## 사회 문화

근대화를 주제로 한 발표 수업을 진행한 후 과연 우리는 근대화되었는지에 대한 의문이 들어 『우리가 사는 세계』를 읽고 이를 바탕으로 〈인간의 이성과 근대화에 대한 고찰〉이라는 보고서를 작성함. 이 과정에서 한국은 기술적·과학적인 부분에서는 근대화를 이룩했다고 볼 수 있지만, 시민의식과 같은 무형적인 요소들은 아직 근대화되지 못했다고 판단하고 인문학적 지식이 필요함을 느낌. (220자)

> ## 한국사

'흥선대원군의 통치 체제 재정비' 단원에서 흥선대원군의 정책에 대해 배운 후 흥선대원군의 개혁정책 중 우리 현실에서 어떤 부분을 활용할 수 있을지 알아보기 위해 『칼날 위의 역사』를 읽고 호포제와 은결 색출, 사창제 시행은 조선 사회의 정의를 위한 의의가 있음을 알게 되고 이에 현재 한국도 증세를 위한 세금 징수의 정의와 사회복지 시스템 구축이 필요함에 대해 주장하는 〈흥선대원군의 개혁정책이 현대 한국에 주는 시사점〉이라는 보고서를 작성함. (253자)

> 법

　'사회생활과 법' 단원을 학습하고 법의 다양성을 알게 된 후『법이란 무엇인가』를 읽고, 법은 행동의 결과가 아닌 자유의지에 적용된다는 점과 과학의 발달로 법 적용의 대상이 바뀔 수 있다는 다양성을 알게 됨. 이를 기반으로 제거주의론의 '자유의지란 존재하지 않는다'라는 가설에 법 이념을 적용시킨 융합 활동을 통해 〈자유의지에 대한 존재 부정이 법 적용에 미치는 영향〉이라는 보고서를 작성하고 융합을 통해 스스로 세운 가설에 성실히 답을 찾아가는 모습을 보임.

> 경제

　'세계시장과 한국경제' 단원을 학습하고 타 국가들의 통화정책이 한국경제에 미치는 영향을 알게 됨. 이에 관심을 갖고『금융 이슈로 읽는 글로벌 경제』,『경제학자의 생각법』을 읽고, 국제사회 속 '밴드웨건' 현상이 국제 교류에 미치는 영향을 중점으로 '디플레이션'과 '양적완화'를 탐구하고 '주요 국가들의 집단적 행동과 선택이 국제 무역 교류에 미치는 영향'을 주제로 한국경제 '비집단적 선택'의 필요성과 한국형 양적완화 정책의 한계점을 비판적으로 고찰함.

부록

>>>>> 학생부종합전형 로드맵 컨설팅

>>>>> 학생부종합전형 계열별 로드맵

>>>>> 자기주도학습전형을 실시하는
      고등학교 입학 정보

>>>>> **추천 도서 목록**

- 초등학교 6학년 / 중학교 1학년

- 중학교 2학년 / 중학교 3학년

- 의과대학 / 과학자 / 법조계 / 국제

- 언론&미디어 / CEO / 원서

독서

> ### 고1

- 넓고 얕은 독서 : 전공 도서 5권, 인문·철학 분야 5권, 과학·철학 분야 5권, 문학·예술 분야 5권, 시사 분야 3권

> ### 고2

- 관심 분야의 논문 읽기
- 좁고 깊은 독서 : 전공 도서 10권, 인문·철학 분야 5권, 과학·철학 분야 5권, 문학·예술 분야 5권

동아리

> ### 전공 지식 + 융합 + 실용성

- 1학년 때는 동아리원들과 함께 관심 분야의 '데이터를 구축'하는 것을 목적으로 활동. 데이터 구축 과정에서 융합적 능력과 전공 분야의 지식을 보여줄 수 있음.
- 2학년 때는 구축된 데이터를 가공하여 창의적 소논문 완성.

> 인문사회 계열

(1) 번역술어집 간행 동아리 : 모든 전공에서 활용 가능.

- 전공 분야의 원서와 번역서를 함께 읽으며, 우선 전공 용어가 무엇인지부터 목록화하고, 이를 학계에서 어떤 번역 술어로 사용하고 있는지를 정리하여 번역술어집을 만드는 것이 동아리의 목표.
- 이 작업을 통해 전공 분야에서 사용되고 있는 핵심 개념들에 대한 정리도 가능함.
- 한 권의 원서와 번역서 세트 작업만으로도 고등학생에게는 의의가 있는 작업일 듯하나, 더 나아간다면 Oxford handbook, Cambridge handbook 등의 index를 보고 작업하는 방향으로 확장 가능.
- 1학년 : 번역술어집 간행.
- 2학년 : 이 중 하나의 개념어를 바탕으로 현상을 분석하는 소논문 작성.

(2) 국제재판 탐구반

- 모든 계열에서 활용 가능, 국제사회에서 일어나는 분쟁을 이해하기 위한 활동, 청소년 국제 모의 재판 대회 참가를 목표로 다양한 주제로 토론, 발표 수업을 진행.

(3) 인문학 독서토론반

- 고대 철학자들의 이론을 바탕으로 현대사회를 이해하는 시각을 넓히기 위한 활동, 철학자들의 사상과 가치관을 바탕으로 현대사회의 윤리 문제, 과학, 사회구조 등 다양한 부분을 해석, 발표 수업을 진행함.

(4) 인권 탐구반

- 인권의 보편적 가치를 고대·근대·현대 사상가들의 철학을 토대로 이해하고 현대사회의 인권 침해 사례에 적용하여 탐구하는 활동을 진행함. 예를 들어 성소수자를 위한 차별금지법 입법 논쟁 탐구 토론, 표현의 자유의 범위와 한계 등.

> **과학 + 인문 융합**

(1) 수과학 융합탐구 동아리

(2) 생명과학 동아리

(3) 과학철학 동아리

(4) 환경 탐구 동아리

교내외 활동

> **서울대 학생 연계 프로그램 참여**

• 청소년 과학 토요 과학교실 : 중3, 고1 대상

• 청소년을 위한 생명과학

• 환경과학 체험학습

• 청소년 융합기술캠프 : 고1 대상

• 자연과학 공개강연 참여 : 겨울방학 때 시행

• KAIST iCAMP(2016 Winter)

> **연세대 청소년 진로캠프 참가 : 여름방학 2박 3일 일정**

> **꾸준한 봉사활동 필요(관내 봉사와 전국구 봉사 병행)**

> **서울대, 연세대 모의 유엔 활동 참여 : 4월 신청**

> **전국 중고생 모의 유엔 가입 후 활동 : 상시**

> **청소년 국제 모의재판 대회 참가 : 12월~1월**

> 외교부 제210차 '외교관과의 대화' 참여, 공공외교관 국민참여 프로그램 신청 및 활동

> 다국어·다문화 민간외교 기자단 봉사 활동

> 모의행정부 정책회의 MAPC(대회) 참가, 전국 고등학생 글로벌 경제 토론 대회 참가, 경제 리더스 캠프 참가

소논문

> **소논문의 큰 방향**
  동아리 활동에서 구축한 데이터를 활용하여 자신만의 창의적인 논문 작성.

> **인문계열**
(1) 번역술어집 간행 동아리
- 영어 'vowel rising' 현상의 범위 설정 문제와 실현 양상 연구
- [grave] 자질의 음향 음성학적 특성 연구
- '모더니즘'과 '포스트 모더니즘' 시의 경계 설정 문제 탐구

(2) 국제 재판 탐구반
- 국제하천 분쟁의 제도적 해결 방안에 관한 연구
- 국제법 관점에서 본 한·미 주둔군지위협정(SOFA)의 쟁점과 개선 방향
- 국제저작권 분쟁에 있어서의 국제재판 관할과 준거법에 관한 연구

(3) 인문학 독서토론반

- 토머스 제퍼슨의 〈독립선언문〉을 통해 보는 권력조직과 인민의 권리
- 이성 중심의 정의론과 현실사회 중심의 사회정의론에 대한 이론적 고찰
- 군주의 권력 강화와 민중의 권력 강화의 양립 가능성과 접점

(4) 인권 탐구반

- 성소수자의 표현의 자유를 위한 정치할당제 도입에 관한 헌법적 연구
- 집회의 자유와 경찰권 행사에 관한 연구
- 선진 집회제도를 위한 법·제도적 방안을 중심으로

▶ 과학융합

(1) 융합기술 탐구반

- 인지 과학으로 풀어내는 생체 정보 원리
- 자연어 처리 기술 활용과 분석
- 지문인식 센서 및 알고리즘 분석

(2) 과학철학 탐구반

- 인공지능을 생명으로 봐야 하는 것인가
- 생물학적 다양성에 대한 견해
- 진화는 왜 일어나는 것인가

(3) 수·과학 융합 탐구 동아리

- 페르마의 최소시간 원리를 통한 파동의 굴절 및 스넬의 법칙
- 빅데이터를 이용한 질병의 진단과 예방 방안에 대한 연구
- 프렉탈 분석을 통한 생리의학적 질병의 탐색

(4) 환경 탐구 동아리

• 사라져가는 지구의 무리, 멸종동물과 환경 개선

• 세계 주요 국가들의 온난화 대책 동향에 관한 보고서

• 물 부족 국가 탈피를 위한 효율적 수자원 관리와 신기술 탐색에 대한 연구 보고서

생명과학(의학) 계열 로드맵

학년	항목	분야	도서목록	산출물	기간
고1	독서	생명과학	생명 40억 년의 비밀	생명 연장의 꿈, 노화의 원이노가 생명 연장을 위한 해결방안에 대하여	1학기
			생명이란 무엇인가(슈뢰딩거)		
			노화의 생물학, 분자생물학적 원인에 대하여(오상진)		2학기
		자연과학	과학혁명의 구조(쿤)	패러다임의 학문으로서의 과학의 본질과 발전 방향 모색	1학기
			엔트로피(제레미 러프킨)		2학기
		인문사회	21세기 자본(토마 피케티)	자본주의의 발달과 부의 집중으로 인한 분배구조의 불평등	
			동양철학 에세이(김교빈)		
	동아리	생명과학	의학(화타), 생명과학(추노)		
		융합	과학철학(프로메테우스), 수학(QED)		
			환경 동아리(조선일보와 함께하는 전국 연합동아리)		
	ET		Student—Friendly Chemistry(A)/1학년 이과생을 위한 심화생물실험 / 화학2 개념 정리반 / 고등수학 심화반		
	교내외 연계활동	전공 관련	한국과학창의재단 탐구반	여러 환경에서 서식하는 미생물의 생장 다양성에 관한 연구 보고서	학기 중
			서울대 생명과학 캠프	DNA 추출과 세포 소기관 관찰을 통하 기능과 모양의 연계성 연구	학기 중/방학 중
		융합	서울대 환경과학 체험학습		학기 중/방학 중
			서울대 청소년 토요 과학교실		
		인성	서울대—미술관 현대문화예술 강좌		상시
	국제계열		AP Calculus 시작반 / AP Physics coursework		

학년	항목	분야	도서목록	산출물	기간
고2	독서	생명과학	바이러스 폭풍(네이슨 울프)	세균 및 바이러스 감염으로 인한 감염병과 여러 물질을 통해 본 항생제의 작용 메커니즘	1학기
			바이러스 사냥꾼(피터 피오트)		2학기
			생명에서 생명으로(베른트 하인리히)		
		자연과학	세상 물정의 물리학(김범준)	순수과학과 기술과학, 그리고 사회로의 발전(STS)	1학기
			다시 과학을 생각한다(김재호, 편다현)		2학기
		인문사회	우리가 사는 세계, 인문적 인간이 만드는 문명지도(후마니타스 고양교육연구소)	자연과학의 인문학적 접근방법	1학기
			대담, 인문학과 자연과학이 만나다(도정일)		2학기
	동아리	생명과학	의학(화타), 생명과학(추노)	재생의학의 새로운 탐색, 유노만능 줄기세포의 연구현황과 전망	
		융합	과학철학(프로메테우스)		
			환경동아리(조선일보와 함께 하는 전국 연합동아리)	정기적으로 저명한 영역별 전문가 초청 컨퍼런스 진행	
	ET	캠벨 생명과학 특강 / 수학, 과학 구술면접 / 생물학 특론 / 기하벡터			
	교내외 연계활동	전공 관련	서울대 청소년을 위한 생명공학 캠프	플라스미드 DNA와 제한 효소에 관한 실습	학기 중
			한국과학창의재단 탐구반	유산균 발효 젖산을 이용한 생물학적 항생 효과에 관한 연구	상시
		융합	서울대 자연과학 공개 강연		겨울방학
			서울대 청소년 토요 과학교실		상시
		인성	서울대 숲 해설 프로그램, 여름방학 숲 교실		여름방학
			서울대 수요 박물관 강좌		상시
	국제계열	AP Chemistry / AP Statistics / AP Biology			

경제·경영 계열 로드맵

학년	항목	분야	도서목록	산출물	기간
고1	독서	전공 분야	나쁜 사마리아인들	경제원칙을 통한 자유시장경제의 실패 요인 분석	1학기
			그들이 말하지 않는 23가지		
			The Next Society	자본주의 체제에서의 화폐 전쟁과 다음 세대의 경제 트렌드	2학기
			자본주의란 무엇인가		
			통화전쟁		
	동아리	전공 분야	The Economist	UHEC 전국고등학생경제동아리 연합 자체 경제신문 발행. 시사 경제 토론 및 전국 경제 세미나 개최	학기 중
			PYLON	경제 동아리 / 심리학 동아리 연계 세미나 주최	학기 중
		학업관련	TAPA(모의 행정부)	경제산업부 : 약 2편의 경제정책 논문 작성 및 기획, 경제학 및 무역학 연구, 동아리 후원 국회, 정당들과의 컨퍼런스	학기 중
			GifTED		학기 중
			Ecolish(경제 봉사)	새싹 경제캠프 주최	학기 중
		봉사관련	사랑의 도시락(독거노인 봉사)		학기 중
			로타리 또는 램프(영어 교육 봉사)		학기 중
		공연 관련	SISYPHE, Scene(연극)		학기 중
	ET	KDI 경제 경시 대비반 / 미적분 입문밤(1학년 공통) / KDI 경제 한마당 기출 문제 풀이반			

학년	항목	분야	도서목록	산출물	기간
고2	독서	전공 분야	거장의 귀환	케인스 일반이론과 마르크스 자본론의 연관성	1학기
			21세기 통화전쟁	세계 각국의 통화전쟁과 한국에 대한 영향	1학기
			게임이론	게임이론과 심리학의 연계성	2학기
	동아리	전공 분야	The Economist	동아리 부장	학기 중
			TAPA 경제산업부		
		융합 분야	사회과학 및 IT 분야 융합 동아리	문이과 통합 동아리 개설	학기 중
			FACTO	경제학과 심리학의 연관된 부분 심화 탐구	학기 중
			The Scholars	인문학과 자연과학 분야의 융합 부분 탐구	학기 중
	ET	미적분과 통계 기본 / 수열과 극한에 대한 고찰 / AP Microeconomics			
	교내외 연계활동	전공 관련	시험/대비	KDI 경시대회 전국 고등학생 모의 행정부 경제정책 대회	겨울방학
			경제활동	연구소 인턴 체험활동 KDI 국내외 연구 보고서 정리 (한 달에 한 번) 경제 에세이집 작성 한국 리더스 포럼, 경제 관련 강연 UHEC(전국고등학교경제연합) 임원 시사경제 기사 10개 작성 경제 스피치(금융위기 이후의 한국의 통화정책) 한국은행 7대 보고서 정리	
		융합/인성		청소년 국립민속박물관 자문단 청소년 METEOR 외국어 봉사단 14기 한 학기는 간부 활동	

국제 계열 로드맵(정치 외교 분야)

학년	항목	분야	도서목록	산출물	기간
고1	독서	전공 분야	중국 속으로(대한민국 신국부론을 중점으로)	미국과 중국의 경쟁이 한반도에 미치는 영향에 대한 분석 중국의 저성장으로 인한 미국채 매각의 가능성을 중점으로 연구 JDZ을 통해 보는 한국에서의 국제법 중요성	1학기
			외교의 시대(패권국과 도전국의 정치 경제 이해)		
			국제법을 알아야 논쟁할 수 있는 것들(이어도, JDZ 관련 내용 이해)		
		인문사회	대통령을 위한 에너지 강의	물부족 국가 탈피를 위한 효율적 수자원 관리와 신기술 탐색에 대한 연구 보고서	1학기
			지속가능한 발전의 시대		
		자연과학	미적분 다이어리	적분과 역학적 에너지 보존 법칙을 이용한 사이클로이드 곡선의 해석	2학기
			수학으로 배우는 파동의 법칙		
	동아리	전공 분야	국제 재판 탐구반(조선일보랑 함께하는 전국연합동아리를 조직, 정기적으로 저명하신 영역별 전문가들과 컨퍼런스를 주최하여 참여)	한·중 FTA와 한국의 대중국 소비재 중심의 수출 전략 해저자원 공동개발에 대한 국제 법적 고찰	여름방학
		학업 관련	영어 번역 동아리	영시 iambic pentameter의 특징과 번역 방법 탐구(영어 능력/보고서)	여름방학
	ET		AP World History / 처음부터 차근차근 AP Microeconomics / 중국어 회화반		
	교내외 연계활동	외교부 주최	공공외교관 국민 참여 프로그램 신청 및 활동		5월
		봉사	다국어 다문화 민간외교 기자단 봉사활동		여름방학
		외교 통일부	모의행정부 정책회의 MAPC(대회) 참가 신청 및 대회 준비		겨울방학

학년	항목	분야	도서목록	산출물	기간
고2	독서	전공 분야	유엔 리포트 : 유엔 내부에서 바라본 유엔	유엔 ODA정책과 원조방향에 대한 탐구	1학기
			유엔에서 바라본 개발협력	국제법 관점에서 본 한미 주둔 군자위협정(SOFA)의 쟁점과 개선 방향	
			국제법과 한반도의 현안 이슈들 17		
		인문사회	야전과 영원	미셸 푸코, 자크 라캉, 피에르 르장드르를 통해 본 텍스트라 거리를 둔 해석의 실천과 현실과의 상호작용	1학기
			롤랑 바르트, 마지막 강의		
		자연과학	소리가 보이는 사람들	뇌과학적으로 설명한 공감각 현상과 예술과의 관련성	2학기
			우리 본성의 선한 천사		
	동아리	전공 분야	Aequitas, HAFS MUN	고고학, 민족지학, 인류학으로 바라본 폭력의 역사	1학기~여름방학
		학업 관련	수학 동아리	베르누이, 골드바흐, 오일러의 제타 값, 제타함수에 대한 정리 (수학 능력/보고서)	여름방학
	ET		AP Comparative Government and Politics / AP microeconomics / AP Calculus		
	교내외 연계활동		유엔한국협회 주최	서울대, 연세대 모의 유엔 활동 신청	4월
		전공 관련	대한민국 청소년 모의국제재판 대회(KYIMC) 참가	독도영유권 분쟁 / 산업화 급증으로 인한 사막화 현상 및 삼림 파괴로 인한 마찰 / 국제 공유 하천 분쟁 / 마늘 분쟁의 연장선으로 이어진 중국의 대한민국 핸드폰 수입 금지 및 희토류 불공정 무역	12월~1월
		학업 관련	KID 경제 경시 대비		여름방학

▶▶▶▶ 자기주도학습전형을 실시하는 고등학교 입학 정보

교육부 고입정보포털(www.hischool.go.kr) 참조

고등학교 유형

일반고	특목고	특성화고	자율고	기타
	외국어고 국제고 과학고 예술, 체육고 마이스터고	특성(직업) 특성(대안)	자율형 사립고 자율형 공립고	영재학교

전기·후기 모집에 따른 분류

전기 모집 – 특목고, 자율형 사립고 : 주로 자기주도학습 전형을 실시함.

후기 모집 – 일반고, 과학중점학교, 자율형 공립고 등.

학교 유형별 입학 정보

> **외국어고 · 국제고**

외국어고는 특수목적 고등학교 중에서 외국어 학습을 목표로 하는 고등학교이다.

일반적으로 사립 고등학교이고, 일부 국공립 외국어 고등학교도 있다.

국제고는 국제 전문 인재 양성을 목적으로 설립된 학교다.

외국어고와 국제고는 전기에 선발하며, 시도광역 단위로 모집한다. 단 자신이 속

한 광역시도에 외국어고·국제고가 없는 경우에는 다른 지역 외국어고·국제고에 지원할 수 있다. 다른 전기 학교와 동시에 지원할 수 없으며, 합격자는 후기 학교에 지원할 수 없다.

외국어고·국제고는 자기주도학습 전형으로 선발한다. 1단계에서는 영어 내신성적과 출결로 정원의 1.5~2배수로 선발하며, 2단계에서는 1단계 성적과 면접으로 최종 합격자를 선발한다. 외국어고는 31개교, 국제고는 7개교가 있다.

전국 외국어고 현황 (31개교)

대원외국어고등학교	동두천외국어고등학교
대일외국어고등학교	안양외국어고등학교
명덕외국어고등학교	과천외국어고등학교
서울외국어고등학교	고양외국어고등학교
이화여자외국어고등학교	김포외국어고등학교
한영외국어고등학교	경기외국어고등학교
부산외국어고등학교	강원외국어고등학교
부일외국어고등학교	충남외국어고등학교
부산국제외국어고등학교	청주외국어고등학교
대구외국어고등학교	전남외국어고등학교
인천외국어고등학교	전북외국어고등학교
미추홀외국어고등학교	경북외국어고등학교
대전외국어고등학교	경남외국어고등학교
울산외국어고등학교	김해외국어고등학교
수원외국어고등학교	제주외국어고등학교
성남외국어고등학교	

전국 국제고 현황 (7개교)
서울국제고등학교
고양국제고등학교
세종국제고등학교
인천국제고등학교
부산국제고등학교
청심국제고등학교
동탄국제고등학교

› 과학고

과학인재 양성을 위한 과학고는 전기에 선발하며, 광역 단위로 모집한다.

자기주도학습 전형으로 1단계에서 중학교 학교장이 추천한 학생을 입학담당관이 검증하며, 2단계에서는 내신 성적, 서류 평가, 면접 평가 결과를 종합하여 합격자를 선발한다. 다른 전기 학교와 동시에 지원할 수는 없으며, 합격자는 후기 학교에 지원할 수 없다. 전국 20개교가 있다.

전국 과학고 현황 (20개교)	
경기북과학고등학교	제주과학고등학교
울산과학고등학교	창원과학고등학교
대전동신과학고등학교	경남과학고등학교
인천진산과학고등학교	경산과학고등학교
인천과학고등학교	경북과학고등학교
대구일과학고등학교	전남과학고등학교
부산일과학고등학교	전북과학고등학교
부산과학고등학교	충남과학고등학교
한성과학고등학교	충북과학고등학교
세종과학고등학교	강원과학고등학교

▶ 예술고·체육고

예술고·체육고는 전국 단위로 모집하며, 전기에 선발한다. 선발 방식은 내신, 면접, 실기 등으로 이루어진다. 학교별로 전형 요강을 정하고 있으므로 지원하기 전에 학교별 전형 요강을 확인한다. 전국 43개교(예술28/체육15)가 있다.

▶ 마이스터고

유망 분야의 특화된 산업 수요와 연계하여 예비 마이스터를 양성하는 특수목적 고등학교로, 전문적인 직업 교육을 위한 맞춤형 교육과정을 운영한다. 학생의 소질과 적성을 고려한 현장 중심 기술교육을 통한 실무형 우수 인재 양성을 목표로 하며, 학비 면제와 기숙사 생활, 실무외국어 교육 등 다양한 혜택이 주어진다. 전국 단위로 모집하며, 전기에 선발한다.

교과 성적(내신)과 심층 면접, 실기점수 등으로 선발하는데, 매년 10월 다른 학교들보다 가장 먼저 학생을 선발하여 마이스터고에 입학하지 못하더라도 다른 특성화고와 인문계고 지원이 가능하다. 그러나 마이스터고에 대한 중복 지원은 불가능하다. 상세 정보는 마이스터고등학교 홈페이지(www.meister.go.kr)에서 확인해볼 수 있다. 전국 21개교가 있다.

▶ 자율형 사립고

사립학교의 자율성 확보를 위해 설립된 자율형 사립고는 정부의 보조금을 받지 않고 학교 스스로 교과과정을 운영하고 학생과 교사의 선발, 교육비 책정 등에 있어서도 정부의 간섭을 받지 않는 학교를 말한다. 교사자격증이 없는 전문가도 교사가 될 수 있도록 산학겸임교사제도 허용하고 교장직을 개방해서 자격증이 없어도 경영 능력이 있는 각계 인사들이 맡을 수 있도록 했다. 교과과정은 의무적으로 편성해야 할 국민공통 기본과정 56단위를 제외하고는 자율편성할 수 있고, 교과서도 국민공통 과정 해당과목을 제외하고는 자율적으로 채택할 수 있다.

자율형 사립고는 전기에 선발하며 광역 단위로 모집하는데, 일부 전국 단위 선발

학교도 있다.

평준화 지역은 학교에 지원한 학생들을 추첨을 통해 모집하며, 내신 성적 제한은 없다. 그 외 지역(비평준화 지역)에서는 학교에서 자율적으로 선발하되 필기고사는 금지되어 있다.

하나고를 제외한 서울 지역의 자율형 사립고는 1단계 추첨, 2단계 면접으로 전형을 실시하고, 그 외 자율형 사립고는 자기주도학습 전형(1단계 내신, 2단계 면접)을 실시하거나, 내신 일정 범위 내 추첨을 통해 선발한다. 전국 49개교가 있다.

광역 단위 자율형 사립고 현황	
서울	경문고등학교 경희고등학교 대광고등학교 대성고등학교 동성고등학교 배재고등학교 보인고등학교 선덕고등학교 세화고등학교 세화여자고등학교 숭문고등학교 신일고등학교 양정고등학교 이화여자고등학교 이화여자대학교 사범대학 부속 이화금란고등학교 장훈고등학교

서울	중동고등학교 중앙고등학교 한가람고등학교 한양대학교 사범대학 부속고등학교 현대고등학교 휘문고등학교
부산	해운대고등학교
대구	경신고등학교 경일여자고등학교 계성고등학교 대건고등학교
광주	송원고등학교 숭덕고등학교
대전	대성고등학교 대전대신고등학교
울산	성신고등학교
경기	안산동산고등학교
충남	충남삼성고등학교
전북	군산중앙고등학교 남성고등학교

이 중 2016학년도 기준 자기주도학습 전형을 시행하고 있는 전국 단위 모집 자율형 사립고등학교는 다음과 같다.

전국 단위 자사고
하나고등학교
현대청운고등학교
용인한국외국어대학교부설고등학교
민족사관고등학교
천안북일고등학교
상산고등학교
김천고등학교
포항제철고등학교
광양제철고등학교
인천하늘고등학교

❯ 자율형 공립고

교육 여건이 열악한 지역의 공립고 교육력 제고를 통해 지역 간, 계층 간 교육 격차 완화를 위해 설립되었다. 자율형 공립고는 광역 단위로 모집하며, 후기에 선발한다. 평준화 지역의 경우 내신 성적을 반영하여 추첨 등의 방식으로 학생을 선발하며, 비평준화 지역은 자기주도학습 전형(내신+면접)으로 선발하며 필기고사는 금지되어 있다. 전국 58개교가 있다.

❯ 영재학교

재능이 뛰어난 사람을 조기 발굴하여 능력과 소질에 맞는 교육을 실시하기 위한 목적으로, 영재교육진흥법에 의거하여 설립, 운영된다. 영재학교는 전국 단위로 모집하며 추천 및 선정심사위원회의 심의로, 입학 전형은 전기에 실시한다. 다른 전기 학교에 동시 지원이 가능하며 합격 또는 불합격 여부와 상관없이 후기에 다른 유형의 학교에도 지원할 수 있다. 전국 6개교가 있다.

전국 단위 영재학교
KAIST부설한국과학영재학교
서울과학고등학교
경기과학고등학교
대구과학고등학교
대전과학고등학교
광주과학고등학교
인천과학예술영재학교
세종과학예술영재학교

〉 일반고

일반고는 광역 단위로 모집하며 후기에 선발한다. 평준화 지역은 추첨과 배정으로, 비평준화 지역은 내신과 선발고사로 입학 전형을 실시한다. 지역별로는 울산, 경기, 강원, 강북, 충북, 충남, 전북, 전남, 경북, 제주 9개 시도가 선발고사를 실시한다. 평준화 지역의 대부분 시도에서 선 지원, 후 추첨 방식을 채택하고 있다. 전국에 1,520개교가 있다.

〉 특성화고

특성 소질과 적성 및 능력이 유사한 학생을 대상으로 특정 분야 인재양 성을 목적으로 체험 위주 교육을 전문적으로 실시하는 학교로, 전문화된 직업 교육을 시행하는 공업고등학교, 상업고등학교(정보산업고등학교), 농업고등학교 등으로 다양하게 구분된다. 전기에 선발하며 지역 단위 및 전국 단위로 선발하는 학교가 있으므로 학교별 입학 요강을 확인하여 지원해야 한다. 주로 내신성적을 바탕으로 면접 등으로 선발한다. 전국 474개교가 있다.

자연현장실습 등 체험 위주 교육을 실시하는 대안 특성화학교도 있는데, 대부분 서류 전형(자기소개서, 학부모소개서, 학교생활기록부, 추천서)과 심층면접, 또는 내신과 면접으로 선발한다. 일부 학교는 해당 지역 학생들을 우대하고 있으며, 일부 공립학교는 100% 지역 내 학생을 대상으로 선발한다. 전국 24개교가 있다.

※ 구체적인 입학 정보는 수시로 변할 수 있으니 교육부가 운영하는 고입 정보 포털 사이트나 각 학교 홈페이지를 참고한다.

순번	분야	책 제목	출판사	저자
1		세상에서 가장 완벽한 교실	푸른숲주니어	유진 옐친
2		소원을 비는 나무	이숲	윌리엄 포크너
3		텐텐 영화단	사계절출판사	김혜정
4		달나라 소년	부키	이언 브라운
5		왕따 실험 생중계	우리교육	덕 빌헬름
6	국어	신라를 뒤흔든 16인의 화랑	풀빛	이수광
7		빼앗긴 내일	태학사	즐라타 필리포빅
8		열여덟 소울	살림Friends	김선희
9		몬스터 바이러스 도시	문학동네어린이	최양선
10		나는 부모와 이혼했다	큰북작은북	라헬 하우스파터
11		너를 위한 50마일	시공사	조단 소넨블릭
1		조선통신사 여행길	그린북	이기범, 김동환
2		문화로 읽는 세계	명인문화사	마틴 J. 개논 외
3		차별의 기억	생각과느낌	베벌리 나이두
4		우리가 알아야 할 동물복지의 모든 것	슬로비	박하재홍
5		백마 탄 왕자들은 왜 그렇게 떠돌아다닐까	페이퍼로드	박신영
6	사회	국제 관계, 어떻게 이해해야 할까?	내인생의책	닉 헌터
7	역사	생각이 크는 인문학 1 : 공부	을파소	김윤경
8		생각이 크는 인문학 2 : 아름다움	을파소	한기호
9		청소년, 정치의 주인이 되어 볼까?	사계절출판사	이효건
10		피터 히스토리아 세트 2권	북인더갭	교육공동체 나다
11		민주공화국 대한민국의 탄생	휴머니스트	김육훈
12		10대와 통하는 미디어	철수와영희	손석춘
1		속담 속에 숨은 수학	봄나무	송은영
2		4,5점의 수학나라	동녘	방승희
3		이야기 파라독스	사계절출판사	마틴 가드너
4		아무도 풀지 못한 문제	지호	박영훈
5	수학	수학은 아름다워 1, 2	동녘	육인선
6		꼴찌들도 잘 먹는 맛있는 수학	청림출판	베르너 티키 퀴스텐마허 외
7		빙글빙글 수학 놀이공원	경문북스	이바슨 피터슨 외
8		셈도사 베레미즈의 모험	경문북스	말바 타한
9		0의 발견	사이언스북스	요시다 요이치

순번	분야	책 제목	출판사	저자
10	수학	이상 야릇 수의 세계	주니어김영사	샤르탄 포스키트
11		청소년을 위한 서양수학사	두리미디어	고상숙
12		학교담을 넘은 수학	한승	오카베 쓰네하루
13		힐베르트 수학으로 미래를 열어라	살림어린이	정성란
14		칸토어수학으로 불가능을 뛰어넘어라	살림어린이	김경희
15		천재고양이 펜로즈의 수학개념 대탐험	살림Math	테오니 파파스
16		3일만에 익히는 수학의 원리	서울문화사	고바야시 미치마사
17		해리포터 수학카페 1, 2	살림Math	명백훈, 정은주
18		수학콘서트	동아시아	박경미
19		수학으로 이루어진 세상	에코리브르	키스 데블린
1	과학	생명은 왜 성을 진화시켰을까?	와이스쿨	장대익
2		세계 최초 제국은 왜 몰락했을까?	아카넷주니어	피터 크리스티
3		지구가 뿔났다	꿀결	남종영
4		전쟁 이야기 속에 숨은 과학을 찾아라	갈대상자	위빙정
5		생물학 미리보기	길벗스쿨	정부희
6		전기와 자기	이치사이언스	곽영직
7		힘과 운동	이치사이언스	다이앤 스와슨
8		아인슈타인 프로젝트	다른세상	정재승 외
9		과학, 10월의 하늘을 날다	청어람미디어	한무영
10		빗물탐구생활	리젬	송하영
1	예술	음대로 가는 길 그리고 안단테 칸타빌레	RCP KOREA	안소정
2		세한도의 수수께끼	창비	공주형
3		나를 완성하는 미술관	탐	이명옥
4		학교에서 배웠지만 잘 몰랐던 미술	시공아트	미셸 프로보스트 외
5		(+수학) 건축물의 구조 이야기	그린북	호세 안토니오 마리나
6		(+역사) 뒤샹은 왜 변기에 사인을 했을까?	풀빛	박석근
7		수상한 화가들	사계절출판사	이랑
1	진로	십대를 위한 지식 백과	꿈결	최정원, 정미선
2		어린이를 위한 미래 직업 100	이케이북	탁석산
3		성적은 짧고 직업은 길다	창비	박성일
4		역사와 함께 푸는 창의수학	생각너머	크리스 워링
5		0에서 무한까지	세종연구원	대니카 맥켈러
6		키스 마이 매스	민음인	

순번	분야	책 제목	출판사	저자
1	국어	모든 곳이 돌아오는 곳	창비	존 코리 웨일리
2		엘렌의 일기	소담출판사	엘렌 베르
3		검은 고독 흰 고독	필로소픽	라인홀트 메스너
4		젊은 그대에게 보내는 인생의 편지	김영사	앙드레 모루아
5		그 여름의 서울	창비	이현
6		고전이 건네는 말 1 : 너는 네가 되어야 한다	너머학교	수유너머 R
7		고전이 건네는 말 2 : 나를 위해 공부해라	너머학교	수유너머 R
8		연을 쫓는 아이	열림원	할레드 호세이니
9		황허에 떨어진 꽃잎	뜨인돌	카롤린 필립스
10		쾅! 지구에서 7만 광년	비채	마크 해던
11		과학실에서 읽은 시	실천문화사	하상만
12		내 이름은 용비	이후	욤비 토나
13		GO	북폴리오	가네시로 가즈키
14		난 네가 싫어	다른	케이트 맥카프리
1	사회 역사	설탕, 세계를 바꾸다	검둥소	마크 애론슨, 마디나 부드호스
2		길이 학교다	낮은산	조지욱
3		청춘, 판에 박힌 틀을 깨다	서울문화사	류광현
4		당신이 알아야 할 한국사 10	엔트리	서경덕 외
5		생각하는 십대를 위한 철학 교과서. 나	꿈결	고규홍
6		위대한 경제	지식 갤러리	에드먼드 콘웨이
7		그렇게 살라는 데는 다 철학이 있다	좋은날들	이창후
8		히스토리아 노바	산처럼	주경철
9		내일을 위한 경제학	다시봄	참사회경제교육연구소
10		슘페터 자본주의 사회주의 민주주의	주니어김영사	손기화
11		십대를 위한 동아시아사 교과서	뜨인돌	김무신
12		세계인권선언	프롬나드	조효제 옮김
13		팔만대장경도 모르면 빨래판이다	살림터	전병철
1	수학	한 줄에 꿰는 수학 이야기	경문북스	르윈터 위둘스키
2		재밌어서 밤새 읽는 수학 이야기	더숲	사쿠라이 스스무
3		우리 역사 속 수학 이야기	사람의무늬	이장주
4		암호 낙서의 비밀	주니어김영사	웬디 리치먼
5		비하인드 수학파일	예담	이광연
6		수학암살	사계절출판사	클라우디 알시나

순번	분야	책 제목	출판사	저자
7	수학	칸토어가 만든 집합	자음과모음	김종영
8		대수와 방정맞은 방정식	주니어김영사	샤르탄 포스키트
9		세상에서 가장 재미있는 통계학	궁리	울코트 스미스
10		여론 조사를 믿어도 될까?	민음in	질 도웰
11		야구장으로 간 수학자	휘슬러	켄 로스
12		눈으로 보며 이해하는 아름다운 수학	한승	클라우디 알시나, 로저 넬센
13		풀지 않고 읽는 수학	살림Math	세야마 시로
14		아르키메데스의 수학노트	녹색지팡이	김기정
15		수학이 순식간에	주니어김영사	리즈 앳킨슨, 수 앳킨슨, 팀 스콧
16		파이의 역사	경문사	페트르 베크만
17		모든 이를 위한 수학	라이프맵	홀거 담베크
18		소수 공상	반니	김민형
19		마틴 가드너 수학자의 노트	보누스	마틴 가드너
20		손안의 인피니티	작은책방	마이크 플린
1	과학	새와 함께 꿈을 꾸다	자연과사람	박진석
2		달의 뒤편으로 간 사람	비룡소	베아 우스마 쉬페르트
3		스피벳	비채	레이프 라슨
4		청소년을 위한 뇌과학	비룡소	니콜라우스 뉘첼, 위르겐 안드리히
5		오늘의 지구를 말씀드리겠습니다	양철북	김추령
6		세상을 바꾼 동물	다른	임정은
7		우주의 비밀	갈매나무	아이작 아시모프
8		개미 1~5	열린책들	베르나르 베르베르
9		실 잣는 사냥꾼 거미	자연과생태	이영보
10		전통 속에 살아 숨쉬는 첨단 과학 이야기	교학사	윤용현
1	예술	청소년을 위한 무량수전 배흘림기둥에 기대서서 1~4	학고재	최순우
2		자화상전	어바웃어북	천빈
3		뉴욕이 사랑한 천재들	열대림	조성관
4		세상에서 가장 재미있는 소리, 판	어젠다	김흥식
1	STEAM	미술관 옆 사회교실	살림 Friends	이두현 외
2		예술을 꿀꺽 삼킨 과학	살림 Friends	김문제 외
1	진로	청년, 창업에 미치다	북퀘스트	청년창업사관학교
2		세상은 바꾸고 역사는 기록하라	푸르메	신동식 외 20인
3		나는 골목의 CEO다	삼성경제연구소	이갑수 외
1	창의성	브릴리언트	인사이트앤뷰	조병학, 이소영
1	봉사	청소년 자원봉사 어떻게 할까?	초록우체통	백은영
2		열세 살 딸에게 가르치는 갈루아 이론	승산	김중명
3		수학을 낳은 위대한 질문들	휴먼사이언스	토니 크릴리

순번	분야	책 제목	출판사	저자
1		방언정담	어크로스	한성우
2		놓치기 아까운 젊은 날의 책들	모아북스	최보기
3		신화의 시대	물레	이청준
4		뜬 세상의 아름다움	태학사	정약용
5		정범기 추락 사건	창비	정은숙
6		우주비행	사계절출판사	홍명진
7	국어	갑신년의 세 친구	창비	안소영
8		개 같은 날은 없다	비룡소	이옥수
9		방관자	미래인	제임스 프렐러
10		이 소녀는 다르다	자음과모음	J. J. 존슨
11		열일곱 살, 펑 터질 것 같은	책그릇	멜리나 마체타
12		아Q정전	창비	루쉰
13		빵과 장미	문학동네	캐서린 패터슨
1		장애인 복지 천국을 가다	부키	백경화 외 9인
2		끝나지 않은 노예의 역사	스마트주니어	마조리 간, 재닛 윌렌
3		빅 데이터, 세상을 이해하는 새로운 방법	레디셋고	박순서
4		만화로 보는 경제학의 거의 모든 것	다른	마이클 굿윈
5		논쟁하는 경제 교과서	신인문사	권재원 외
6	사회	세계사 7대 사건을 보다	리베르스쿨	박찬영, 정호일
7	역사	그 때 세종이 소리친 까닭은	푸른나무	김육훈
8		부시맨과 레비스트로스	풀빛	최협
9		문화의 수수께끼	한길사	마빈 해리스
10		생각해 봤어?	교육공동체 벗	홍세화 외
11		돈으로 살 수 없는 것들	와이즈베리	마이클 샌델
12		미국에서 태어난 게 잘못이야	부키	토머스 게이건
13		생각연습	너머학교	리자 하글룬트
1		수학 괴물을 죽이는 법	미래인	리처드 엘위스
2		수냐의 수학 영화관	궁리	김용관
3		어메이징 그래비티	궁리	조진호
4	수학	인생은 오묘한 수학방정식	재미마주	클레망스 강디요
5		흥미있는 수학 이야기	수학사랑	이만근, 오은영
6		왓슨, 내가 이겼네	경문북스	콜린 브루스
7		어리버리 수학 뽀개기	리빙북스	이용신

순번	분야	책 제목	출판사	저자
8	수학	왜 버스는 한꺼번에 오는 걸까?	경문북스	롭 이스터웨이
9		쉽게 읽는 페르마의 마지막 정리	경문북스	아미르 D. 악젤
10		수학의 언어	해나무	케이스 데블린
11		수학은 자유이다	북스힐	신기영
12		파이의 즐거움	경문북스	데이비드 블래트너
13		황금비에는 황금이 있다?	수학사랑	김미자 외
14		라쁠라스의 악마는 무엇을 몰랐을까	창비	양운덕
15		비트겐슈타인은 왜 말놀이판에 나섰을까	창비	양운덕
16		아킬레스는 왜 거북이를 이길 수 없을까	창비	양운덕
17		자연, 예술, 과학의 수학적 원형	경문북스	마이클 슈나이더
18		재수가 아니라 확률이다	휘슬러	버트 K. 홀랜드
19		과학공화국 수학법정	자음과모음	정완상
20		대통령을 위한 수학	살림	조지 슈피로
1	과학	담수생물'S 노트	책미래	박종현
2		에네르기 팡	생각의 힘	박동곤
3		레오나르도가 조개화석을 주운 날	세종서적	스티븐 J. 굴드
4		플라이 투 더 문	뜨인돌	마이클 콜린스
5		어메이징 그래비티	궁리	조진호
6		식물은 알고 있다	다른	대니얼 샤모비츠
7		우리는 모두 외계인이다	현암사	제프리 베넷
8		처음 읽는 우주의 역사	휴머니스트	이지유
9		미친 연구, 위대한 발견	푸른지식	비리 오드워드 외
10		자연은 위대한 스승이다	김영사	이인식
11		페가서스 10000마일	워크룸프레스	이영준
1	예술	프로젝트 뉴욕	아트북스	이민기, 이정민
2		디자이너 세계	인퍼블릭	김선아
3		랩으로 인문학 하기	탐	박하재홍
4		피아노와 이빨	멘토르	윤효간
5		더 나은 세상을 찾아서	로도스	최민식
6		예술가의 여행	웅진지식하우스	요아힘 레스
7		색에 미친 청춘	미다스북스	김유나
8		군자의 삶, 그림으로 배우다	다섯수레	조인수
9		당신도, 그림처럼	앨리스	이주은
1	여행	나는 오늘도 사막을 꿈꾼다	일리	김효정

순번	분야	책 제목	출판사	저자
1	국어	화정만필	고요아침	기태완
2		사연이 담긴 시 이야기	한울(한울아카데미)	마종필
3		나의 열여덟은 아름답다	나라말	이현희
4		나의 아름다운 정원	한겨레출판	심윤경
5		조선 최고의 예술 판소리	아이세움	정출헌
6		손님	창비	황석영
7		눈먼 자들의 도시	해냄	주제 사라마구
8		철학자와 늑대	추수밭	마크 롤랜즈
9		열여덟, 너의 존재감	르네상스	박수현
10		한국인이면 반드시 알아야 할 신문 속 언어지식	행담	장진한
11		소설가 구보씨의 일일	문학과지성사	박태원
12		형제 1, 2, 3	휴머니스트	위화
13		페스트	책세상	알베르 카뮈
1	사회 역사	한국 철학 콘서트	민음사	홍승기
2		심리계좌 – 돈에 관한 다섯 가지 착각	살림Biz	이지영
3		철학의 세 가지 질문	지식의 숲	마이클 켈로그
4		CEO 시를 알면 성공한다	고요아침	황인원
5		어머니의 힘	반딧불이	이세인
6		세계화?	푸른나무	토머스 슈뢰터
7		오영수 교수의 매직 경제학	사계절출판사	오영수
8		문화의 발견	문학과지성사	김찬호
9		자본의 시대	한길사	에릭 홉스봄
10		잡식동물의 딜레마	다른세상	마이클 폴란
11		나의 권리를 말한다	뜨인돌	전대원
12		히말라야 도서관	세종서적	존 우드
13		죽은 경제학자의 살아 있는 아이디어	김영사	토드 부크홀츠
14		생각의 좌표	한겨레출판	홍세화
15		경제학 콘서트	웅진지식하우스	팀 하포드
16		동경대생들에게 들려준 한국사	태학사	이태진
17		팩션시대, 영화와 역사를 중매하다	프로네시스(웅진)	김기봉
18		한국철학 에세이	동녘	김교빈
19		독립의 기억을 걷다	한울(한울아카데미)	노성태
20		국화와 칼	책만드는집	루스 베네딕트
21		세계사를 움직이는 다섯 가지 힘	뜨인돌	사이토 다카시

순번	분야	책 제목	출판사	저자
22	사회 역사	청소년을 위한 정신 의학 에세이	해냄	하지현
23		누가 거짓말을 하고 있는가?	쌤앤파커스	김종배
24		착한 것이 살아남는 경제의 숨겨진 법칙	상상너머	정태인
1	수학	수학의 유혹	문학동네	강석진
2		로지코믹스	랜덤하우스코리아	아포스톨로스 독시아디스, 크로스토스 H. 파파디미트리우
3		100년의 난제 : 푸앵카레 추측은 어떻게 풀렸을까?	살림Math	가스가 마사히토
4		수학세상 가볍게 읽기	한승	데이비드 애치슨
5		누구나 쉽게 배우는 미적분	Gbrain	히사시 요코타
6		링크	동아시아	앨버트 라슬로 바라바시
7		기호와 공식이 없는 수학카페	휴머니스트	박영훈
8		수학비타민 플러스	김영사	박경미
9		페르마의 마지막 정리	영림카디널	사이먼 싱
10		수학으로 배우는 파동의 법칙	Gbrain	Transnational College of LEX
11		수학 바로보기	여울	고중숙
12		새빨간 거짓말 통계	더불어책	대럴 허프
13		세계를 삼킨 숫자 이야기	생각의나무	I. B. 코언
14		피타고라스의 발견	창비	줄리 엘리스
15		선뜩선뜩 삼각법	수니어김영사	샤르탄 포스키트
16		이야기로 아주 쉽게 배우는 삼각함수	이지북	더글라스 다우닝
17		수학여행자를 위한 안내서	들녘	귄터 치글러
18		비트겐슈타인의 수학의 기초에 관한 강의	올	루트비히 비트겐슈타인
19		수학의 창을 통해 보다	경문사	이규봉
20		수학 그리고 컴퓨터	경문사	강성주
21		수학적인 생각의 구체화와 지도	경문사	카타기리 시게오
22		휜 비틀린 꼬인 공간의 신비	경문사	싱퉁 야우
23		유클리드 데이터	경문사	크리스천 마르누스 테이즈벡
24		융합 창의 인성 소통을 위한 프랙탈과 카오스	교우사	안대영
25		역사가 있는 해석학	경문사	이정근
26		미적분의 역사	교우사	C. H. Edwards Jr
27		암호의 세계	교우사	최병문
28		위대한 수학 문제들	반니	이언 스튜어트
29		수학으로 미래를 열어라	좋은땅	한재영, 이재순, 한지연

순번	책 제목	출판사	저자
1	의학사를 이끈 20인의 실험과 도전	주니어김영사	크리스티안 베이마이어
2	아파야 산다	김영사	샤론 모알렘
3	나는 고백한다 현대의학을	동녘 사이언스	아툴 가완디
4	배드 사이언스	공존	벤 골드에이커
5	기생충 제국	궁리	칼 짐머
6	마음을 움직이는 뇌, 뇌를 움직이는 마음	해나무	민성길 외
7	생명공학 소비시대 알 권리 선택할 권리	동아시아	김훈기
8	뇌, 약, 구, 체	동아시아	박태현 외
9	건강할 권리	후마니타스	김창엽
10	의료 세계화, 자본은 우리를 어떻게 병들게 하는가?	이후	셰린 우스딘

순번	책 제목	출판사	저자
1	1% 천재들의 과학 오디션	21세기북스	주디 더튼
2	탐구한다는 것	너머학교	남창훈
3	실험에 미친 화학자들의 무한도전	살림Friends	필립 볼
4	거인들의 생각과 힘	까치글방	빌 브라이슨
5	우리에게 과학이란 무엇인가	사이언스북스	이권우 외
6	화학에서 인생을 배우다	더숲	황영애
7	사라진 스푼	해나무	샘 킨
8	과학의 천재들	다산초당	앨런 라이트먼
9	진실을 배반한 과학자들	미래인	니콜라스 웨이드 외
10	물리학자의 철학적 세계관	필로소픽	에르빈 슈뢰딩거

순번	책 제목	출판사	저자
1	데스노트에 이름을 쓰면 살인죄일까	애플북스	김지룡 외
2	아니야, 우리가 미안하다	우리학교	천종호
3	법은 왜 부조리한가	와이즈베리	레오 카츠
4	셰익스피어, 정의를 말하다	지식의날개	켄지 요시노
5	정의가 법이라는 곧 그럴듯한 착각	나무의철학	스티븐 러벳
6	확신의 함정	한겨레출판	금태섭
7	조영래 – 인권변호사	사계절출판사	박상률
8	헌법의 풍경	교양인	김두식
9	사코와 반제티	삼천리	브루스 왓슨
10	세상을 바꾼 법정	궁리	마이클 S. 리프 외

순번	책 제목	출판사	저자
1	현실주의자를 위한 변명	동녘	사람으로 읽는 한국사 기획위원회
2	서희의 외교 담판	살림	장철균
3	전통과 수용	돌베개	이혜순
4	돌아온 외규장각 의궤와 외교관 이야기	눌와	유복렬
5	역사 속의 젊은 그들	을유문화사	하영선
6	유엔, 강대국의 하수인인가 인류애의 수호자인가?	이후	매기 블랙
7	아틀라스 세계는 지금	책과함께	장 크리스토프 빅토리
8	빼앗긴 대지의 꿈	갈라파고스	장 지글러
9	세계는 왜 싸우는가?	추수밭	김영미
10	세계 경제의 지배자들	현실문화	장 클로드 드루앵

언론&미디어

순번	책 제목	출판사	저자
1	언어의 달인, 호모 로켄스	북드라망	윤세진
2	빌 코바치의 텍스트 읽기 혁명	다산초당	톰 로젠스틸 외
3	역정: 나의 청년시대	창비	리영희
4	뉴스의 종말	21세기북스	켄 닥터
5	신문 읽기의 혁명	개마고원	손석춘
6	신경민, 클로징을 말하다	참나무	신경민
7	팝콘을 먹는 동안 일어나는 일	풀빛	김선희
8	커넥팅	삼천리	데이비드 건틀릿
9	송건호 평전 – 시대가 '투사'로 만든 언론 선비	책으로보는세상	김삼웅
10	말들의 풍경	개마고원	고종석

CEO

순번	책 제목	출판사	저자
1	고장 난 거대 기업	양철북	이영면 외
2	카르마 경영	서돌	이나모리 가즈오
3	롱테일 경제학	랜덤하우스코리아	크리스 앤더슨
4	부의 미래	청림출판	앨빈 토플러
5	아니다, 성장은 가능하다	흐름출판	유필화, 헤르만 지몬
6	창업국가	다할미디어	덴 세노르
7	도시와 창조 계급	푸른길	리처드 플로리다
8	거대한 침체	한빛비즈	타일러 코웬
9	리더의 인생수업	삼성경제연구소	삼성경제연구소
10	굿 컴퍼니, 착한 회사가 세상을 바꾼다	틔움	로라 바시 외

순번	7th Grade Recommended Reading List
1	Littlle Women — Louisa May Alcott
2	Jane Eyre — Chartatte Bronte
3	Oliver Twist — Charles Dickens
4	Anne Frank : The Diary of a Young Girl — Anne Frank
5	Lord of the Files — William Golding
6	To Kill a Mockingbird — Harper Lee
7	The Call of the Wild — Jack London
8	Island of the Blue Dolphins — Scott Odell
9	The Tales of Edgar Allan Poe — Edgar Allan Poe
10	Holes — Louis Sachar
11	The Adventures of Tom Sawyer — Mark Twain
12	The Hobbit — J. R. R. Tolkien
13	Number the Stars — Lois Lowry
14	The Old Man and the Sea — Ernest Hemingway
15	The Kite Rider — Geraldine McCaughrean
16	The Pearl — John Steinbeck
17	Uncle Tom's Cabin — Harriet Beecher Stowe
18	Fahrenheit 451 — Ray Bradbury
19	Whhite Fang — Jack London
20	Slient Boy — Lois Lowry

순번	8th Grade Recommended Reading List
1	The Odyssey – Homer
2	Romeo and Juliet – William Shakespeare
3	To Kill a Mockingbird – Harper Lee
4	Of Mice and Men – John Steinbeck
5	The Catcher in the Rye – J. D. Salinger
6	1984 – George Orwell
7	The Three Muskeeters – Alexandre Dumas
8	Go Ask Alice
9	Kira–Kira–Cynthia Kadohata
10	Dogsong – Gary Paulsen
11	Pigman – Paul Zindel
12	The Grapes of Wrath – John Steinbeck
13	Watership Down – Richard Adams
14	Walden – Henry David Thoreau
15	Flowers for Algernon – Daniel Keyes
16	The Little Prince – Saint Exupery
17	Frankenstein – Mary Shelley
18	Good Earth, The – Charles Dickens
19	The Keeper – Mal Peet
20	The Outsiders – S. E. Hinton

순번	9th Grade Recommended Reading List
1	Slaughterhouse – Five
2	Moby Dick – Nathanael West
3	Sun Also Rises – Ernest Hemingway
4	The Yearling – Marjorie Rawlings
5	Catch 22 – Joseph Heller
6	Chesapeake – James Michener
7	King Arthur, His Knights and Their Ladies – Johanna Johnston
8	Fahrenheit 451 – Ray Bradbury
9	A Raisin in the Sun – Lorraine Hansberry
10	Pygmalion – Bernard Shaw
11	For Whom The Bell Tolls – Ernest Hemingway
12	Death of a Salesman – Arthur Miller
13	My Antonia – Willa Cather
14	Our Town – Thornton Wilder
15	The Red Badge of Courage – Stephen Crane
16	The Scatter Letter – Nathaniel Hawthorne
17	The Crucible – Arthur Miller
18	The Jungle – UPton Sinclair
19	A Farewell to Arms – Ernest Hemingway
20	Crime and Punishment – Fydor Dostoevesky

순번	10th Grade Recommended Reading List
1	The Great Gatsby – F. Scott Fitzgerald
2	In Cold Blood – Truman Capote
3	The Things They Carried – Tim O'Brien
4	Hiroshima – John Hersfey
5	The Awakening – Kate Chopin
6	Invisible Man – Ralph Elison
7	Narrative of the Life of Frederick Douglass, An American Slave –Frederick Douglass
8	Sound and the Fury – William Faulkner
9	A Tree Grows in Brooklyn – Betty smith
10	Their Eyes Were Watching God – Zora Neale Hurtson
11	The Glass Menagerie – Tennessee Williams
12	Death of a Salesman – Arthur Miller
13	The Color Purple – Alice Walker
14	Pride and Prejudice – Jane Austen
15	Different Kings – Stephen King
16	Beloved – Toni Morrison
17	Wise Blood – Flannery O'Conner
18	White Noise – Don DeLillo
19	Emma – Jane Austen
20	A Tales of Two Cities – Charles Dickens

학생부종합전형 백퍼센트 합격 전략

1판 1쇄 2014년 8월 10일
2판 1쇄 2016년 6월 10일

지 은 이 신동엽

발 행 인 주정관
발 행 처 북스토리(주)
주　　소 경기도 부천시 원미구 길주로 1 한국만화영상진흥원 311호
대표전화 032-325-5281
팩시밀리 032-323-5283
출판등록 1999년 8월 18일 (제22-1610호)
홈페이지 www.ebookstory.co.kr
이 메 일 bookstory@naver.com

ISBN 979-11-5564-122-4 13370

※Copyright ⓒ 2010, NAVER Corporation (http://www.nhncorp.com)
　with Reserved Font NanumMyeongjo.
　이 책에는 네이버에서 제공한 나눔명조가 적용되어 있습니다.

※잘못된 책은 바꾸어드립니다.

이 도서의 국립중앙도서관 출판시도서목록(CIP)은 e-CIP 홈페이지
(http://www.nl.go.kr/ecip)에서 이용하실 수 있습니다.
(CIP제어번호 : CIP2016011651)

동시대의 감성과 지성을 담아내는 북스토리(주) 출판 그룹

북스토리 | 문학, 예술, 만화, 청소년, 어학
북스토리아이 | 유아, 어린이, 학습
북스토리라이프 | 취미, 요리, 건강, 뷰티, 실용
더좋은책 | 교양, 인문, 철학, 사회, 과학